実践としてのコミュニティ

移動・国家・運動

平井京之介 編

目次

序章

実践としてのコミュニティ
――移動・国家・運動

平井京之介

はじめに

人文・社会科学において、コミュニティ（共同体）という概念は、現実の社会集団からある種の関係性、場所まで、さまざまな意味で用いられてきた。あまりにあいまいかつ多様に用いられてきたために、現在では、理論的概念としての有効性が疑問に付されるようにさえなっている。ところが現実社会においてコミュニティはむしろ増殖し、再活性化している。本書は、グローバル化の進行が社会生活の輪郭を大きく変えようとしている二一世紀において、人びとが新たにコミュニティを形成し、国家や社会との関係を作りかえていく過程を民族誌的なアプローチを用いて明らかにしようとする試みである。

近年のコミュニティ研究は、グローバル化によって生じた社会生活の再編成のなかから、移民のネットワークや自助グループ、人権・環境NGOなど、従来とは異なるコミュニティが出現していることを明らかにしてきた。この新たなコミュニティの出現は、近代の諸制度が世界の隅々まで急速に普及、浸透していく二〇世紀末以降の社会変化を反映したものであり、こうしたコミュニティの様態を捉えるには、明確な境界や共通の文化的属性、集団的安定性を前提とする伝統的なコミュニティ概念を再構築することが必要とされるだろう（Bauman 2001; Amit 2002a; Delanty 2003; 田辺二〇〇三、小田二〇〇四）。

それでは、内部に競合や矛盾を含み、統合がきわめて緩やかなコミュニティをどのように構想したらよいだろうか。本書は、非西欧社会の都市部や農村部に出現したこれらのコミュニティを、歴史的に構築される状況の産物であり、つねに変化している実践の活動領域として捉える。民間知識や儀礼的知識、社会的記憶など、そこで蓄積される知と実践の様式は、自己規制する主体を作り上げようとする国家統治や資本主義社会への対抗手段になると考えられる。すなわち本書は、コミュニティを、人びとが状況に応じてみずからの生を作りかえようとする実践の場として描こうとする新たな試みである。

以下、本章では、まずコミュニティという概念が民族誌的研究においてどのように扱われてきたかを概観する。次に、本書の採用する「実践としてのコミュニティ」というアプローチを紹介する。その後で、近年新しいタイプのコミュニティが出現することになった三つの社会的文脈を検討するとともに、本書の構成について説明したい。

1 コミュニティとは何か

——(1) 相互行為からアイデンティティへ

コミュニティの民族誌的研究が本格的に始動したのは、一九五〇年代から六〇年代にかけて活躍した、いわゆるシカゴ学派社会学による都市コミュニティ研究においてである[(1)]。その代表例として、R・レッドフィールドの「小コミュニティ」(Redfield 1955)、O・ルイスの「貧困の文化」(Lewis 1959)、R・フランケンバーグの「英国のコミュニティ」(Frankenberg 1965) などが挙げられる。もちろんそれ以前にも民族誌的研究においてコミュニティという概念は使用されていたが、いわゆる小規模集団という意味であいまいに用いられており、特に理論的な検討がなされることはなかった。コミュニティは文化と同じ境界をもつと想定され、文化を共有する農村社会、部族集団といった意味で用いられていたのである。

シカゴ学派を中心とする一群のコミュニティ研究には、共通する二つの特徴があった。一つは調査地が都市や西欧社会であったことであり、もう一つは小規模集団で醸成される連帯意識に注目したことである。メキシコの都市や英国の農村では文化や社会の境界を自然なものとして想定することは困難だ。そこで調査対象を表現するものとして、「社会」や「文化」「民族」に代わり、コミュニティという概念が用いられた。シカゴ学派の影響を強く受けたこれ以降のコミュニティ研究は、相互行為の研究と特徴づけることができる。それらは相互行為を通じた人びとの結びつきと、その客観的構造に焦点を当てていた。コミュニティの成員は社会的人格として完全に自律した個人ではなく、コミュニティによって抑圧される一方で、社会的に支えられていると論じられた(Calhoun 1980)。

一九八〇年代に入ると、コミュニティ概念は、相互行為よりも集合的アイデンティティを示すものとして使われるようになっていく。この流れを主導したのが、英国マンチェスター学派の人類学者、A・コーエンと、米国の政治学者・地域研究者、B・アンダーソンである。両者が呼び起こしたコミュニティと成員との情動的結びつきへの関心は、地域研究をはじめ、さまざまな分野でコミュニティ研究が興隆するきっかけとなった。

コーエンは、一九八二年に『帰属』(Cohen 1982) というユニークな構成の論集を発表する。この中で彼と共同執筆者たちは、英国の地方を対象に、地域コミュニティとより広い社会との関係を描き出している。彼らは人びとの地域性 (locality) についての意識に注目し、それを二つのレベルで考察する。二部から構成されるこの論集は、第一部「部分への帰属 —— 地域における社会的結合」で、それぞれのコミュニティにおいて人びとが帰属の意識をいかに発展させるかを論じ、第二部「全体への帰属 —— 文脈におかれたコミュニティ」で、第一部と同じ執筆者が、より広い社会、とりわけ英国国家において、ローカルなアイデンティティがどのように構築されるかを論じる。コーエンたちの議論は、コミュニティが成員の経験を構造的に決定するものとみるそれ以前のコミュニティ研究と、以下の点で違っていた。第一に、人びとが自分たちの経験世界を秩序づけ、表現する手段として、コミュニティを考える。第二に、人びとが文化の境界に直面し、自身を他者から区別しようとするときに、独自の地域性が生まれると論じる。これに関連して、第三に、人びとのコミュニティとそれを一部に含むより広い社会の経験およびその意味は、相互に影響を与え合っていると主張する。ここでは、人びとがコミュニティに主体的に参加すること、一人が同時に複数のコミュニティに関与することが前提になっていた。

さらにコーエンは、一九八五年刊行の『コミュニティは創られる』において、シンボルによっていかにコミュニティが構築されるかを理論的に展開する。この本でコーエンは、コミュニティの構造的な要素ではなく、成員に対してもつ意味に焦点を当てる必要性を改めて強調した。すなわちコミュニティを文化現象としてみるべきだというのである（コーエン 二〇〇五：四八）。そしてコミュニティとは、人びとが他の集団との差異を表すための概念であり、境界に立ったとき、境界が浸食されたと感じたときに、人びとはシンボルを用いてその境界を再構築する行動に出ると論じた。ここで注目したいのは、コーエンがコミュニティの成員に認めている行為主体性（agency）である。人びとのコミュニティの経験、コミュニティに付与する意味には個人差があること、ある境界を認識する人とまったく反応しない人とがありうること、コミュニティには抑圧的な側面だけでなく、人びとがコミュニティを主体的に利用するという側面もあり、つねに変化する可能性があることを指摘している。個人が帰属する集合としてのコミュニティから、意味の交渉を通じたコミュニティの構築過程へと関心を移行させたことが、コミュニティ研究にとって大きな進展だったことは間違いない。

しかしG・デランティによれば、コーエンの議論には二つの大きな弱点があるという（Delanty 2003: 47–48）。一つは、コーエンが暴力との関係を扱っていないことである。確かに、ある人びとに不正が行われるとき、彼らの間でコミュニティの意識が激烈に強化されるという現象はよく見られることだろう。もう一つは、コーエンの理論がコミュニティの排他的な側面を強調しすぎていることである。文化とはシンボル以上のものであり、もっと幅広い認知的、創造的な側面をもっている。たとえば、境界を横断して新たな文化を創造する社会運動などは、こうした見方では扱えなくなってしまうとデランティは指摘する。

アンダーソンはその画期的論考『想像のコミュニティ』（Anderson 1983）において、ナショナリズムにおける国民と国家との情動的結びつきの説明にコミュニティ概念を用いた。アンダーソンによれば、国民とはイメージとして心に描かれた想像の政治コミュニティである（一九九七：二四）。これを可能にするのは、対面的な関係を越えた情動的結びつき、共同のコミュニオンのイメージの形成を可能にするテクノロジーであり、印刷資本主義が対面的な接触のない人びとに情動的な共同性を確認させ、みずからを〇〇人と考えさせることを可能にした。アンダーソンは、国家にとどまらず、あらゆるコミュニティは多かれ少なかれ想像されたものであると論じた。

アンダーソンの議論はコーエンの議論とその強調点において違いがある。コーエンの議論では、コミュニティがシンボルによって構築される過程は、地域コミュニティであれ国家であれ、対面的な関係が基礎にあることが想定されていた。ところがアンダーソンの議論では、人びとの類似性や同志愛が想像される過程に焦点が当てられ、現実の相互行為は必ずしも必要なものとされていない。いわば構築よりも解釈に力点が置かれるのである。C・キャルホーン（Calhoun 1991）は、情報技術や官僚制組織、市場によって媒介されるような間接的関係の拡散とともに、人びとが想像のコミュニティの成員だと考えるようになったことは、近代社会の特徴であるとしている。

時代は少し前後するが、一九七〇年代を中心に活躍し、コミュニティ論で独自の潮流を築いた人類学者にV・ターナーがいる。彼は、コミュニタス（communitas）という概念を用いて、家族や親族でない他者どうしが作るコミュニティに生まれる情動的な結びつきを論じた。コミュニタスとは、「境界的な時期（liminality）」に認識される、平等な個人で構成される未組織の、ないしは組織が完全でない、そして相対的に未分化なコミュニティである（ターナー 一九七六：一二八）。実存的な性質のものであり、M・ブーバーの言う「お互いとともにある存在」として、人間の全人格を他の人間の全人格との関わり合いに巻き込むものである（同書：一七三―一七五）。それは各自の存在の根源に達し、その存在の根源において深い連帯性をもち、分かち合える何かを見いだすような、人間変革の体験であるという（同書：一九二）。それには未曽有の潜在力を認識する経験がともない、神話、象徴、哲学体系、芸術作品が頻繁に発生する条件になる（同書：一七六）。コミュニタスは、中央アフリカに居住するンデンブ族の通過儀礼の観察においてターナーが析出したものだが、儀礼にだけ現れるのではなく、ビート族やヒッピーなど、西洋社会の境界や周辺、構造的劣位において現出し、しかも瞬間的に存在するだけでなく、ある程度持続的な集団として組織されることもあるという。

実はこうしたターナーのコミュニティ論は、コーエンが議論の基礎に置きつつ乗り越えようとしたものである。シンボルによる境界の構築やコミュニティに付与する意味の個人差をコーエンが強調したのは、ターナーの主張を批判することにおいてであった（コーエン 二〇〇五：七六・一五六）。しかし、だからといってターナーの議論すべてが無効になったわけではない。コミュニティで生まれる情動の役割をどう捉えるべきかという問いは、コミュニティ論の重要な課題として残るだろう。

――（2）ポストモダン人類学とコミュニティ

一九九〇年代になると、シンボルによるコミュニティの構築を重視するアプローチがさらに発展する。理由の一つに、当時隆盛を極めた民族誌批判やポストモダン人類学の思潮と調和する傾向があったことが挙げられる。グローバル化や人の移動が加速し、特定の場所での相互行為に基づくコミュニティ像がリアリティをもちにくくなるにつれ、コミュニティが文化的な構築物であることが強調されていった。

A・アパデュライは、アンダーソンが論じた出版資本主義の議論を電子的な資本主義にまで展開し、グローバル化の進む世界において場所と文化の関係がますます脱領域化されていく過程を人びとの日常生活における解釈過程と結びつけることを試みた。論集『さまよえる近代』において彼は、アンダーソンと同様、コミュニティ形成におけるメディアとそれに喚起される想像力の重要性を強調する（Appadurai 1996）。この中でアパデュライが提起したローカリティ（locality）とネイバーフッド／近接（neighbourhood）という概念は、本書の議論にとってとりわけ重要である。アパデュライによれば、ローカリティとは社会生活の様相であり、相互行為のなかで表出されるような現象学的な属性である。儀礼を通じて身体化される社会的技法であり、R・ウィリアムズの「感情の構造」（structures of feeling）や、後述するP・ブルデューの「ハビトゥス」(habitus)概念と重なる部分が多い。これに対してネイバーフッドとは、ローカリティが可変的に現実化された社会的形態であり、状況づけられたコミュニティである。このように定義したうえで、アパデュライは、ローカリティとネイバーフッドとの関係は歴史的かつ弁証法的であり、グローバル化のなかで両者の関係がどのような変化を被っているのかに注目する必要があると主張する。このことはとりわけ、国境や地域を越えて存在するトランスローカル、トランスナショナルなコミュニティを扱う場合に重要となるだろう。

一方で、想像力を過度に強調するアプローチに対する揺れ戻しのように、人びとの対面的な相互行為に注目することの必要性が叫ばれるようになる。V・アミットは、コミュニティの構築とは根本的に社会関係を動員する努力であり、単に想像したり、意味を付与したりするという行為によるだけでコミュニティを創造することはできないと指摘する(Amit 2002a)。たしかにコミュニティは想像されるものといえるが、社会関係の中に実体化しているものでもある。想像のコミュニティはその一部の人びとの間で現実に生きられた経験として存在し、その個人的な関係こそがコミュニティに意味を与え、コミュニティへの情動的なつながりを生み出している。であるなら、現実的な経験なしに前もってコミュニティ全体を想定することは、統合された、調和する、同質的なコミュニティという概念を空想することに近い(ibid.)。キャルホーンも同様に、想像のコミュニティの成員としてのアイデンティティ形成が近代の際だった特徴であるとしても、コミュニティを作り出す実践的な行為は社会理論にとって欠かせないものであると、正当にも論じている(Calhoun 1991: 114)。想像のコミュニティであっても、会議や政治集会、祝祭といった形で成員が定期的に同じ場所に集まって対面的な相互行為を行い、帰属意識を再活性化させることが重要である(Crow and Maclean 2006: 314)。田辺が指摘するように、コミュニティの境界にいて、うまく同一化できなかったりアイデンティティの喪失を経験したりしている「他者」の反応や抵抗に注意を向けると、想像のコミュニティの議論は話の半分であることがわかるだろう(Tanabe 2008: 5)。

（3）新しいコミュニティ概念の構想

では、想像のコミュニティ論が強調したコミュニティの象徴的構築の側面を重視しつつ、相互行為のなかで生起する共同性にもう一度焦点を当て、民族誌的なアプローチに有効なコミュニティ概念を新たに構想するにはどうしたらよいだろうか。それには以下の二つの点が重要だと思われる。第一に、相互行為としてのコミュニティという局面と、シンボルによって構築されるコミュニティないし想像のコミュニティという局面を分析上区別したうえで、その両者を結びつける実践に焦点を当てる。これまでのコミュニティ概念に対する批判の多くは、コミュニティを同質的で境界のはっきりした集合体であるとする想定に対してなされたが、これはシンボルによって構築されるコミュニティを相互行為としてのコミュニティと混同することから来ているのではないか。コミュニティに同質的で境界がはっきりしているという観念がある場合でも、それに関わる相互行為が多様性や矛盾を含み、統合が緩やかで、つねに変化していることは十分ありうる。こう考えると必然的に、行為主体によるコミュニティへの参加という局面に焦点を当てる必要が出てくる。

第二に、コーエンが言うように、コミュニティと外部社会との節合関係、継続的な相互作用に注目する必要がある（Cohen 1982）。コミュニティが存在するには、成員が何らかの共同性ないし知を有し、そのことをある程度認識している必要がある。しかしその程度は成員間で同じというわけではなく、むしろ大きな認識の違いによって議論が起こることも少なくないだろう。コミュニティが他のコミュニティと隣接したり、より大きな社会の中に組み込まれていたりするとするならば、その共同性は相対的なものであり、つねに変化するものであろう。こうなると、外部社会がコミュニティにどのように働きかけているかと、コミュニティが外部社会にどのような働きかけをするかは、ともにコミュニティがいかに共同性を達成するかという課題に含まれることになる。言い換えると、コミュニティのもつ共同性には、個人と外部社会との関係が表明されている。

2 実践としてのコミュニティ

本書は、グローバル化の浸透する非西洋社会の都市部や農村部において、コミュニティが実践を通じて社会的に組織され変化する様態と、コミュニティに蓄積される集合的な知や実践の様式が国家や社会との関係を再構築する手段となる過程を明らかにすることを試みる。本書ではこのような新たなアプローチを「実践としてのコミュニティ」と呼ぶ。

――(1) 実践とコミュニティ

実践を一言で定義すれば、それは人びとが日常生活において慣習的に行うさまざまな行為のことである。[2] ブルデューは、実践を生み出す獲得された諸性向のシステムのことを「ハビトゥス」(habitus)と呼んだ(Bourdieu 1977)。性向とは行為者の行動や知覚、評価の傾向のことであり、この傾向ないし実践的な感覚をもっていることで、行為者は状況に応じた理にかなった行動を取ることができる。諸性向のシステムは、子供の頃から特定の生活条件のもとで経験を積むことによって獲得されていく、あるいは身体のうちにたたき込まれる。そして、互いに似通った生活条件のもとで育った者どうしは、似たような状況に多く直面する傾向があることから、同じハビトゥスを備える傾向があるとブルデューは論じる(Bourdieu 1977: 85)。

本書の議論にとって重要な問いは、成長の過程で獲得したハビトゥスがその後大きく変容することはあるのかというものである。ブルデューは、ハビトゥスには「慣性」(inertia) ないし「履歴現象」(hysteresis) があると主張する。すなわち実践の状況が変化していても、獲得されたときの、かつての状況に適合的な実践を再生産しようとする一般的な傾向がハビトゥスにある。わかりやすい例は、老人がドン・キホーテ流に場違いで調子はずれなふるまいを続けているときとか、成り上がりや脱落者が自分の新しい地位との間に不協和音を起こしているときなどである(ブルデュー 二〇〇六:二九六―二九七)。機会と、それを捉える諸性向との間の構造的なズレは、機会を逸する原因となり、むしろ負の効果を生み出すことがあるという(Bourdieu 1977: 83; 2000: 160; ブルデュー 一九八八:九五)。その一方で、ハビトゥスはつねに変化するともブルデューは述べている。新たな経験をするたびにハビトゥスは見直されるが、この見直しは以前の状態で確立したハビトゥスのもとに行われるから、根底的であることは決してない(ブルデュー 二〇〇九:二七三)。

ブルデューは、ハビトゥスが急進的に変化するメカニズムの解明に本格的に取り組んだとはいえないが、ドクサの世界から言説の世界への移行という彼の論点はその手がかりを与えてくれる。社会構造と行為者のハビトゥスとがほぼ完全に一致しているような場合、世の中のあり方や仕組みは人びとに自明なものとして感じられる。ブルデューはこの経験を「ドクサ」(doxa) と呼ぶ (Bourdieu 1977: 164)。確立された宇宙的秩序や政治的秩序は恣意的なもの、すなわち多くの可能な秩序のうちの一つとしてではなく、いうまでもないもの、それゆえ疑うことのない、自明で自然な秩序として感じられ、その結果、客観的に自分ができることだけを行為者はしたいと思うことになる (Bourdieu 1977: 166)。逆に、文化接触や政治経済的危機のときには、論じられないものを論じ、公式化されないものを公式化するような批判が生じ、自明性が破壊されてドクサの真実が明らかになる (Bourdieu 1977: 168–9)。ただしブルデューは、ドクサからの覚醒によってシステムの崩壊が生じる可能性があるのは、押しつけられている現実の定義を拒否し、制度化あるいは内在化された検閲を棚上げする物質的、象徴的手段を被支配者がもつときだけだとも言っている (Bourdieu

1977: 169)。ここで示唆されているのは、ある条件のもとでは行為者がハビトゥスと距離をとることが可能になり、意識的に自己のハビトゥスを解釈し、語り合い、反省して利用するようになり、結果として、実践およびハビトゥスが変容するということだ(cf. Bourdieu 1977: 203, n49)。

(2) 再帰的な知の編成

実践とコミュニティとの関係、ハビトゥスないし知とコミュニティとの関係を考えるには、J・レイヴとE・ウェンガーの実践コミュニティ論が参考になるだろう。彼らは『状況に埋め込まれた学習』(一九九三)において、社会的実践への参加を学習の基本的な形態としてみるべきだと主張した。レイヴとウェンガーによれば、人のアイデンティティとハビトゥス、それにコミュニティの生産や変容は、日常の活動における関わり合いの生きられた世界の中で実現する(レイヴ/ウェンガー 一九九三:二一—二二)。たとえば徒弟制では、新参者はコミュニティの実践への参加を通じて知を習得するとともに熟練者としてのアイデンティティを身につけるようになる。彼らの言うコミュニティとは人類学や社会学で扱ってきた伝統的なコミュニティではなく、「参加者が自分たちが何をしているか、またそれが自分たちの生活とコミュニティにとってどういう意味があるかについての共通理解がある活動システム」を意味する(同書:八〇)。いわば、学習の過程がコミュニティなのであり、学習のカリキュラムを含む集合的な知がコミュニティに蓄積されること、コミュニティは参加者が到達を目指す単一の中心や明確な境界をもたず、実践を通じてつねに変化するものであることがここでは重要となる。(3)

実践コミュニティ論、とりわけウェンガーの理論についてはさまざまな問題点が指摘されている。(4) ここでは田辺による実践コミュニティ論の難点を紹介しよう(田辺 二〇〇二、二〇〇三)。第一に、ウェンガーの実践コミュニティ論では、コミュニティへの参加を画一的な中心志向として捉えるために、参加者がすべて同じアイデンティティを構築するかのような印象を受ける。状況によってコミュニティへの参加を余儀なくされる人もいるはずだ。第二に、成員のアイデンティティが外部社会から受ける影響を考慮しておらず、自立的で個人主義的な主体概念が採用されている。第三に、成員はコミュニティへの参加を通じて自己責任を果たすように求められており、コミュニティがあたかも自己規制する主体のアイデンティティを創出するプログラムであるかのように論じられている。せっかく野外に持ち出して拡張した学習の概念をもう一度教室や実験室に戻し、その中であたかも合理主義的、官僚主義的なマネジメント手法を考えようとしているかのようにみえる。それでは、コミュニティの外部社会との接合関係、およびそこで生じる個人の多様なアイデンティティ化の過程に注目しつつ新たなコミュニティを構想するには、どうしたらよいだろうか。

ここで参考になるのが、レイヴがD・ホランドとともに提示した「人格の中の歴史／歴史化された個人」(history in person) というアプローチである (Holland and Lave 2001)。彼女たちは、社会で起きる幅広い持続的な闘争と人びとの生活に直接関わるローカルな社会的実践とを区別し、そのうえでローカルな社会的実践がいかにして社会闘争と主体の自己生成とを媒介するかを捉えようとする。このアプローチでは、一方で主体の自己形成とローカルな社会的実践への参加との関係、他方でローカルな社会的実践とより広い持続的な闘争との関係に焦点を当てる。そしてより広い社会的闘争がいかなるローカルな社会的実践になるのか、ローカルな社会的実践がいかにして主体性を形成するのか、そして人格の中の歴史がどのようにより広い社会闘争を構築するのかを問うていく。すなわち、社会闘争と人格の中の歴史との両方が、ローカルな社会的実践を通じて実現されるというようにみるのである。

彼女らが言うローカルな社会的実践をコミュニティに置き換えて考えることは可能だろう。コミュニティの実践が外部社会に働きかけるのと同時に自己アイデンティティが形成される。自分にとって意味のある社会の生成に向けて闘争することがアイデンティティの主張となり、この主張がコミュニティを形成する集合的過程の一部になるのである。個人の多様なアイデンティティ化の過程を視野に入れつつ、人びとがコミュニティを通じて社会に働きかける力を十分に捉えるには、実践としてのコミュニティから出発して、そのなかでのアイデンティティや知識、ハビトゥスの形成過程、その実践とより広い構造的諸力との関係をそれぞれ探求していくことが求められるだろう（Holland and Lave 2001: 9）。

――（3）共感のコミュニティ

レイヴとウェンガーの実践コミュニティ論は、人びとが実践への参加を通じてアイデンティティや知識を習得するという認知的過程に注目する。そこでは、コミュニティの中の学習過程において、人びとは十全的な参加へと近づくにつれて、参加により動機づけられ、コミュニティへのコミットメントを強化していくことが示唆されていた。しかし、参加を通じた情動的な変化が、新たな関係性を形づくったり、知や実践の様式の創造を促進したり、外部社会に働きかける自信を与えたりする過程が検討されることはなかった。彼らに限らず、これまで社会科学者の多くは、暗黙の行動主義にとらわれ、情動は観察不可能な内的状態であり、それについてはあいまいな議論しかできないとして、真剣な考察の対象にしてこなかった（Calhorn 2001）。あるいは、客観的に与えられる利害に注目するという構造主義的仮定のもとで、情動による行動の動機づけを当然のものとしてほとんど無視してきた（Goodwin et al. 2001）。しかし情動は、社会運動をはじめ、すべての社会的行為にともなうものであり、コミットメントという形で我々の行為の動機や目的を形づくるものでもある（Jasper 1998）。情動がコミュニティの形成においていかなる役割を果たすかは、重要な検討課題であろう（5）。

政治学者の齋藤純一は、具体的な他者の生への配慮／関心をメディアとする、ある程度持続する関係性を親密圏と定義し、これを家族という枠を越えてグループ・ホームや自助集団などのコミュニティにまで拡大して考えることができると論じた（齋藤 二〇〇三）。齋藤は、親密圏が人びとの「あいだ」（in-between）に成り立つものであり、そこにはつねに差異やジレンマがある一方で、具体的な他者の生との関わりにおいて他者の情動を受けとめ、それに反応を返すという呼応が繰り返されるなかで互いの現れを引き出すことのできる空間になっていくという（齋藤 二〇〇三：二二九―二三二）。そして親密圏は言説の空間であるとともに情動の空間でもあることが重要だと齋藤は強調する。恐怖を抱かずに話すことができる、無視されはしないだろう、そこに向かって退出することができる、そこでは自分が繰り返し味わわされてきた感覚がわかってもらえる、こういった気持ちをもてることこそが、外部社会にみずからの行為や言葉において現れでる勇気を与えるのだという（齋藤 二〇〇〇：九九）。

齋藤が論じる具体的な他者の生への配慮／関心や共感がコミュニティを形成する契機となる過程は、本書で扱う多くの事例に観察されるものである。たとえば、木村が論じる台湾の華僑ムスリム移民や古屋が論じる在日ペルー人は、移住先で偶然に出会った無関係な個人が、対話や情報交換を通じて、一方で移住元の経験や関係、歴史、場所との結びつきを確認し、他方で移住先での困難な生活経験や直面している問題を共有し、互いの生に共感し合うことによって結びついている。この過程でとりわけ重要な役割を果たすのが、前者ではイスラーム、後者ではカトリックの宗教儀礼であり、歴史文化的な要素の共有や継続的な関係の維持よりも、儀礼を通じて生み出される互いの生への共感が、彼らが現在置かれている苦境を理解し乗り越えるための潜在力を生み出している。

同様に、阿部と田辺の事例では、異質な他者が記憶を語ることによって情動的な結びつきを生み出している。阿部が論じるカンボジア市民は、NGOの主催する公開フォーラムにおいて内戦時代の体験を語ることによって、被害の記憶を活性化させ、被害者としてのアイデンティティを集合的に確認し、それを社会的に認知させていく。そこでは語りによって苦しみの記憶を表現し、関連づけ、共有することが、それまで一度も会ったことのない他者との間に情動的結びつきを作り出している。田辺が論じる北タイのエイズ感染者の自助グループでも、グループ内でライフストーリーを語り合うことを通じて、情動的な関係性が構成されている。彼らは自分たちの病気の苦痛や苦悩、家族や人間関係の破綻、差別や排除の経験などを語ることによって、自己の歴史を取り戻し、記憶として表象することが可能になっている。

したがって、より精緻なコミュニティ論を作り上げるには、儀礼や語り、対話を通じて人びとが情動的結びつきを生成する過程に焦点を当てる必要がある。コミュニティに生まれる情動を単に経験を反映するものとして扱うのではなく、新しい関係性や潜在力を生み出す社会的実践として分析の対象に据えることが求められる。情動はコミュニティの中に埋め込まれており、その力は成員間の結合を強化するだけでなく、権力者に抗して新しい実践を生み出す創造力の源になるだろう。

(4) 実践としてのコミュニティ

これまでわたしは、主として民族誌的研究においてコミュニティという概念がどのように扱われてきたかを批判的に検討し、実践を通じた一方でのコミュニティと人びととの多元的な関係、他方でのコミュニティと外部社会との変化する接合関係を明らかにするアプローチの必要性を指摘してきた。最後に、本書が提案する「実践としてのコミュニティ」というアプローチをまとめて紹介しよう。

第一に、このアプローチでは、人びとはコミュニティに参加するとみる。生まれながらの属性によってコミュニティに帰属するのではなく、コミュニティの中にみずからを投げ入れるのである。そこには選択とコミットメントが存在する。ただし、このことと、参加を通じて何らかの拘束や束縛が生じることとは矛盾しない。人びととコミュニティとは、投げ込まれているとともにみずからを投げ入れるという二重の関係にある。それゆえ、コミュニティは各個人と多様な関わりをもつことになる。

第二に、実践としてのコミュニティでは、コミュニティは実践として現れるもの、実践を通じてつねに再構築されるものとみる。人びとは、コミュニティの中で実践に参加するのであるが、そうした実践を通じて行為遂行的にコミュニティを作り上げているのである。それゆえコミュニティは、安定した集団というよりは、つねに変容する過程にある。その累積的な結果として、コミュニティに傾向性をもった変化が現れる。このことから、本書の多くの論文が採用するように、コミュニティの形成過程だけでなく、より長期にわたる変容や衰退の過程を分析の対象とすることが、人びとにとってのコミュニティの意義を明らかにするのに有効であろう。

第三に、このアプローチでは、社会との関係がコミュニティに内在すると捉える。あるコミュニティが何であるかは、その外部にある社会が何であるかと相関する。境界は実践の性質に応じてつねに変化し、コミュニティは縮小したり拡大したりする。コミュニティの分析は、つねに社会やその根底にある構造的対立をめぐる幅広い考察と結びつける必要があるだろう。

第四に、我々のアプローチは、コミュニティにおいて知や実践の様式が再帰的に編成されるとみる。人はハビトゥスを身につけてコミュニティに参加するが、コミュニティで集合的にそのハビトゥスを再編成する。この時、民間知識や儀礼的知識、社会的記憶などが、その源泉を提供するだろう。こうした知や実践の様式は、自己規制する主体を作り上げようとする国家や資本主義に対して人びとが対抗する手段になると考えられる。ただし、個々人が同じ知や実践の様式のレパートリーを順番に身につけるというのではなく、それぞれが協働するなかで触発されて偶然に、過去の経験や利用可能な資源、ハビトゥスに応じて、知や実践の様式を獲得および再編成していくのである(6)。

最後に、実践としてのコミュニティが注目するものとして、情動的な構成局面がある。情動は、我々の知覚や思考、世界の見方、ふるまいの中につねに存在している。それは人びとの結合を促すだけでなく、コミュニティにおける実践にエネルギーを供給する主要な源泉にもなる。コミュニティを具体的な諸個人の間身体的な諸関係の中で成立するものと捉えるかぎり、そうした諸関係を満たすさまざまな情動的な力は、そのコミュニティの特徴の一つとなるであろう。

3　本書の構成

本書に収録した一一の民族誌的事例は、それぞれ歴史的、文化的背景の異なるさまざまなコミュニティの様態とその意義について論じている。そこには、「コミュニティ」という用語が当事者によってまったく言及されない事例から、行政管理システムの一部として定義されている事例までが含まれる。しかしいずれの事例でも、グローバル化によって生じた新たな社会経済的状況のもとで、人びとが伝統的な社会関係や文化的実践を再編成することによって新しいコミュニティを形成する過程が論じられている。

本書は、コミュニティ出現の社会的文脈によって、三部に分けて構成される。「第1部　移動とコミュニティ」では、移民やその子孫が、新たな環境のもとで形成するコミュニティの実践を通じて、出身地との結びつきや地域や国境を越えるネットワークを維持したり、経済的・社会的安全を確保したりする過程を明らかにする。「第2部　国民国家とコミュニティ」では、国民国家がいかにコミュニティを標的にして統治を促進するかを描き出すとともに、逆に、人びとがそうした統治の過程を利用して、自分たちの利益を引き出そうとする実践を提示する。「第3部　社会運動のコミュニティ」では、第2部が国民国家に抑圧され従属させられるコミュニティの側面に焦点を当てたのに対し、そうした言説に対抗する社会運動に携わるNGOや自助グループなどが、いかなる実践を行い、オルタナティブなコミュニティを出現させているかを明らかにする。地域や国境を越える人の移動、国家による統治システムの浸透、そうした統治システムへの抵抗としての「新しい社会運動」は、いずれもコミュニティを衰退させる現象であるだけでなく、逆に新たなコミュニティを生み出す契機にもなっている。

(1) 移動とコミュニティ

人の移動は既存のコミュニティを変容させ、衰退させる一方で、新たなタイプのコミュニティを出現させる契機にもなる。移動や移民に関する研究は、人びとが移動した先でも出身地との強い結びつきを維持したり、出身地を同じくする者どうしで地域や国境を越えてネットワークを形成したりする過程を報告してきた。なかでも複数の国家や社会を一つの空間として社会的実践を行うコミュニティは、トランスナショナルなコミュニティと呼ばれる。近年の情報技術や交通手段の発達および普及が、こうした結びつきを可能にするうえで大きな役割を果たしたことはいうまでもない。

移民のコミュニティ研究にとって重要な課題の一つは、ローカルな文脈において緊密な人格的関係が結ばれ、そこからグローバルな空間的広がりをもつアイデンティティが生まれてくる過程を明らかにすることだろう。たとえば、広く分散したネットワークのようなものであっても、電話や手紙、訪問を通じて緊密な間人格的関係のコミュニティが再生産され、そのなかで道徳的価値や社会関係、文化的アイデンティティが繰り返し構築されている（Olwig 2002）。個人は場所や文化的アイデンティティや出身国をただ想像するのではなく、それらを身近なコミュニティとの関係を通じて実際に経験し、その経験がより抽象的で一般化された観念としてのコミュニティの基礎となるのである（ibid.）。

こうした過程を理解するうえで、儀礼は恰好の研究材料になるだろう。マイノリティのコミュニティは、自分たちの文化的要素や社会における地位を表現し、理解するためにしばしば儀礼を用いる。儀礼はマイノリティが出身地に関連する経験や関係を再確認し、帰属意識を高め、不安を抑えて生きる力を蓄積するうえで、重要な役割を果たす（cf. Olwig 2009）。儀礼の実践や経験を検討することによって、彼らとコミュニティとの関係や、そのコミュニティと外部社会との関係を明らかにすることができるだろう。ただし、儀礼への参加がコミュニティの成員としての認識を高めることになるとしても、そのコミュニティは緩やかに構造化され、さまざまな意味をもつものでありうる（Olwig 2009）。儀礼への参加から境界の明確なコミュニティ像を観察者が安易に築き上げることがあってはならない。移民のコミュニティを出身地や共有する文化的属性によって概念化するのではなく、そのコミュニティの実践が成員個人にどのような意義を有しているかを探求すべきである。

平野論文「第1章　都市とエスニック・コミュニティ」は、カメルーンの首都ヤウンデで暮らす移民バミレケが、同郷会活動への参加を通じて、同郷者コミュニティと、その延長としてのエスニック・コミュニティを形成する過程を論じる。平野によれば、バミレケは歴史的に移動を繰り返してきたが、多様な場所においても同郷会という、出身村に焦点化された脱領域化されたコミュニティを生成することでローカリティを維持してきた。同郷会は、出身村によってその成員権が決定される排他的なコミュニティであるかのように考えられがちだが、実際には個人が、性別、地区別など、複数の同郷会へ状況に応じて参加し、その実践を通じて緩やかなコミュニティを形成している(7)。同郷会では、会議でのふるまいなどに首長制社会の階層制の影響がみられるが、活動の実質的中心となる頼母子講や保険制度の運用などでは、村ではみられない平等性が成立している。さらに平野は、同郷会が都市や国境を越えるネットワークを形成し、相互扶助組織であることを口実にして、政治的抑圧に対してエスニック・コミュニティとして集団で抵抗する拠点となる、多面性を含んだ組織として維持されている点を強調する。平野の論考は、ローカルなコミュニティが形成され、存続してきたこと自体、国家ないしグローバルな歴史的変容過程において彼らに作用した権力の効果であるが、彼らはコミュニティにおける文化的実践を通じてそうした歴史的変容過程の成り行きを形づくる主体にもなっていることを明らかにしている。

近年の移民研究は、国民国家内部のエスニシティの問題を扱う研究から、国境を越える移動を中心に扱う移民研究、すなわち越境移民研究へとその中心を移しつつある。ところがワイマーとシラーによれば、それらの研究は、かつてのコミュニティ研究と同じ過ちを繰り返す傾向にある。コミュニティ内部の同質性や境界性を強調し、階級、ジェンダー、地域、政治などによる差異や、コミュニティを越えた相互行為の重要性を軽視している（Wimmer and Schiller 2003: 598）。同じコミュニティでも成員によって意味は異なるし、また社会的文脈に応じてコミュニティは確実に変化するはずなのだが、そうしたことが考慮されていない（ibid.）。すなわち、国民国家や農民のコミュニティがかつてそうであったように、移民のコミュニティが実体化され本質化される傾向があるというのである。

こうした問題意識を踏まえ、木村論文「第２章　越境するコミュニティと共同性」は、一九八〇年代にミャンマーから台湾に移住した雲南省籍の華僑ムスリム移民が編み出す共同性やローカリティを、彼らのコミュニティを本質化することを避けながら記述する方法を模索する。彼らは、雲南省籍やミャンマーでの居住経験、親族関係などに基づいて共同性を確保し、緩やかなコミュニティを構築している。なかでもその中核となるのは、断食明けの祭りの後に行われる「挨拶回り」の分析を通じて木村が描き出すように、イスラームの祝祭や儀礼に基づく実践的活動である。木村によれば、こうした実践を通じて二つのトランスナショナルなコミュニティが想像されるという。一つは、ミャンマー、さらに雲南とつながる、地縁や血縁に基づく共同体的なコミュニティである。もう一つは、ミャンマーとのネットワークを利用して、中東で教育を受けた「正しい」宗務者を台湾のモスクに供給することなどから想像される、共同体的コミュニティを越えて理解されるべき、より広い公共性を備えたイスラーム・コミュニティ、あるいは「世界コミュニティ」であるという。すなわち彼らのコミュニティは、トランスナショナルな宗教的実践を通じて、移住先社会に受容されることと、それに抗してトランスナショナルなアイデンティティを維持することというジレンマを解決しているのである。木村の議論は、「共同体」と「社会」を両極の分析モデルに用いることで、越境移民研究における二項対立的なコミュニティ理解を乗り越え、移民が国民国家の枠組みを越えて、いかにして共同性を生み出しているかを明らかにしている。

移動による人びとへの影響は平等というわけではない。より経済的、政治的、社会的資源をもつ人びとは、移動先でより行為主体性を発揮することができるだろう。同じ中国系移民でも、木村が下層の労働移民のコミュニティを扱ったのに対し、市川論文「第3章　移住経験が生み出すコミュニティ、移住経験が変容させるアソシエーション」は、比較的資源に恵まれた華人エリートないし中産階級による脱領土化されたコミュニティ、すなわちオーストラリア都市部に居住するパプアニューギニア華人の二つの国家にまたがるトランスナショナルなコミュニティを扱い、移住先社会での文化的要素の受容を通じて彼らのコミュニティが共同性の内容を変化させてきた過程を論じる。まず彼は、従来の華人コミュニティ研究が、同郷会や宗親会など、地縁や血縁を組織原理とする相互扶助団体の伝統的な活動だけを捉え、移住先の生活環境に適応する過程でその性格や活動を変化させる過程を十分に検討してこなかったという問題点を指摘する。パプアニューギニアからオーストラリアに再移住した華人は、同郷会や宗親会が提供する相互扶助を利用せず、自分たちだけで交流や親睦の場となるカトリック団体や交流会を設立し、ネットワークを維持している。市川によれば、それは彼らがすでに再移住前からオーストラリア的な生活様式に親しんでいて、それらの団体が提供するサービスを必要としないからであり、パプアニューギニア出身者であることやキリスト教徒であること、英語を話すことのほうが、彼らの生活により重要となっているからでもある。さらに市川は、彼らの団体が、一方でパプアニューギニア華人どうしの国境を越えた結びつきを維持するという役割を果たしつつ、他方でカトリックを信仰する、あるいは英語を話す他地域出身の華人を受け入れ、高齢者向けのケア・サービスの提供や法的手続きの代行、英語教室の開講など、より開放的なものへとその活動内容を変化させていることを紹介する。木村に続いて市川の論考は、トランスナショナルな結びつきの維持と新しい国家への編入とは必ずしも矛盾する過程ではなく、場合によっては相互に補強し合うことを例証している (cf. Levitt and Schiller 2004: 1003)。

トランスナショナルな移動に関する研究、とりわけアパデュライをはじめとする文化研究には、個人が自由に国境を越えて動き回り、アイデンティティを構築し、権力化するという過度の行為主体性に対する批判が寄せられている (Amit 2002b)。トランスナショナルな移動には多様な障害があるし、国家による管理も過小評価すべきでない。とりわけ移住先での市民権に制限がある場合は、移民が困難な状況に置かれることも多く、みずからの安全を確保するために連帯するコミュニティが生まれやすいだろう。古屋の論考は、移住先社会での国家管理による限定的な行為主体性のもとで、移住者がコミュニティの実践を通じて現実の苦悩や不正、混乱をなんとか耐えられるものにし、生きる力を得る過程を描き出している。

古屋論文「第4章　移住者の〈私たち〉の作り方」は、日系人受け入れ政策のもとで一九九〇年代前半に移住してきた在日ペルー人のコミュニティを扱う。言語的、文化的障碍に加え、厳しい出入国管理と人種差別的色彩の強い「民主的」な労働移民政策により、在日ペルー人は渡航や就労、生活全般においてしばしば困難な状況に直面する。そんな時、彼らは工場や駅前広場、スーパーマーケットなどに寄り集まり、情報交換や相互扶助を行っている。なかでもカトリック教会とそのネットワークは特別なものであり、ペルー聖人信仰の象徴ともいえるセニョール・デ・ロス・ミラグロス守護聖人の祝祭と聖行列を敢行するという「プロジェクト」がここから成長してきた。古屋によれば、彼らはこの儀礼を用いて自分たちのローカリティや出身国への帰属意識を表現し、理解する。ただし、ここで想像されるコミュニティは共通の文化的属性によって概念化されるというよりは、相互の差異を維持したまま、移住先社会での困難な生活経験を共有し互いの生に共感し合うことに基礎を置くと古屋は指摘する。古屋の論考は、コミュニティは状況に応じてその外延が規定されるとともに、周辺社会と相互作用しながらつねに変化するものとして理解されるべきことを明らかにする。

(2) 国民国家とコミュニティ

一九九〇年代以降、社会政策や経済政策、開発、ヘルスケアなどの分野において、コミュニティの議論が盛んになっている。その理由の一つは、コミュニティが国民国家における「統治」(government)の対象になっていることにある。ここでいう統治とはフーコーの概念であり、国家がさまざまな機構や手段を用いて人びとの行為を枠づけ、一定の方向に導くような実践のことである(フーコー 二〇〇〇)。オング(Ong 1999)が指摘するように、民族誌的研究は下からの文化の政治的動態に焦点を当てる傾向があり、社会を作る統治制度としての国家というテーマにあまり取り組んでこなかった。西洋の理想的な市民主体を投影させるのではなく、日常生活のレベルで国家が自己管理する主体をどのように形づくるのかに焦点を当てていく必要があるだろう(ibid.)。

N・ローズは、フーコーの統治性(governmentality)の議論を発展させ、政治権力はいまや経済活動や社会生活、個人的行為の諸側面を統御する多様なコミュニティのプロジェクトを通して行使されると論じた(Rose 1992, 1996, 1999)。コミュニティ開発計画、コミュニティ・ヘルス、コミュニティ・ケアなどにみられるように、「コミュニティによる統治」(government through community)では、コミュニティに関する議論は、慈善家や医師、保健士といった専門家の言説と職業的任務を通じた技術的なものとなる（Rose 1999; Rose and Miller 1992: 180）。市民はコミュニティの義務や責任をもつ道徳的個人として呼びかけられ、いまや道徳とアイデンティティのコミュニティへの忠誠を通じて統治されるのである（Rose 1996: 336）。クリードが指摘するように、グローバル化や脱領土化によって人びとがコミュニティに情動的な結びつきを求めるようになっている一方で、コミュニティが統治や資本主義的発展のメカニズムになっているというのはジレンマであり、だからこそコミュニティに注目する必要がある（Creed 2006: 21）。その際、我々は、知識とは単なる思弁ではなく、政治的プログラムに適合するように現実を表象し診断する知的テクノロジー、すなわち実践的な現象としてみることを忘れてはならないだろう（Miller and Rose 1990: 1; Inda 2005: 14）。

国民国家が促進する統治の過程を利用して人びとがみずからの要求や主張を実現しようとするとき、NGOは権力機構や専門家との関係を媒介する枠組みとして役立つだろう。(8) 多様な人びとが公的な組織として形を表すことで、福祉や医療の制度、公的ネットワークを利用したり、行政と協議や共同作業したりすることがしやすくなる。またNGOは、人びとが要求や主張を公的なものにし、国家や社会に継続的に訴えかける、あるいは行政と交渉することを媒介する機能も果たすに違いない。ここで重要なことは、多くのNGOが実質的な政治的機能を果たしながら、ある意味では、NGOという組織形態をとることによって制度の枠組み内に収まり、運動を「脱政治化」させていることである。コミュニティによる統治の形態にみずからを合わせることで、単なる利益集団や対抗的な運動団体ではなく、社会にある特定の技術的な問題に取り組む専門的な集団として国家や社会から一定の承認を得ることが可能になる。とはいえ、公的に承認されたNGOは国家からさまざまな形で干渉を受けるため、そのことによって国家に取り込まれる可能性が高まるのも確かである。このように考えてくると、第2部に限らず、本書のほとんどの論文がある種のNGOや、NGOを中心に構成されるコミュニティを扱っているのは、偶然ではないことになる。

第2部「国民国家とコミュニティ」に収録された三つの論考は、コミュニティによる統治が現実の相互行為において人びとにいかに経験されるかを明らかにしようとする試みである。それは、権力機構や専門家とコミュニティの成員との関係、さらに両者の相互行為が生じる社会経済的環境を具体的に記述し、それをマクロな分析と突き合わせていく作業である。国家による統治のプログラムがコミュニティでどう実行されるかは、人びとがあらかじめもっている価値観や行動様式に拘束されるだろう。また、プログラムが社会の異なる集団にいかに作用するかは、彼らの文化的、経済的、社会的特徴に応じて異なるに違いない(9)。

国民国家による統治のあり方は、とりわけマイノリティと呼ばれる人びとのアイデンティティ化過程に大きな影響力をもつ。信田論文「第5章　分断されるコミュニティ、創造するコミュニティ」は、人びとが国家の統治システムや社会環境の変化に適応しようとする過程で、血縁や地縁に基づく「伝統的」コミュニティへの忠誠を少しずつ失うとともに、新たにネットワーク型のコミュニティを創造する過程を論じる。信田によれば、マレーシア先住民オラン・アスリの伝統的なコミュニティは、もともと植民地権力による統治過程でその輪郭を与えられたものである。その後、定住化政策による生活様式の変化、マスメディアの浸透、通信手段の発達、学校教育の普及、開発プロジェクトが生み出す不平等や経済格差、一部住民による世界宗教への改宗などによって、彼らの生の可能性についての期待が変容するとともに分散し、安定した文化的アイデンティティや伝統的コミュニティへの帰属意識を動揺させるようになった。その一方で、村という境界を越えたネットワークを通じ、マイノリティである彼らが新たに直面する問題に取り組んだり、行政と交渉したりするための自助組織として、NGOが形成されていく。信田によれば、このネットワーク型のコミュニティは、政府による複雑化した統治に対応していくうえで、ある程度の有効性をもっている。信田の論考は、国民国家による統治過程に適応ないし対抗しようとする過程で、人びとがそれまでのコミュニティに対する意識を変え、新たなコミュニティの輪郭を模索する過程を描き出している。

高城論文「第6章　国家統治の過程とコミュニティ」は、コミュニティによる統治の過程を、それが現実の相互行為のなかで参加者にどう経験されているかという視点から捉え直そうとする。高城は、中部タイにおける国王誕生日の儀礼と村民スカウト研修を分析するうえで、アンダーソンが想像のコミュニティ論によって描き出した、メディアによるコミュニティの象徴的構築の側面を重視しつつも、相互行為のなかで生起する権力作用とそれをめぐるせめぎ合いにもう一度焦点を当てる必要があることを強調する。国王誕生日の儀礼と村民スカウト研修は、共に王権や国家のイデオロギーを家族や拡大家族としての村落にある情動的な結びつきと結合させ、より自然に見えるつながりのなかで起きている関係として提示する。国家ないし都市エリート層によって言説編成されたマスメディアや儀礼を通じた実践の反復により、国家という家族のもとで相互扶助するキョウダイになるという観念を村人は植え付けられるのである。しかしこうした均質なものとして想像されるコミュニティは、矛盾や競合を含む現実の相互行為を通じて創造される。高城の論考は、圧倒的な権力作用のもとでの儀礼的相互行為のなかにあってさえ、実践を通じてコミュニティが形成されるのであり、その過程で修正や変形の契機があることを描き出している。

中村論文「第7章　過疎と高齢化の村の『生の技法』」は、過疎高齢地域に暮らす高齢者と福祉・医療専門家との間に成立するコミュニティを扱い、両者の相互行為を記述しつつそれを社会福祉制度の分析と突き合わせることを試みる。中村によれば、三重県熊野市Y地区において、地域の福祉・医療制度が十分に活用されない理由は、行政のプログラムと地区の生活実践とが乖離していることにある。プログラムへと変換される過程で、人びとの生活世界が統治の技術的様式に即して断片化され、いくつかの指標に縮減される。他方では、行政の公平性という名のもとに、地域独自の能動的な福祉活動が否定されるようなことも起きている。これに対し一部の専門家は、福祉や医療といった垣根を越え、さらに地域の別の問題まで含めた高齢者の生活世界全体を考慮することの重要性を認識し、そうした世界を見据えて制度化された医療や福祉を再解釈し、読み替える作業を行っている。中村によれば、この時、高齢者と専門家との間にコミュニティが創発的に生成され、地域性や総合性を備えた共同体的な生の技法が編み出されているという。中村の論考は、社会福祉の領域において制度運用のあり方を改善する鍵は、専門家と地域住民とを媒介するコミュニティを通じて、住民が蓄積してきた知恵や、地域のつながりや活力、創造性を活かしていくことにあると指摘している。

（3）社会運動のコミュニティ

一九六〇年代以降に出現したフェミニスト運動やエコロジー運動、平和運動などは、それ以前の社会運動とは根本的に性質が異なるものとして、「新しい社会運動」と呼ばれる。それらは、国家政策や行政システムの問題点を明るみに出す一方で、国家による統治機構に社会的正義や民主的なふるまいを求めるよりは、自分たちで独自の価値観やライフスタイルに基づくオルタナティブなコミュニティを実現しようとする傾向がある。

代表的な論者の一人であるメルッチによれば、新しい社会運動には四つの構造的特徴があるという（一九九七：二七〇）。第一に、これらの運動では情報資源が中心的な役割を果たす。第二に、社会的、政治的な目的実現のための手段というよりは、集合的な活動そのものが目的になる。第三に、運動と生活の区別がなく、ライフスタイルの実践と社会変革とが相補的なものとみなされる。最後に、地球的規模での社会のあり方を考えようとしている。これら以外にも、中心メンバーが新中産階級や教育のある非特権階級であること、活動が政治的というより文化的なものであること、物質的な要求よりもアイデンティティを主張することなどが特徴として挙げられることもあるが（Scott 1990）、メルッチの挙げたものと重なる部分が多い。

実際には、現代の多くの社会運動、とりわけ発展途上国のものは、新しい社会運動論者が言う意味で「古い」とも「新しい」ともいえない（Edelman 1999: 16）。それでもこれらの研究が社会運動の見方について新たな貢献をしていることは確かである。たとえば、社会的行為者に複数のアイデンティティを認めることや、文化と政治を競合する領域と考えることなどは（Edelman 1999: 20）、我々が社会運動のコミュニティを考察するときにも重要である。現代の多くの社会運動は、国家や新自由主義の統治機構と距離をとり、自分たちで作る新たな社会関係のもとで革新的なライフスタイルの構築を目指している。運動の参加者は、国家権力や消費主義社会に働きかけて変化を求めるよりも、オルタナティブな人間関係の場を探求しており、その探求は日常生活や生活世界の資源の動員と結びついている（Delanty 2003: 123）。集合的なアイデンティティないし共同性の生成は、コミュニティの成員になるための要件なのではなく、むしろ結果であると考えたほうがよい。

第3部に収められた各章は、第2部と同様にコミュニティを通じた国家の統治過程に視点を据えたうえで、さらにコミュニティを拠点としてどのような抵抗が生じるかを民族誌的に明らかにする試みである。田辺論文「第8章　情動のコミュニティ」は、スピノザやドゥルーズの議論を参照しながら、具体的な個々の他者の〈身体―生―生命〉への配慮や関心によって維持される「情動のコミュニティ」という新しい概念の提示を行う。田辺はこの概念を用いて、一九九〇年代半ば以降、北タイにおいて組織されていったエイズの感染者・患者の自助グループとその公的なネットワークの歴史を捉え直そうとする。[10] このコミュニティは生権力のネットワークと抵抗のネットワークが互いに重層する動的な組み合わせ、すなわちアセンブレッジを構成しており、ここで統治テクノロジーによって自己管理し自己規律化する主体が構成される一方、それに抵抗する、生そのものに根ざした自己への関わりが芽生えていると田辺は論じる。この論考は、異質な個人が情動的、触発的に交流することで「生の力能」を増大させ、同時に新たな共同性を構成して外部権力と交渉する過程こそがまさにコミュニティの生成過程であることを描き出している。

西井論文「第9章　動員のプロセスとしてのコミュニティ、あるいは『生成する』コミュニティ」は、南タイの村落を事例として、ダッワと呼ばれるイスラーム復興運動をモダニティにおける再帰的コミュニティとして捉え返そうとする。ダッワ運動は、一〇人前後のグループを作って各地のモスクを回り、イスラームを学習するとともに、布教活動を行うというものである。参加者個々人は活動を通じて世界観を変容し、ひいてはその生活態度全般、生き方そのものをイスラーム的方向へと変容させることを目指すという。西井はダッワ運動を、次の二点において、モダニティにおける再帰的コミュニティと考えることができるとする。第一に、個々人が同じ価値観や生活様式を順序立てて身につけていくというのではなく、偶然の出会いを通じて、人から人へと自己変容の過程がそれぞれの人生において伝播していく形をとる。そうして作られるコミュニティは、多様な関わり方を許容するものとなる。第二に、個人はコミュニティの中に「投げ込まれる」のではなく、あえて「必然」として受容し、これまでの人生を再帰的に捉え返し、自己をコミュニティの中に投入していく。そして、選択した結果を「必然」として受け入れる態度にこそ、このコミュニティの新しさがあると西井はいう。この論考は、身体としての存在から立ち上がる関係性を個々の生の経験に立ち返って議論することよって、モダニティにおけるコミュニティの再考を試みている。

国民国家は近代の政治権力において決定的なものであるとしても、唯一のものではない。新自由主義の統治概念による分析の多くは、領土主権に基づく国民国家を統治の領域として想定しているが（Ferguson and Gupta 2002: 990）、活動家や草の根組織の国際的ネットワークによるグローバルな運動が、国家を越えた効果的なコミュニティを作り出し、それが国家や国際的な政策に影響を与えていることを軽視してはならない（Creed 2006: 10）。阿部論文「第10章　帰還者が喚起するコミュナリティ」は、カンボジアの特別法廷をめぐる社会運動の歴史を描写しながら、これを「新しい社会運動」のコミュニティとして捉えることの有効性を検討する。この特別法廷は、クメール・ルージュ政府幹部らの責任を問うものだが、国内外の法律や法律家の折衷によって構成される混合法廷であること、政府が必ずしも公的に支援していないことなどから、遅々として進んでいない。阿部は、帰還難民によって組織された二つのNGOを取り上げ、二〇〇六年の法廷設置以降、国内各地で特別法廷に関する啓発フォーラムや証言聴取を実施してきた彼らの取り組みが、いかに特別法廷のあり方に影響を与えているかを描写する。そのうえで、彼らの活動は、社会資源の再配分を要求したり、権力者に異議を申し立てたりするものではなく、被害者としてのアイデンティティを集合的に喚起するものであることから、メルッチが呼ぶ意味での「新しい社会運動」として考えることができると指摘する。体験を意味づけ公的に表現する実践への参加を通じて、人びとの間に過去の記憶が共有され、集合的アイデンティティが生成される。こうした過程は、そこにみずからを投げ入れる人びとの認識から捉えると、まさにコミュニティの形成過程であると阿部は論じる。

平井論文「第11章　語りのコミュニティ」は、阿部論文と同じく、未曽有の苦しみの経験についての語りが社会を変容させる可能性について考察する。ただし、そこでは語り手も聞き手も苦しみの当事者ではない。平井は、熊本県水俣市で水俣病事件の被害者を支援するNGOに焦点を当て、彼らが物語を語ることを通じて、人びとのハビトゥスを変容させる過程を分析する。このNGOは、水俣病事件によって地域の人びとが過去および現在において受けている苦難や試練、事件発生によって失われた水俣の豊かな自然や人びとの暮らしなどを、みずからが現地で生活するなかで発見したこととして語る。その物語には、被害者の生に触れた経験や感想とともに、彼らに苦しみをもたらした社会と自分とのつながりを発見し、みずからの習慣的な思考様式や生活様式を反省するようになった経緯が含まれる。こうした物語は聞き手の内部に情動的なショックを呼び起こし、彼らが従来問題視していなかった日常的な実践や社会に関する諸々の想定に疑問を感じさせ、自己や自己の置かれている環境を反省するきっかけを提供する。平井によれば、物語を聞き理解する努力を通じて、聞き手の多くは実際にみずからのハビトゥスが抑圧的な社会構造といかに連結していたかに気づき、情動的に揺さぶられ、自身の生のあり方を改変しようと意識するようになるという。この論考は、相互構築的なハビトゥス改変の過程をコミュニティと捉え、その実践が社会を変革する可能性を提示している。

以上、本書に収められた一一の論文について紹介してきたが、本書では、それぞれの事例において、次の三つの問いを検討する。第一に、そのコミュニティはどのようなきずなや活動を通じて結びついているのか。あるいは、いかなる実践を通じて共同性が構築されているのか。第二に、そのコミュニティは国家や社会の中でいかなる政治的位置を占めるのか。国家は最も強力な政治制度であるが、コミュニティはさまざまな程度で自律性を維持している。ここでは、コミュニティが標的になって統治が促進される過程だけでなく、コミュニティが国家統治や資本主義を利用して、それらの要求とみずからの利害とを橋渡しししようとする過程にも注目していく。第三に、そのコミュニティはどのような社会変容の可能性を有するのか。コミュニティの実践を通じて、コミュニティが国家や資本主義による統治への抵抗点として作用し、あるいは成員の利益を保護し拡大する可能性について展望する。

本書は、これらの問いに答えることを通じて、近代性の制度と言説が作りあげる統治の枠組みに対する、コミュニティを通じた抵抗と自由の可能性を探究する。それとともに、単に解釈や記述の便宜のためのカテゴリーとしてだけでなく、分析の焦点としてコミュニティを扱うことによって、社会構造や伝統、社会変容といった、より大きな問題を考えていくことの価値についても考えてみたい。社会がいかに変化しているか、変革されうるかを明らかにすることにおいて、コミュニティで生産される知や実践の様式とその生産のメカニズムに注目することは、きわめて重要なことではないだろうか。

注

(1) 一九世紀末以来、テンニース、デュルケーム、ヴェーバー、マッキーヴァーによるものなど、社会科学におけるコミュニティの議論には長い歴史があるが、紙幅の関係により、そのすべてを網羅することはできない。ここでは民族誌的研究において重要と思われる論点を整理し、本書の提案するアプローチへの橋渡しとしたい。なお、コミュニティ研究史をより網羅的に紹介したものとしてはDelanty (2003) がある。

(2) 実践とは何かについては、田辺(二〇〇二、二〇〇三)が参考になる。

(3) その後、ウェンガーは実践コミュニティの議論を独自に発展させるが、そこでは実践コミュニティが相互行為を通じて資源のレパートリーを創造する側面が強調されていく(Wenger 1998)。ウェンガーにとって実践コミュニティは、目的の明確な利害関心を共有する集団であり、成員は利潤を追求するために協働し、それによってのみ関係を構築するようにみえる。

(4) 當眞千賀子が指摘するように、レイヴとウェンガーの実践コミュニティは、全体として把握可能な記述や分析の対象としてではなく、問題設定や分析を導く概念的枠組みとして位置づけることが有効であろう(當眞 二〇〇二：一三九)。

(5) 近年の感情に注目する社会運動論は、コミュニティで生じる集合的な情動が、人びとの結びつきや新しい生の様式を生み出す源泉となる過程を描き出している。たとえば、Jasper (1998); Collins (2001); Crossley (1998) などを参照。

(6) 本書の各章では、必ずしもハビトゥスという概念が用いられているわけではない。代わりに、ローカリティや感情の構造といった類似の概念が言及される場合もある。

(7) 平野論文をはじめ、本書のいくつかの章はアソシエーションという概念を用いている。現在の日本の社会学・人類学では、この概念に大きく分けて二つの使い方がある。一つは、農村社会のような伝統的なコミュニティと対比されるものとして、共通の目的をもつ人びとがそれを達成するために組織する集団のことであり、結社や協会というような一般的意味である。もう一つはより限定的に、自律的な主体性に基づき連帯する集団として構想されるものであり、本書が論じるコミュニティの意味に近い。平野や他の論者は同郷会などの相互扶助組織をアソシエーションと呼んでおり、これは前者の意味に相当する。ただし、彼らは、このアソシエーションの活動を通じて本書が用いる意味でのコミュニティが生成されると論じている。

(8) NGO／NPOの定義やその法的位置づけは国ごとに大きく異なっている。

(9) オングは、東南アジアの国々では、国家とグローバル化の相互作用の産物として、「段階的主権」と呼ぶ現象が起きていると指摘する(Ong 2005: 85)。それには二つの側面があり、市場との関係で国民を不平等に扱い、その結果、人種やエスニシティ、ジェンダー、階級、地域などによる市民権の差異を強化している側面と、国家権力の一部を特別な経済地域の外国企業に委譲し、トランスナショナルなネットワークを築いている側面である(Ong 2005: 85)。

(10) 第2部の中村論文は同じく福祉医療制度を扱うが、制度を実施する専門家とその対象となる高齢者との間に成立するコミュニティの分析を通じて、福祉政策の向上を模索していた。これに対し田辺の論考は、患者の自助グループのコミュニティを分析の対象としており、福祉医療制度や専門家は外部にある権力の統治テクノロジーとして描かれる。両者がコミュニティとする対象や研究の目的において異なっている点に注意を喚起したい。

参照文献

〈和文〉


アパデュライ、A（二〇〇四）『さまよえる近代――グローバル化の文化研究』（門田健一訳）、平凡社。

アレント、H（一九九四）『人間の条件』（志水速雄訳）、ちくま学芸文庫。

小田　亮（二〇〇四）「共同体という概念の脱／再構築――序にかえて」『文化人類学』六九巻二号、二三六―二四六頁。

コーエン、A・P（二〇〇五）『コミュニティは創られる』（吉瀬雄一訳）、八千代出版。

齋藤純一（二〇〇〇）『公共性』岩波書店。

――（二〇〇三）「親密圏と安全性の政治」齋藤純一編『親密圏のポリティクス』ナカニシヤ出版、二一一―二三六頁。

ターナー、V（一九七六）『儀礼の過程』（冨倉光雄訳）、思索社。

田辺繁治（二〇〇二）「日常的実践のエスノグラフィ――語り・コミュニティ・アイデンティティ」田辺繁治・松田素二編『日常的実践のエスノグラフィ――語り・コミュニティ・アイデンティティ』世界思想社、一―三八頁。

――（二〇〇三）『生き方の人類学――実践とは何か』講談社現代新書。

――（二〇〇五）「コミュニティ再考――実践と統治の視点から」『社会人類学年報』三一号、一―二九頁。

當眞千賀子（二〇〇二）「問題系としての実践コミュニティ――アメリカの小学校のなかの日本人」田辺繁治・松田素二編『日常的実践のエスノグラフィ――語り・コミュニティ・アイデンティティ』世界思想社、一一八―一四一頁。

フーコー、M（二〇〇〇）「統治性」『ミシェル・フーコー思考集成Ⅶ』筑摩書房、二四六―二七二頁。

ブルデュー、P（一九八八）『実践感覚1』（今村仁司・港道隆訳）、みすず書房。

――（二〇〇六）『住宅市場の社会経済学』（山田鋭夫・渡辺純子訳）、藤原書店。

――（二〇〇九）『パスカル的省察』（加藤晴久訳）、藤原書店。

メルッチ、A（一九九七）『現在に生きる遊牧民――新しい公共空間の創出に向けて』（山之内靖・貴堂嘉之・宮﨑かすみ訳）、岩波書店。

ラッシュ、S（一九九七）「再帰性とその分身 ── 構造、美的原理、共同体」U・ベック／A・ギデンズ／S・ラッシュ著『再帰的近代化 ── 近現代における政治、伝統、美的原理』（松尾精文・小幡正敏・叶堂隆三訳）、而立書房、二〇五―三一五頁。
レイヴ、J／E・ウェンガー（一九九三）『状況に埋め込まれた学習 ── 正統的周辺参加』（佐伯胖訳）、産業図書。

〈欧文〉

Amit, V. (2002a) Reconceptualizing Community, in V. Amit (ed.), *Realizing Community: Concepts, Social Relationships and Sentiments*, London, Routledge, pp. 1–20.

——— (2002b) An Anthropology without Community?, in N. Rapport and V. Amit (eds), *The Trouble with Community: Anthropological Reflections on Movement, Identity and Collectivity*, London, Pluto Press, pp. 13–70.

Bauman, Z. (2001) *Community: Seeking Safety in an Insecure World*, Cambridge, Polity Press.

Anderson, B. (1983) *Imagined Communities: Reflections on the Origin and Spread of Nationalism*, London, Verso.

Appadurai, A. (1996) *Modernity at Large: Cultural Dimensions of Globalization*, Minneapolis, University of Minnesota Press.

Bourdieu, P. (1977) *Outline of a Theory of Practice*, R. Nice (trans.), Cambridge, Cambridge University Press.

Calhoun, C.J. (1980) Community: Toward a Variable Conceptualization for Comparative Research, *Social History* 5(1): 105–129.

——— (1991) Indirect Relationships and Imagined Communities: Large-Scale Social Integration and the Transformation of Everyday Life, in P. Bourdieu and J. Coleman (eds), *Social Theory for a Changing Society*, Boulder, Westview Press, pp. 95–121.

——— (2001) Putting Emotions in Their Place, in *Passionate Politics: Emotions and Social Movements*, Chicago, The University of Chicago Press, pp. 45–57.

Cohen, A.P. (1982) Belonging: The Experience of Culture, in A.P. Cohen (ed.), *Belonging: Identity and Social Organisation in British Rural Cultures*, Manchester, Manchester University Press.

——— (2002) Epilogue, in V. Amit (ed.), *Realizing Community: Concepts, Social Relationships and Sentiments*, London, Routledge, pp. 165–170.

Collins, R. (2001) Social Movements and the Focus of Emotional Attention, in *Passionate Politics: Emotions and Social Movements*, Chicago, The University of Chicago Press, pp. 27–44.

Creed, G.W. (2006) Reconsidering Community, in G.W. Creed (ed.), *The Seductions of Community: Emancipations, Oppressions, Quandaries*, Santa Fe,

School of American Research Press, pp. 3–22.

Crossley, N. (1998) Emotion and Communicative Action: Habermas, Linguistic Philosophy and Existentialism, in G. Bendelow and S. Williams (eds), *Emotions in Social Life*, London, Routledge, pp. 16–38.

Crow, G. and C. Maclean (2006) Community, in G. Payne (ed.), *Social Divisions*, Basingstoke, Palgrave Macmillan, pp. 305–324.

Delanty, G. (2003) *Community*, London, Routledge.

Edelman, M. (1999) *Peasants against Globalization: Rural Social Movements in Costa Rica*, Stanford, Stanford University Press.

Ferguson, J. and A. Gupta (2002) Spatializing States: Toward an Ethnography of Neoliberal Governmentality, *American Ethnologist* 29(4): 981–1002.

Frankenberg, R. (1965) *Communities in Britain: Social life in Town and Country*, Harmondsworth, Middlesex, Penguin.

Goodwin, J., J. Jasper and F. Polleta (2000) The Return of the Repressed: The Fall and Rise of Emotions in Social Movement Theory, *Mobilization* 5(1): 65–82.

——— (2001) Why Emotions Matter, in *Passionate Politics: Emotions and Social Movements*, Chicago, The University of Chicago Press, pp. 1–24.

Hannerz, U. (1980) *Exploring the City: Inquiries Toward an Urban Anthropology*, New York, Columbia University Press.

Holland, D. and J. Lave (2001) History in Person: An Introduction, in D. Holland and J. Lave (eds), *History in Person: Enduring Struggles, Contentious Practices, Intimate Identities*, Santa Fe, School of American Research Press, pp. 3–33.

Inda, J.X. (2005) Analytics of the Modern: An Introduction, in J.X. Inda (ed.), *Anthropologies of Modernity: Foucault, Governmentality, and Life Politics*, Oxford, Blackwell Publishing, pp. 1–20.

Jasper, J.M. (1998) The Emotions of Protest: Affective and Reactive Emotions in and around Social Movements, *Sociological Forum* 13(3): 397–424.

Levitt, P. and N.G. Schiller (2004) Conceptualizing Simultaneity: A Transnational Social Field Perspective on Society, *International Migration Review* 38(3): 1002–1039.

Lewis, O. (1959) *Five Families: Mexican Case Studies in the Culture of Poverty*, New York, Basic Books.

Miller, P. and N. Rose (1990) Governing Economic Life, *Economy and Society* 19(1): 1–31.

Olwig, K.F. (2002) The Ethnographic Field Revisited: Towards a Study of Common and Not So Common Fields of Belonging, in V. Amit (ed.), *Realizing Communitiy: Concepts, Social Relationships and Sentiments*, London, Routledge, pp. 124–145.

——— (2009) A Proper Funeral: Contextualizing Community among Caribbean Migrants, *Journal of the Royal Anthropological Institute (N.S.)* 15:

520–537.

Ong, A. (1999) *Flexible Citizenship: The Cultural Logics of Transnationality*, Durham, Duke University Press.

——— (2005) Graduated Sovereignty in South-East Asia, in J.X. Inda (ed.), *Anthropologies of Modernity: Foucault, Governmentality, and Life Politics*, Oxford, Blackwell Publishing, pp. 83–104.

Redfield, R. (1955) *The Little Community*, Chicago, The University of Chicago Press.

Rose, N. (1992) Governing the Enterprising Self, in P. Heelas and P. Morris (eds), *The Values of the Enterprising Culture: The Moral Debate*, London, Routledge, pp. 141–164.

——— (1996) The Death of the Social ?: Re-figuring the Territory of Government, *Economy and Society* 25(3): 327–356.

——— (1999) *Powers of Freedom: Reframing Political Thought*, Cambridge, Cambridge University Press.

Rose, N. and P. Miller (1992) Political Power Beyond the State: Problematics of Government, *British Journal of Sociology* 43(2): 173–205.

Scott, A. (1990) *Ideology and the New Social Movements*, London, Unwin Hyman.

Tanabe, S. (2008) Introduction: Imagined and Imagining Communities, in S. Tanabe (ed.), *Imagining Communities in Thailand: Ethnographic Approaches*, Chiang Mai, Mekong Press, pp. 1–19.

Wenger, E. (1998) *Communities of Practice: Learning, Meaning, and Identity*, Cambridge, Cambridge University Press.

Wimmer, A. and N.G. Schiller (2003) Methodological Nationalism, the Social Sciences, and the Study of Migration: An Essay in Historical Epistemology, *International Migration Review* 37(3): 576–610.

第1部

移動とコミュニティ

第1章

都市とエスニック・コミュニティ

――カメルーンの国内移住民

平野（野元）美佐

はじめに――アフリカ都市とコミュニティ

かつて近代化によって消滅していくと考えられていたコミュニティは、近年、グローバリゼーションなどの影響下、世界各地で復活・再生しているという（デランティ 二〇〇六）。しかし、グローバリゼーションへの忍従を最初に強いられたのは植民地化された人びとだといわれるように（オジェ 二〇〇二：二二五）、アフリカのグローバリゼーションは、先進国より早く過酷な形で始まった。ヨーロッパ列強によって植民地化されたアフリカは、遅れて近代化を経験したというより、世界でも早くからグローバリゼーションを生きた地域だったといえる。さらにいえばアフリカは、すでに大西洋奴隷貿易時代から三角貿易という形をとって、そして近代世界システムの一部を構成しながら、グローバリゼーションに巻き込まれていたといえる。一七世紀、カリブ海におけるサトウキビ・プランテーションがアフリカは、世界に先駆けて工業化した企業体であったとすれば（ミンツ 一九八八）、そこに奴隷の供給を強いられたアフリカは、それらの事業を支えるもう一つの最先端地域であり、まさに状況は地球を跨いでつながっていたのである。[(1)]

とくにアフリカの都市部は、村落部と比較して、より強くグローバリゼーションの影響を受けてきた。奴隷貿易では、ヨーロッパ諸国が商館を置いた沿岸部の都市が拠点となり、植民地下では効率的な支配のため、ヨーロッパが都市のネットワークを張り巡らせた（Southall 1961; 日野 一九八三）。そしてそれらの都市の多くは、独立後もグローバリゼーションの焦点となってきている。

このようなグローバリゼーションの強い影響下で、人びとはいかに暮らしてきたのだろうか。アフリカの多くの都市、とりわけ首都機能をもつ都市は、独立後から急速に、国内の村落部や周辺の国々から移住民を引きつけ、拡大を続けてきた。つまり、都市居住者のかなりの部分は移住民であるか、親世代、祖父母世代が移住した二世、三世である。このような人びとが、都市での暮らしをなんとか成り立たせてこられたのは、さまざまなコミュニティを形成してきたからだと考えられる。

現在、アフリカの都市で、いわゆる共同体の理念型のような、血縁と地縁の共同性という形でコミュニティが存在することはまれである。アフリカ都市で生き残るために模索されたコミュニティの絆は、移住民が、都市においてさまざまに結びなおし、その環境の変化のなかで作り替えてきたものである。たとえばナイロビの事例では、西ケニアから出稼ぎに来たマラゴリ人の「共同性」の基盤は、時代により、民族・クランから村・郷・郡へ、そして個人のつながりへと変化してきたという（松田 二〇〇九：七四―七九）。彼らは、生活互助の基盤であるコミュニティ（共同体）自体は手放さず、その内実を変えてきたのである。

アフリカの都市コミュニティの絆としては、エスニック・グループ（民族）のまとまりが最もよく知られている。アフリカ都市研究では、同じエスニック・グループで形成されるエスニック・アソシエーション（部族結社とも呼ばれた）などボランタリー・アソシエーション（自発的結社）が、一九五〇年代からアフリカ都市研究の重要課題とされてきた（宮治 一九七六）。これらのアソシエーションはとくに、都市移住民が都市に適応する過程で重要な役割を担うとされた（Banton 1956; Little 1957; Parkin 1966）[2]。しかしながら、ボランタリー・アソシエーションを含む都市移住民のさまざまな生活実践は、都市に適応するためだけでなく、逆に都市そのものを内側から作り変えるものでもあったといえる。たとえ植民地下で建設された都市であっても、都市世界の多数派を構成していたアフリカ人の生活実践は、少なくともその世界の一部を形成し、変化させてきたのである。その実践に制約や限界があったことは事実だが、そのなかで彼らは「自由に」選択し、決断し、行動してきた。アフリカの都市化が進行し、かなりの時間を経た今も活発に組織されているエスニック・アソシエーションは、そのような都市における重要な生活実践の一つである。

アフリカ都市のエスニック・アソシエーションがボランタリー・アソシエーションと称された理由の一つは、個人の「選択」による参加を強調したせいだといえる。また、村落（コミュニティ）から都市（アソシエーション）へという変化を強調する傾向も、それを後押ししたであろう。しかし、本章で論じる事例は、アソシエーションとも、コミュニティとも呼びうるものである。本章で扱うカメルーンの首都ヤウンデに移住した「バミレケ」というエスニック・グループが故郷を同じくする者で組織する「同郷会」も、あくまで参加は「自由」であるため、ボランタリー・アソシエーションに分類できる。そして人びとはまたその同郷会を中心に、同郷者コミュニティを形成している。つまり、同郷会メンバーはアソシエーションのメンバーであり、コミュニティのメンバーでもある。逆に同郷者でありながら同郷会のメンバーでない者は、アソシエーションのメンバーではないが、コミュニティのメンバーであるということになる。

このエスニック・コミュニティは、現在の多くのコミュニティがそうであるように、明確な領域をもっていたり、メンバーに唯一の帰属意識を与えるようなものではない。それは、個々人の帰属意識の強さやアソシエーションへの参加の有無にかかわらず、ただ「故郷を同じくする」という事実によって、周りからその一員としてみなされるような緩やかなコミュニティである。

周知のように、都市のエスニック・コミュニティは移住民のいるところ世界中に存在しており、本章で論じるバミレケのコミュニティもその一例である。エスニック・コミュニティについては数多論じられ、それらの議論をすべて検討することは無理であるため、ここではアフリカ都市におけるエスニック・コミュニティの論点をみておく。

アフリカ諸国は、一つの国に複数(かつ多数)のエスニック・グループ(民族・部族)を抱える。国境の多くを植民地化によって決定されたアフリカ諸国にとって、エスニック・グループは長年、国家建設、経済発展を妨げ、内紛をひき起こすものとされ、エスニック・アイデンティティは、市民、国民意識の形成を妨げるものと考えられてきた。市民、国民アイデンティティは教育などの努力によって獲得されるものであるのに対し、エスニック・アイデンティティは自然に獲得されるものであり、前者は好ましく近代的(西洋的)、後者は好ましくない伝統的(アフリカ的)なものとして扱われた。しかし実際には、アフリカのほとんどのエスニック・グループのまとまりは、植民地政府によって再形成された近代的なものであり、それ以前ははるかに小規模なまとまりしかなかったとされる(原口 一九九六)。

現在、アフリカのエスニック問題の多くが政治的に喚起されていることはよく知られ、内戦状態の国や地域はもちろん、その他の国々でも政治的な操作の対象となっている。本章で論じたいのは、そのような政治的な作用を受けつつ、形成・維持されているエスニック・コミュニティの実践である。それは自然発生的なものではなく、人びとの意志と努力によって維持されている。バミレケは後述するように、カメルーンにおいて政治的に警戒され、他のエスニック・グループから反感をもたれてきた。首都という政治的かつマルチ・エスニックな環境で、彼らがエスニック・コミュニティにこだわるのはなぜであろうか(3)。本章では、彼らのコミュニティの実践を事例に、都市生活には欠かせないものとして維持され、変化しながら生き延びてきたアフリカ都市のエスニック・コミュニティの現代的役割を明らかにしたい。

1　バミレケと同郷会

(1) バミレケ移住民の立場

バミレケはもともと、カメルーン西部地域のバミレケ・ランド（Pays Bamiléké）（図1-1）を故地とし、現在ではカメルーン全国、とくに都市部やプランテーション地域に多数の移住民が暮らす。商売に長けるとされる彼らは、目立った成功者を何人も出しており、カメルーンにおいて、最も経済的影響力をもつエスニック・グループである。

バミレケ・ランドには、バミレケという一つのエスニック・グループが暮らしているというより、わずか六二〇〇平方キロメートルの中に一〇〇以上の首長制社会（Chefferie/Chiefdom）がひしめき、それぞれ別個のアイデンティティをもった人びとが暮らしているといったほうが正確である(4)。それぞれの首長制社会は首長（Chef/Chief）を頂点とし、さまざまな位階の貴族がおり、植民地化などを経て形骸化し変化した部分も大きいが、依然としてヒエラルキーが明確である。

ヨーロッパ人が入ってくるまで、バミレケというエスニック・グループは存在せず、バミレケ・ランドの住人たちは、それぞれの首長制社会の人間であった。言語的にも「バミレケ語」は存在せず、この地域では十数個の言語が話されている（Dieu and Renaud 1983）。現在、バミレケの移住民が都市で「村」というとき、たいていはこの首長制社会のまとまりを指す。

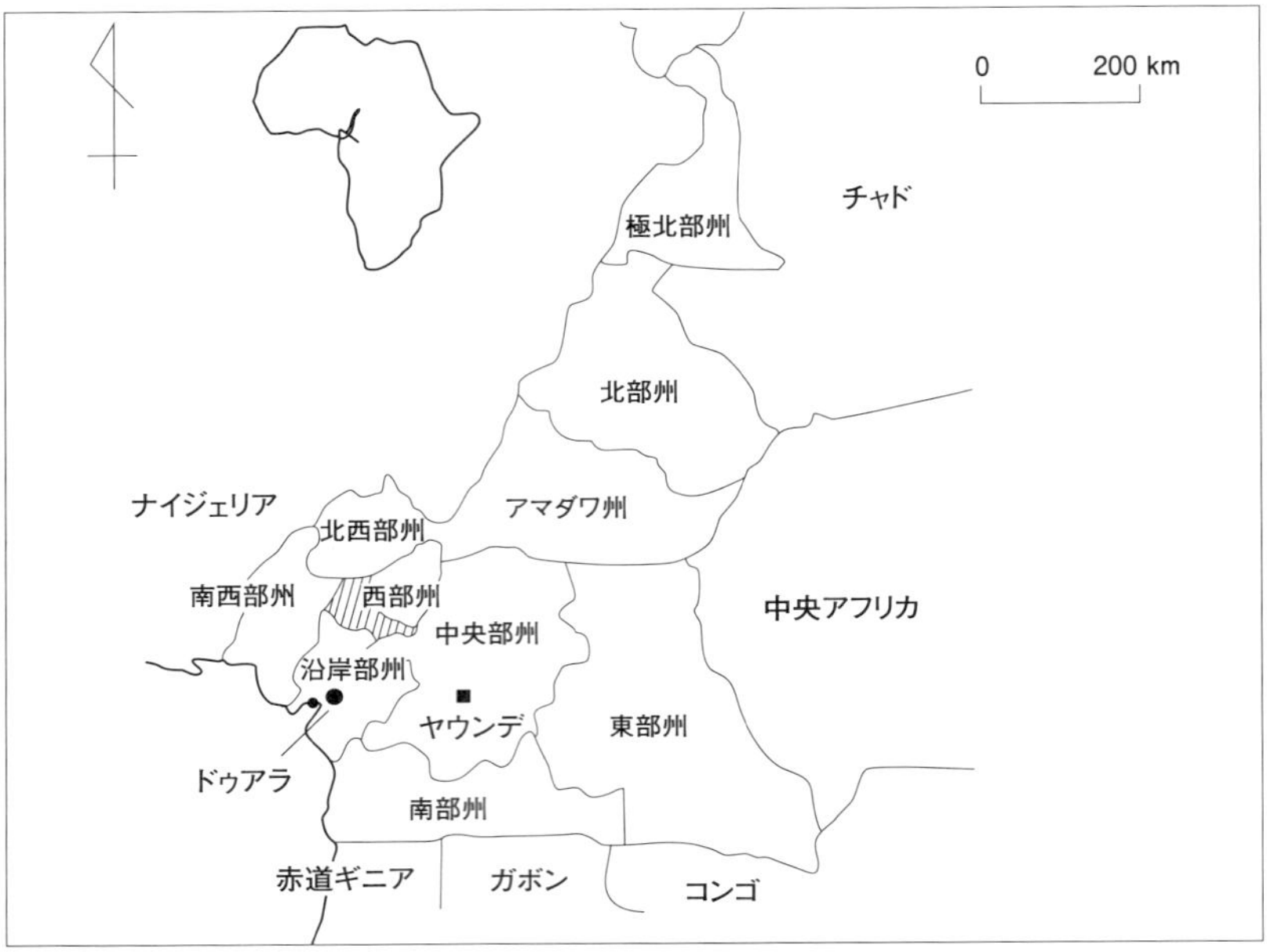

図 1-1　カメルーン共和国とバミレケ・ランド（斜線部分）

植民地化されて以降、バミレケは都市やプランテーション地域に大量に出ていき、移住先では農園経営、あるいは商売をして頭角を現してきた（Barbier, Champaud and Gendreau 1983）。しかし彼らの活発な移住と商業活動は、移住先で反感をかうことも多かった。またバミレケはカメルーン独立前、フランス植民地政府に対する急進的な独立運動に関わり弾圧された過去があり（Joseph 1977）、それ以降フランス植民地政府から、そして独立後はカメルーン政府から、政治的行動は警戒され[5]、彼ら自身も目立った活動は自粛する傾向にある。

よって、大統領府をはじめ国家の中枢機関が存在する首都ヤウンデは、バミレケにとり、どれだけ長く暮らしていてもある種よそよそしい場所であり、「よそ者」であることを意識させられる場所である。とくに、一九九〇年代の政治の「自由化」以降、与党は権力維持のために、誰が「土着民」で誰が「よそ者」かという「帰属の政治（Politics of belonging）」を全国に広め、エスニック・グループを政治的に利用している

(Ceuppens and Geschiere 2006; Geschiere and Nyamnjoh 1998, 2001; Pelican 2009)。端的なメッセージにすれば、「よそ者」(そこが自国にもかかわらず)は移住先において「土着民」と同等の権利をもつことはできず、それが嫌なら故郷に帰れ、ということである。その結果バミレケは、ヤウンデにおいて、また全国に広がるバミレケの移住先において、より「よそ者」であることを意識させられるようになってきている。

このようにバミレケは、政治の中枢から外れながら、都市化や資本主義化に「適応」してきたエスニック・グループとして浮かび上がる。そして彼らの移住先の「適応」を支えたものの一つが、同郷会なのである。

(2) 同郷会

バミレケ都市移住民は、先に述べた故郷の「村」、すなわち首長制社会のまとまりを軸に、移住先で同郷会を組織してきた。ヤウンデや、港湾都市ドゥアラなどの大都市においては、バミレケの一〇〇を超えるすべての首長制社会が同郷会を組織しているといわれる。他のエスニック・グループから、バミレケが「伝統主義的」で「閥族(部族)主義的」であるとみられる要因の一つでもある。彼らは同郷会を中心に「伝統的」葬礼を行い、頻繁に故郷に帰り、村に寄付をし、首長に貢献してきたからである。

先にも述べたように、同郷者(であり同じエスニック・グループ)でまとまることは、都市化が進み、二世、三世(四世)も増えた今、自然でも簡単でもない。同郷者たちは、同村出身(あるいはそこにルーツがある)ということ以外に共通点はなく、職業や経済階層、学歴、年齢などさまざまだからである。首都ヤウンデの場合、バミレケが多く暮らす地区はいくつかあるものの、一カ所に集住しているわけではなく、あちこちに散らばって住んでいる。また、村との関係性もさまざまで、村で成人してヤウンデに出てきた者、ヤウンデで生まれ育った者、ごく最近出郷してきた者、出郷して何十年もヤウンデに暮らす者もいる。同郷会は、このような多様な人間をひき入れなくてはならないのである。

ヤウンデなど、バミレケ移住民が多い都市では、一つの村が一つの同郷会をもっているのではなく、複数の組織が動いている。男性だけのもの、女性だけのもの、村の地区ごとのもの、その他さまざまな原理で集まった組織がある。事情が許せば、このうちいくつでも掛け持ちすることができる。たくさんあるうちのどれに加入するのかも、個人の選択である。「この会には友人が多いから」「集会所の場所が家から近いから」「この会は中心的組織だから」と、自分の都合に合わせて組織を選び、参加する。

同郷会の主な目的は相互扶助であり、具体的には、保険制度、トンチン（仏語：Tontine）と呼ばれる頼母子講、「バンク」と呼ばれる貯蓄制度などがある。同郷会集会の多くは、同郷者の寄付や労働奉仕によって建設された集会所で、週に一度、土曜か日曜に数時間かけて行われることが多い。集会以外の活動としては、関連する葬礼に参加したり、村や都市での行事に参加したり（写真1-1）、メンバーが亡くなるとお悔やみに行ったり、村への埋葬に付きそうことなどである。

村との関わりでも、同郷会が果たす役割は大きい。同郷会の有力メンバーが中心となり開発委員会が設立され、村の開発（道路、電気、水道、学校プロジェクトなど）について話し合い、寄付を募り、進めていく。村の大きな行事などにも、同郷会メンバーたちが積極的に関わる。首長が都市に出てくるときには、同郷会を中心に滞在中の世話を行う。メンバーはこのような活動を通じ、日常的に同郷者や村と関わることになる。

写真 1-1　首長をヤウンデに迎えての同郷会による音楽とダンス

——（3）同郷者コミュニティ

同郷会に参加すると、メンバーたちとは最低でも週に一度、顔を合わす。いったん参加すれば、助け、助けられという相互扶助の流れに巻き込まれていく。具体的には、メンバーの葬礼にカンパし、大量の料理を作り、夜通しの通夜や村の葬礼に出席したりすることで、決して楽なことではない。そのかわり、自分が誰かを助け、また助けられる存在であることを実感できる。

また、参加すれば故郷との関わりを強めることができる。故郷は愛すべき、発展させるべき、貢献すべき対象であるという価値観をみなで共有するようになる。そして仲間がするように、いずれは自分も故郷に家を建て、引退したら故郷で余生を過ごすという「夢」を共有する。[6] このように、多くの仲間と会を通して活動するなかで、「故郷」が自分の生き甲斐となって立ち現れてくるのである。[7]

ここで、同郷会と同郷者コミュニティとの違いを、改めて確認しておく。同郷会は、ある一定の年齢になり収入も安定すれば加入すべきとされているが、最終的には個人が加入を決める。しかし同郷会に加入していないからといって、同郷者コミュニティから排除されるわけではない。同郷会は同郷者コミュニティの核であり中心ではあるが、加入の可能性がある者たちも、同郷者コミュニティの一員とみなされている。たとえば親が同郷会のメンバーであるが参加していない子供世代（主に三十代以下の若い世代）や、メンバーになるよう親族や友人に勧誘されている未加入の者たち、経済的事情で休んでいるかつてのメンバーなども、同郷者コミュニティの一員なのである。つまり同郷会は、同村にルーツをもつ者はすべて潜在的メンバーとみなし、コミュニティから排除しない。実際、同郷会メンバーでなくても、故郷でのイベントのため寄付をしたり、行事に参加したりする者は多く、故郷の重大ニュースは、同郷会メンバー以外の同郷者まで行きわたる。しかし違いもある。同郷会に加入することは同郷者コミュニティの中心へと近づくことであり、加入しないことはコミュニティの周辺に位置づけられることである。

また、同郷会のメンバーだけがコミュニティ構成員ではないとはいっても、同郷会なしに同郷者コミュニティが維持できないことは明らかである。大都市で集住もしていないエスニック・コミュニティにとって、毎週顔を会わせる同郷会集会が重要な役割を果たしていることはいうまでもない。コミュニティの維持、拡大のために、新たな同郷会メンバーの確保は欠かせない。そのため、同郷会のメンバーは折に触れ参加していない者たちに対し、参加するよう促す。しかし、都市の生活では、エスニックを越えたさまざまな関係、職場や学校、教会、近隣など、さまざまな人との出会い、交流がある。そのようななかで「同じ村出身」というだけで、同郷会がメンバーを、とくに若い世代を勧誘するのは簡単ではなくなっている。

次節では、バミレケ・ランド南東部に位置するバングラップ村出身者の同郷会を事例に、集会の実践を考察し、コミュニティ内部の多様性とそのせめぎあいを明らかにしたい。

2 コミュニティ内部の多様性(8)

(1) バングラップ同郷会

バングラップ村(首長制社会)の人口は六〇〇〇人弱(一九九五年)、ヤウンデやドゥアラなど大都市を中心に多くの移住民を出し、過疎化が進んでいる。ヤウンデのバングラップ同郷会は、バングラップ出身者、あるいはヤウンデ生まれでバングラップ出身の親をもつ者、またバングラップ出身の配偶者(夫)をもつ者たちで構成される。

バングラップの複数ある同郷会で最も重要なのは、「マンジョ(戦士の組織の意)」というバングラップの成人男性の組織と、その女性版で「ケナーダ(優雅に行くの意)」と呼ばれる女性組織である。マンジョやケナーダのようなバングラップ全体で組織される会のほかに、バングラップ村の地区ごとの出身者で作られる地区組織が、一九九八年当時一四あった。マンジョやケナーダのような全体集会と、地区組織の集会の両方に参加できるよう(あるいは競合しないよう)、集会の曜日や時間は配慮されている。一四の地区組織以外に、個人のステータス、年代、職業などによって形成される会も八つあった。

どの組織に参加するにせよ、同郷会への参加は、都市に暮らしながらバングラップ村やその出身者に関わり続けることを意味する。ただ、その細部は組織ごとに異なり、参加者の意識にも違いがある。その多様性を明らかにするために、ここでは、「ケナーダ」(以下、女性会)、ランベン地区出身者の組織「ランベン家族会」(以下、地区会)、高校、大学、大学院生の会「バングラップ学生会」(以下、学生会)というメンバーシップが異なる三つの組織を比較検討し、バングラップ同郷者コミュニティの多様性を確認しておきたい。(9)

（2）各組織の概要

はじめに、三つの組織の概要を紹介する。

女性会は、登録メンバー数が三〇〇人強で、バングラップの女性なら誰でも参加できる。女性会では、自分がバングラップ出身であるよりも、バングラップ出身の夫を持つという参加資格がより重要とされている。二十〜三十歳代の者は少なく、四十〜六十歳代のメンバーたちが中心的に活動している。メンバーは、不意の病気や死亡（メンバーとその家族）に備える保険制度への加入と、頼母子講への参加義務がある。執行部は、会長、副会長、書記などの役職のほか、「役員」が三〇人ほどいる。集会は毎週日曜日、午後一二時半頃からバングラップ集会所で行われる。主な活動は、保険、頼母子講、葬礼の参加などである。

地区会は、登録メンバー数は一五〇人ほどで、父母を問わずバングラップ村ランベン地区に家系のルーツをもつ者、その妻たちなど男女で構成される。メンバーには若い男女もいるが、四十〜五十歳代のメンバーが主流である。メンバーは、保険制度への加入と、頼母子講への参加義務がある。会長、副会長、事務総長、副事務総長、会計監査、会計などの役職がある。それ以外に女性会長、女性会長補佐が一人ずつい る。集会は毎週土曜日一四時頃から、ランベン集会所で行われる。主な活動は保険、頼母子講、葬礼参加、バンク（この組織では「学資基金」）、物品による頼母子講[10]、飲食（ビールやジュースが二週に一度、集会の最後に振る舞われる）[11]である。

学生会は、登録メンバー数約五〇人で、バングラップ出身者、あるいはヤウンデ育ちでバングラップ出身の親をもつ学生（高校生から大学院生まで）たちである。しかし実際には、学校を卒業、中退し、学生でなくなった若者も含まれる。そのため実態は、十〜三十歳代前半くらいまでの「若者会」といえる。会費として五〇〇フランを収めるとメンバーになれ、メンバーズ・カードが与えられる。会長、副会長、書記、書記補佐、会計役、監査などの役職がある。

毎週日曜午前一一時頃から一三時前まで、バングラップ集会所の二階で行われる。主な活動は、文化活動などイベントの企画・運営、村に関する雑誌の発行、同郷の小学生らの試験前の勉強指導、メンバーに不幸があったときなどのカンパ（不定期）、村の伝統の学習など、多様である。保険や頼母子講は、メンバーに収入がないため行われない。

以上、三つの組織は、メンバーシップがそれぞれ異なるが、たとえば定期的な稼ぎがある女性であれば、女性会（男性なら男性会「マンジョ」）と地区会の両者に加入できる。しかし、女性会（男性会）のみ、あるいは地区会のみに加入するという者も多い。その理由として、二つに加入すると二つの頼母子講と保険に参加しなくてはならないという経済的事情がある。また、女性会（男性会）は同郷会組織の中でも中核を担う会であり、大規模である。一方で多くの地区会は、小規模で家族的な雰囲気がある。そのため、同郷者コミュニティの中核で活躍したい者は女性会（男性会）を選び、そのようなことに関心をもたず、親しい人たちに囲まれて助け合いを行いたい者は、地区会のみに参加するという傾向もある。

また、学生会のように収入のない者は、頼母子講の義務がある会、つまりほとんどの会に入ることができない。しかし同郷者コミュニティにとって、高学歴の若者は貴重な人材である。彼らを若いうちからコミュニティに取り込むためにも学生会は必要であり、他の同郷会メンバーたちは、彼らのさまざまなイベントを、経済的支援を含むさまざまな形で援助する。

このように、同郷者コミュニティは、多様な組織を作ることで多様な人びとを集めている。

――(3) メンバー間のヒエラルキー

同郷者コミュニティは上述のように、多様な人びとを取り込んでいるが、それぞれの組織内も決して一様ではない。多くの組織では、ヒエラルキーと呼びうる秩序が存在する。

女性会では、会長職がヒエラルキーの頂点である。続いて副会長、そして役員たちであり、彼女らは全員、集会部屋の一段高くなったステージ上に席を構える。会長と副会長の席は並んで置かれ、役員たちと一線を画す。役員たちの間では、年若い者たちが後列に座る傾向がある。その他の者はステージの下に座るが、会計や書記(写真1-2)の机を取り囲むように、バングラップ出身の夫をもつ「バングラップの妻」席、本人自身がバングラップ出身の「バングラップの娘」席、そして「名誉」席に分かれて座る。「名誉席」は、この組織に長く所属し、かつ役員ではない年輩の女性たちが座る席であり、集会中に来る客人たちの席としても使用される。

地区会でも、会長がヒエラルキーの頂点である。集会部屋には、女性会と同じく一段高くなったステージがあり、男性メンバーは、書記と会計役以外、全員がここに座る。ステージ上は、会長・副会長の席と、貴族席(年配者席もここに含まれる)、若者席、客人が座る席に区別されている。一方、女性メンバーは誰一人ステージ上に座らず、女性貴族席、ランベン出身の夫をもつ「ランベンの妻」席、自身がランベン出身の「ランベンの娘」席に分かれて座る。それぞれの席の前方には年配者、後方には若い者が座る。「女性会長」という女性メンバーのまとめ役は、女性の貴族席の最前列に座る(当時の女性会長は貴族)。女性の貴族席後方には、会計の机と椅子がある。中央には書記の座る机が置かれ、この机に向かってすべての者が向かい合うように座る。

このように、女性会では会長を頂点とし、一般メンバー間では年配の女性に敬意が払われ、若いほどヒエラルキーの下位に置かれる。また「妻」と「娘」が区別されている。地区会では、男性と女性、貴族とそうでない人間、年配者と若者の「上下」が表現され、「妻」と「娘」が区別される。ここに表現された組織の秩序は、メンバーがそのルールに従って座ることで、その場の全員に承認されていることになる。

またこの秩序は、メンバーの言動によって何度もなぞらえられる。これらの組織では、集会中の私語には罰金が科

写真 1-2　集会後に「残業」をする女性会の書記役のメンバー

され、とくに誰かの発言中に口をはさむことを禁じているが、その際、一般メンバーの発言を遮ることと、会長・副会長や貴族の発言を遮ることの「罪」を区別している[12]。また発言を整理する監視役は、会長など地位の高い人の発言を優先する傾向にある。そして女性会、地区会ともに、年若いメンバーが発言することはあまりない。また、発言者が発言する前の儀礼的挨拶も、会長から順番にヒエラルキーがなぞらえられる。これ以外にも、飲食の機会には、飲食物はヒエラルキーの順に配布されることになっている。

一方、学生会は、集会部屋のステージには誰も座らず、机を輪のように並べる。たいてい入り口から遠いほうに会長と副会長、書記が座るが、それ以外のメンバーには、役職も男女の別もない。また同世代が集っているため世代のカテゴリー分けもなく、貴族であるかないかの別もない。どこに誰が座ってもよいが、仲の良い者の近くに座るため、座席はなんとなく決まっている。また、学生会では集会中の飲食の機会はほとんどなく、あっても、とくに決まった順序はない。

学生会はメンバーの同質性が強く、「民主的」であることを志向する組織であり、その座席配置はメンバーの平等性をうたっているといえる。若者たちは、村のヒエラルキーをなぞらえたような、親世代の集会のやり方に反発を感じていることも多い。しかしながら、彼らが表立ってそれを表明することはほとんどなく、むしろ、親世代の前では望ましいとされる身振りや言動をすすんで行う。しかし、若者たちの価値観と年配者の価値観の溝はそう簡単には埋まらない。そのため、学生会を出たメンバーが働いて収入を得るようになると、年配者が仕切る男性会や女性会、あるいは地区会に直接入らなくてもよいように、学生会OB・OGの会が作られている。若者が同郷会から遠ざからないよう工夫されているのである。

⑷ メンバーの平等性

学生会のような例を除いて、ヒエラルキーを明示するバミレケ同郷会は、村のミニチュアを作っているようにもみえる。しかし、同郷者コミュニティは、村のヒエラルキーをそのまま再生産しているわけではない。そこにはある種の平等性もみられる。

彼らが、都市と村との違いを強調するのは同郷会の選挙である。多くのバミレケ同郷会では現在、会長職をはじめ、さまざまな役職に任期を定め、任期が終わると新しい役職をメンバー全員の選挙で決めている。首長や貴族が世襲で決定される村とは異なる、都市のやり方である。ただ同郷会の会長職を貴族でない者が引き受けることは少ない。しかしながら、その貴族のあり方にも変化がみられる。現在、都市の貴族たちには、父親などから世襲した者もいるが、都市で成功し、村への経済的貢献などを通じて首長らから貴族の称号を授与された「新貴族」（Warnier 1993）が増えている。[13] 会長には貴族しかなれなかったとしても、村への貢献を通して貴族になることによって会長になれる可能性が出てくるのである。また、バングラップの諸同郷会の代表で組織される「ヤウンデのバングラップ共同体評議会」[14]の内規には、自分の出自を誇ることを戒めており、貴族や年配者への尊敬は残しつつも、不用意な自慢は禁じている。つまり、彼らはヒエラルキーを強調しながらも、ある部分では平等性を志向しているのである。

さらに重要と思われるのが、貨幣活動における平等性である。組織の中で地位の高い会長や貴族の中には、半ば失業し、配偶者の稼ぎで頼母子講に参加しているような人物もいる。彼らは頼母子講やバンクで高額を出すことができない。逆に、ヒエラルキーの下部の者、つまり、貴族より貴族でない者が、会長より一般のメンバーが、年配者より若者が、男性より女性が、頼母子講やバンクで多額を出すことはよくある。それは組織の中で何ら問題にならない。保険制度もまた、会長や貴族だけが保険金を多くもらえるといったことはなく、全メンバー一律である。つまり、頼母子講、バンク、保険などの貨幣活動は、ヒエラルキーと関わりがないのである[15]。

加えて同郷会では、メンバー全員が頼母子講に参加する義務、言い換えれば頼母子講に参加するためにカネを稼ぐ義務がある。どんなメンバーにも平等に稼ぎを要求することは、バミレケ・コミュニティの方針といってもよい[16]。ただし、メンバーは、個人の能力・経済状態に合わせ、頼母子講の金額を決めることができる。たとえば地区会の頼母子講は、最高ランクの一万五〇〇〇～二万フラン（ただし月一回）から最低ランクの毎週五〇〇フランまで六つの金額が設定され、メンバーはそれぞれの経済状態に応じて支払える。つまりここでは、金額の平等ではなく、全員が稼いで支払うという平等性が重視されている。

このように、バミレケの同郷会はヒエラルキーと平等性のバランスをとっているが、よくみれば、後者のほうが実質的な活動を支えているようにもみえるのである。

3 同郷者コミュニティのネットワーク

(1) 開かれたコミュニティ

ここまで同郷会内部を考察してきたが、本節では、同郷者コミュニティのネットワークを考える。エスニック・コミュニティといえば、同じ民族で閉じているという印象をもたれがちだが、同郷者コミュニティは移住民社会内部で閉じているのではなく、さまざまなネットワークの中に位置し、さまざまな方面に開いている。

村とのネットワークから考えていく。ヤウンデのバミレケ同郷者コミュニティは、当然ながら出身村とのつながりをもっている。首長はつねに敬意を払う対象であり、故郷は開発をしていくべき土地であり、いつか帰郷するときのために自分の第二の家を建てる場でもある。都市の同郷者コミュニティは今や、バミレケ・ランド村落部の現実を大きく左右する存在である。同郷者コミュニティの有力者たちが村の首長の選択に関わったり、都市コミュニティのメンバーから新首長が選ばれることも少なくない(野元二〇〇五、二〇〇八)。

また、ヤウンデ以外の同郷者コミュニティとのつながりもある。バングラップの場合、ドゥアラをはじめカメルーンの主要都市部には、規模の違いはあっても同様の同郷者コミュニティが存在する。移住民が多いフランスなどにも会があり、濃淡はあれ、つながりをもっている。村で大きな儀礼や式典があれば、全国、時には世界中から同郷者が集まることもある。積極的な移住で知られているバミレケは、親族が、村、ヤウンデ、ドゥアラ、そしてパリなどに分散していることも珍しくない。「故郷」を軸にすえれば、バミレケはあらゆる場所に同郷者コミュニティをつくることができ、都市や国を越えてネットワークをもつことができる。[17]

同郷会ネットワークでは、同村出身者だけでなく、バミレケというエスニック・グループ全体にもアクセス可能である。たとえば、バングラップ同郷者コミュニティは、さまざまな形で、他のバミレケの同郷者コミュニティと交流をもっている。とくに、村同士が距離的に近く、言語が通じる場合、親しく付き合う。互いの村の儀式や都市での式典などに代表を招待し、また招かれたりする。代表者会議も定期的に開かれている。よって、見知らぬバミレケの人物に会うとき、その信用を得るには、自分の同郷者コミュニティでの信用が効いてくる。バミレケ社会全体での信用は、自分の村のコミュニティ内で形成されるのである。

次に、バミレケというエスニック・グループの枠外ではどうであろうか。同郷会のメンバーであることは、都市における一つの組織として、さまざまな相手、機関と交渉することを可能にする。先に述べたように、バミレケは政治活動には距離を置いているが、与党政治家のキャンペーンに巻き込まれることもある。多党制に移行したとはいえ、いまだ一党独裁色の強いカメルーンでは、バミレケ出身の与党政治家が、まとまった票が期待できるバミレケの各同郷会を回り、票を獲得しようとすることもある。しかしコミュニティの側は利用されるだけでなく、自分たちに有利なものを引き出す機会としてそれを利用する。政治家に自分たちの窮状を訴え、陳情の場にするのである。また逆に、権力の中枢にメンバーが入っていくこともある。たとえば二〇〇五年、バングラップ同郷会のメンバーが大臣になり、それ以降コミュニティはその人物をさまざまに利用していった。このような個人の出世や「成功」は、同郷会の、そして同郷者コミュニティの「成功」でもあり、自分たちの使える資源となるのである。

このように同郷者コミュニティは、同郷者でまとまりながらも、会を通じて広く大きなネットワークの中にある。つまり、コミュニティは、「閉じていると同時に開かれている」(小田 二〇〇四：二四一)[18]のである。ネットワークを開くことは、つねにコミュニティに有利に作用するとは限らず、状況によっては活動の制限になったり、コミュニティの基盤を揺るがすことさえもありうる。しかし、閉じているだけでは生き延びることができない彼らは、何かあるたびにコミュニティを変革しながら、広いネットワークの中でコミュニティを維持してきたのである。

（2）警戒されるコミュニティ

バミレケは前述したように、活発な経済活動や移住などによって周りのグループから警戒され、政治的にも警戒されてきた。経済的にはある程度自由にしてよいが、政治的な力を不必要にもたせないという政府の「エスニック・バランス」が、彼らの都市生活を覆っている。そのため彼らは、自分たちのコミュニティが政治的ではないと証明しつづける必要がある。彼らの同郷会の多くは、アソシエーションの自由をうたったカメルーンの法律に則り登記されているが、その規約には「非政治的」な団体であることが明記されている。

また、バミレケの頼母子講は、「反体制のバミレケが政府系銀行にカネを預けず、頼母子講をするから銀行がうまくゆかない」というふうに非難されてきた。それが事実に反することでも、彼らはそのような噂を気にせざるを得ない。そして、頼母子講への批判は、頼母子講を中心にすえた同郷会への批判につながる。

バミレケの「閥族（部族）主義」、「伝統主義」批判もある。同郷会は休日になると空き地のあちこちで葬礼を行う。ヤウンデにおいてバミレケほど大々的に頻繁に葬礼をやるグループはほかになく、かなり目立つ。数多の同郷会があるため、乾季ともなれば、ヤウンデ中（あるいはカメルーン中）で毎週バミレケが葬礼（喪明け儀礼）をしているような状況になる。道路にまでテントが張り出され、多くの椅子が並べられ、大勢の人間が揃いの服を着て踊り、拡声器での歌声や太鼓が町中に鳴り響く。野次馬的に、バミレケ以外の人間も大勢見物に来るその場が、「バミレケ」というエスニック・グループの結束や勢いを見せつける場にもなり、それを快く思わない者も多い。

数多いバミレケの同郷者コミュニティ同士は、互いにライバル意識があり、決してバミレケ全体で結束しているわけではない。また、一つの同郷者コミュニティでさえも、内紛を起こして分裂することは珍しくない。しかしながらバミレケ以外からみれば、「バミレケはバミレケ」にすぎず、周りに「バミレケの脅威」を感じさせてしまうのである。

彼らはそれらのことに気づきつつ、エスニック・コミュニティを保持している。ヤウンデのバミレケ同郷会は植民地時代から形成され、その歴史は、わずかな移住民で集まっていた初期の時代からすでに一〇〇年近くになると推定される。その集合原理は変化しながらも、(19)植民地政府や独立後のカメルーン政府に頼らず、またその影響を最小限に抑えるよう注意を払い、独自の実践を続けてきた。カメルーン政府の側からみれば、バミレケが同郷会を通じてまとまることは、状況によって、望ましいこともあれば、そうでないこともある。たとえば、政府への不満をそらせるためバミレケをスケープゴートにしようとすれば、バミレケというまとまりが顕在化しているほうが好都合であるし、逆にバミレケの反体制姿勢が強まっているときには、それが脅威になる。

このように、国内政治やグローバリゼーションのうねりのなかで、バミレケが同郷者コミュニティを維持することは、彼らの意図とは別に、時に「統治」にくみし、時に「抵抗」になる。田辺が、「コミュニティが存続することあるいは変動することは人びとの実践の結果であるとともに、そこに作用する権力の効果でもある」(田辺 二〇〇八：一三九)と述べているように、バミレケの同郷者コミュニティも、それらが形成され存続してきたこと自体、彼らの実践の結果であるばかりでなく、彼らに作用した権力の効果だといえる。

彼らの実践が、たとえ「統治」の中で許された「自由」の範囲で行われているとしても、彼らの側が権力に対し、そしてヤウンデという都市やカメルーンという国家に対し、影響を与えているのも事実である。バミレケがつねに故郷を軸にまとまり、自らの人脈を広げ、周りに働きかけていることは、為政者からすれば無視できるものではない。彼らが都市でコミュニティの実践を続けてきたからこそ、全国規模でみれば一定の勢力となり、結果的に彼らの身を守ることにつながっている。

このように、同郷会は「非政治的」な団体であり、政治的な活動は皆無といってよいが、その存在自体が政治的な効果を生んでいる。それはとりもなおさず、彼らの置かれた環境が政治的であることを意味しているのである。

おわりに――エスニック・コミュニティの可能性

ここまでみたように、バミレケの都市の同郷会は、多様性を抱え、異なった価値観をもった人びとをまとめつつ、コミュニティを維持、拡大するように努めてきた。そして個々のメンバーも、メンバーでありつづけるために、そして自分の生活を支えるために、稼いでは同郷会の頼母子講やバンクに貯蓄し、仲間と助け合ってきた。同郷会から離れていくメンバーをつなぎとめ、新しいメンバーを獲得し、コミュニティを強化する努力を続けてきた。そして、そのネットワークは大きく広がっている。

このような同郷会を中心としたコミュニティの実践は、お仕着せの都市化やグローバリゼーションへの適応の方便ではなく、自分たちなりの都市での生き方、グローバルな生き方の実践でもある。G・デランティが述べるように、グローバリゼーションがトップダウンに作動するのではなく、「ローカルに基盤を置く集団が自らを再発明するプロセス」(デランティ 二〇〇六:二〇八)であるとすれば、彼らのコミュニティの実践は、移住先の都市で同郷者や故郷を再発見し、同郷者としての生き方を再発明するプロセスである。

国内移住民である彼らは、国外移住民のケースと比べ、故郷との距離も近く、そこには国境も存在しない。しかし彼らの「よそ者」意識は、国外移住民に匹敵するほどに強まるときもある。「部族主義」と非難されることもあるエスニックなまとまりに彼らがあえてこだわってきた背景には、そうせざるをえない移住先の政治状況がある。彼らのエスニック・コミュニティが時代遅れの部族主義であるならば、その政治状況も時代遅れだといえる。いずれにせよ、彼らは同郷者でまとまることで、彼らへの攻撃や排除を防いできたのである。

また、バミレケの同郷会は、頼母子講などを通じて資金を形成するなどして、メンバーの経済生活を支えてきた。バミレケ・コミュニティは多くの大企業家を出してきたが、彼らはコミュニティに支えられて成長し、成功してからはコミュニティを支える役割を果たしてきた。グローバル化する世界で渡り合う人間をつくり、また彼らに支えられる同郷者コミュニティは、グローバル化のなかで生き延びる希望を、成功者に見いだしている。[20] コミュニティの若者たちが、成功者、エリートになりたいというのはそのためである。彼らは自分のためだけでなく、コミュニティのために成功したいと望むのである。

エスニック・コミュニティという「古い」集団は、これからも新しい現実に対応しながら、人びとをまとめ、支えていくに違いない。

注

(1) ただしE・ウォーラーステインは、西インド諸島で奴隷が主流労働力となったのは一七世紀末であると述べている(ウォーラーステイン 一九九三:一九四)。

(2) むろん、ボランタリー・アソシエーション研究では、「都市への適応」以外についても論じられてきた。たとえばA・コーエンが、ナイジェリアのハウサを事例に、エスニシティとそのポリティクスを論じたのはよく知られている(Cohen 1969)。

(3) 本章で論じる同郷会は、エスニック・グループの単位ではなく、一村落(首長制社会)単位で人びとが集まっている。「バミレケ」というエスニック・グループは植民地期にヨーロッパ人によりまとめられ名付けられた集団であるが、首長制社会のまとまりは植民地化以前に形成されていた。

（4）ただしバミレケ・ランドには、州都バフサムをはじめ、さまざまなエスニック・グループが暮らすマルチ・エスニック都市も複数存在する。

（5）現在権力の中枢を握る南部出身の権力者たちは、バミレケが政治の中枢に入ることは許さないという趣旨の発言をし、たびたび反体制新聞をにぎわしてきた（Nkwi and Socpa 1997）。

（6）実際には、故郷に家を建てる者はいても、余生を送る者は少ない（野元 二〇〇五）。

（7）ただし、都市居住者と故郷の村とは、つながりと同時に断絶も見られる。それについての分析は（野元 二〇〇五）を参照のこと。

（8）以下のデータは主に一九九八年当時のものであり、本章の内容は（野元 二〇〇三、二〇〇五）と一部重複するが、議論としては別のものである。

（9）D・マッシーが述べるように、同質的とされるようなコミュニティにおいても、「内的構造」がある（Massey 1993: 238）。コミュニティでいかなる地位を占めるかによって、そのコミュニティでの経験は異なるのである。

（10）女性専用の頼母子講で、受領者は普通の頼母子講のように現金で受け取るのではなく、大鍋、ボウル、皿などの台所用品で受け取る。

（11）代金は、メンバーの頼母子講の受領金から天引きされる。

（12）このヒエラルキーが、いつも承認されるわけではない。会長選挙をめぐってメンバーが真二つに割れることもあり、会長を否定的に見るメンバーがいる状況もある。そのような混乱を避けるためにも、多くの会では、会長の発言を遮ることや、会長の椅子に座ることに対して高額な罰金を設定しているといえる。

（13）ただし、この称号の「売買」については、若者を中心に批判的にみている者も多い（野元 二〇〇五）。

（14）この組織は、一九九〇年代、男性組織マンジョでメンバーが二つに分裂したことを受け、同郷会全体を統括するために設立された。

（15）ただし会によっては、貴族などを頼母子講のはじめのほうに受領させる。しかし、同郷会の頼母子講は、一巡してもすぐさま次のサイクルが始まるため、初期にもらうことの実質的利益はあまりない。

（16）この方針は、村での頼母子講活動にも見られる（野元 二〇〇五）。

（17）カメルーン国内の似通った事例として、バミレケ・ランド東隣のエスニック・グループ「バムン」による民族結社がある（和崎 二〇〇一）。周知のように、世界にもトランス・ナショナルなコミュニティが数多く存在する（デランティ 二〇〇六）。

（18）小田が引用するアビジャンのストリート・ボーイ（鈴木 二〇〇〇）とバミレケの同郷会は一見異なるが、バミレケもやはり主流社会から「排除」されつつ「自分たちの世界として閉じる」ことで他の空間とつながっているという構造は、かなり似ていると思われる

（小田 二〇〇四：二四一―二四三）。

（19）ヤウンデのバミレケの同郷会は、一九三〇代まではバミレケ・ランド出身者全体で集まり、四〇年代にはバミレケ・ランドの県ごとに分かれた。一九五〇年頃には村（首長制社会）単位が主流になり、一九六〇年頃には村の地区単位の組織が形成されはじめたという。

（20）アフリカにおける二〇〇〇年以降の顕著な経済的変化は大国中国の進出であり、その影響は大きい（平野 二〇〇六；ミッシェル／ブーレ 二〇〇九）。中国が、停滞するアフリカ経済の救世主となるのか、それとも形を変えた新植民地主義なのかという議論は、依然としてアフリカ人を、外部によって翻弄される弱者としてみていることになる。バミレケ商人が、これを商機に変えられるのかどうかが注目される。

参照文献 ――――

〈和文〉


ウォーラーステイン、I（一九九三）『近代世界システム一六〇〇～一七五〇 ―― 重商主義と「ヨーロッパ世界経済」の凝集』（川北稔訳）、名古屋大学出版会。

オジェ、M（二〇〇二）『同時代世界の人類学』（森山工訳）、藤原書店。

小田 亮（二〇〇四）「共同体という概念の脱／再構築 ―― 序にかえて」『文化人類学研究』六九巻二号、二三六―二四六頁。

鈴木裕之（二〇〇〇）『ストリートの歌 ―― 現代アフリカの若者文化』世界思想社。

田辺繁治（二〇〇八）『ケアのコミュニティ ―― 北タイのエイズ自助グループが切り開くもの』岩波書店。

デランティ、J（二〇〇六）『コミュニティ ―― グローバリゼーションと社会理論の変容』（山之内靖・伊藤茂訳）、NTT出版。

野元美佐（二〇〇三）「テクストとしての同郷会 ―― カメルーン都市居住者のコミュニケーションに関する人類学的考察」『統合テクスト科学研究』（名古屋大学文学研究科二一世紀COEプログラム）一号二巻、二〇一―二二二頁。

――――（二〇〇五）『アフリカ都市の民族誌 ―― カメルーンの「商人」バミレケのカネと故郷』明石書店。

――――（二〇〇八）「ヤウンデからみたカメルーン」池谷和信ほか編『アフリカII』（朝倉世界地理講座：大地と人間の物語第一二巻）、朝倉書店、五三七―五四七頁。

原口武彦（一九九六）『部族と国家 ―― その意味とコートジボアールの現実』（研究双書No. 456）、アジア経済研究所。

日野舜也（一九八三）「アフリカの都市と近代化」『アフリカハンドブック』講談社、一八〇―一九七頁。

平野克己編（二〇〇六）『企業が変えるアフリカ ―― 南アフリカ企業と中国企業のアフリカ展開』（新領域研究センターIV―24、アフリカリサーチシリーズNo.13）、日本貿易振興機構アジア経済研究所。

松田素二（二〇〇九）「変異する共同体」『日常人類学宣言 ―― 生活世界の深層へ／から』世界思想社、五四―八八頁。

ミッシェル、S／M・ブーレ（二〇〇九）『アフリカを食い荒らす中国』（中平信也訳）、河出書房新社。

宮治美江子（一九七六）「アフリカの都市化における voluntary associations の役割」林武編『発展途上国の都市化』アジア経済研究所、一七七―二〇五頁。

ミンツ、S・W（一九八八）『甘さと権力 ―― 砂糖が語る近代史』（川北稔・和田光弘訳）、平凡社。

和崎春日（二〇〇一）「国民社会のなかのアフリカ伝統都市 ―― 現代ネットワークのなかのバムン伝統都市性」嶋田義仁ほか編『アフリカの都市的世界』世界思想社、三三一―五五頁。


〈欧文〉

Barbier, J. –C., J. Champaud and F. Gendreau (1983) *Migrations et développement: la région du Moungo au Cameroun*, Paris, ORSTOM.
Banton, M. (1956) Adaptation and Integration in the Social System of Temne immigrants in Freetown, *Africa* 26 (4): 354–368.
Ceuppens B. and P. Geschiere (2005) Autochthony: Local or Global? New Modes in the Struggle over Citizenship and Belonging in Africa and Europe, *Annual Review of Anthropology* 34: 385–407.
Cohen, A. (1969) *Custom and Politics in Urban Africa*, London, Routledge and Kegan Paul.
Dieu, M. and P. Renaud (1983) *Atlas linguistique du Cameroun,* Paris, ACCT/CERDOTOLA/DGRST.
Geschiere, P. and F. Nyamnjoh (1998) Witchcraft as an Issue in the 'Politics of Belonging': Democratization and Urban Migrants' Involvement with the Home Village, *African Studies Review* 41 (3): 69–91.
Geschiere, P. and F. Nyamnjoh (2001) Autochthony as an Alternative to Citizenship: New Modes in the Politics of Belonging in Postcolonial Africa, in E. Kurimoto (ed.), *Rewriting Africa: Toward Renaissance or Collapse?,* Osaka, The Japan Center for Area Studies, National Museum of Ethnology, pp. 209–237.
Joseph, R. (1977) *Radical Nationalism in Cameroon: Social Origins of the UPC Rebellion*, Oxford, Clarendon Press.
Little, K. (1957) The Role of Voluntary Associations in West African Urbanization, *American Anthropologist* 59(4): 579–596.

Massey, D. (1993) A Global Sense of Place, in A. Gray and J. McGuigan (eds), *Studying Culture: An Introductory Reader*, London, Arnold, pp. 232–240.

Nkwi, P. N. and A. Socpa (1997) Ethnicity and Party Politics in Cameroon: The Poitics of Divide and Rule, in P. Nkwi and F. B. Nyamjoh (eds), *Regional Balance and National Integration in Cameroon*, Leiden and Yaounde: African Studies Centre and ICASSRT, pp. 138–149.

Parkin, D. J. (1966) Urban Voluntary Associations as Institutions of Adaptation, *Man* 1: 90–95.

Pelican, M. (2009) Complexities of Indigeneity and Autochthony: An African Example, *American Ethnologist* 36 (1): 52–65.

Southall, A. (1961) Introductory Summary, in A. Southall (ed.), *Social Change in Modern Africa*, London, Oxford University Press, pp. 1–66.

Warnier, J. –P. (1993) *L'esprit d'entreprise au Cameroun*, Paris, Karthala.

第2章

越境するコミュニティと共同性
――台湾華僑ムスリム移民の「社会」と「共同体」

木村 自

はじめに

構造的に弱者の位置に押しやられたマイノリティにとって、彼らが編み出す「共同性」は「弱者の武器」として重要な意味をもっていた（松田 二〇〇九：一一六）。そうした共同性に支えられたコミュニティは、地縁や血縁、神話などの本質主義的なイデオロギーに立脚し、たとえ戦略的にではあったにしても、すでに存在するものとして私たちの眼前に提示される。移民のコミュニティも同様の契機に満ちている。移民たちが共有していると考えられている共同性は、その共同性の根拠となるローカリティとともに、明確に境界づけられた共同空間の内部において、民族的、親族的、地縁的な紐帯を基礎に構築されていると理解されてきた。移住元の農村的、部族的、民族的社会関係や文化体系を帯同し、弱者として生活せざるをえないホスト社会内部において、それらを武器としてコミュニティを構築して

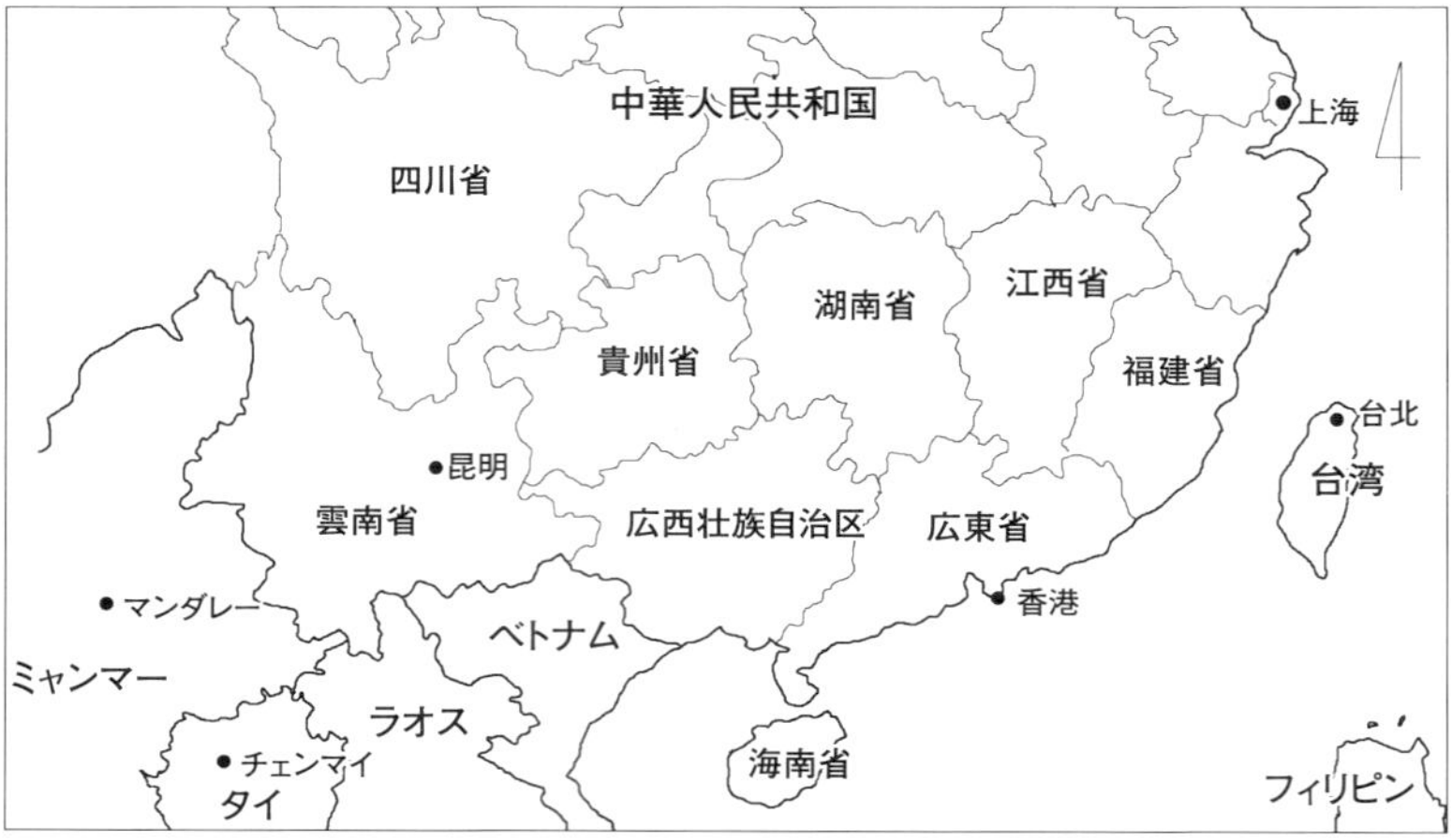

図 2-1　中国・シャンマー・台湾広域地図

いると考えられた。他方で移民研究においては、移民コミュニティがもつそうした古典的「共同体」は早晩崩壊し、「社会」であるホスト社会に統合されていく運命にあるとも認識されていた。

ディアスポラ論やトランスナショナリズム論は、移民研究におけるこうした古典的共同体観念に対するアンチテーゼとして出現した。移民のコミュニティは、ホスト社会内部において閉鎖された共同体としてのみ存在するわけではなく、またそうした共同性が完全に崩壊し、ホスト社会に吸収されてしまうわけでもない。移民は国民国家の枠組みを越えて移住元社会や他の国や地域のコミュニティ・メンバーと密接に関係を保ちながら、ホスト社会に同化されずに残っている。移民をめぐる古典的共同体認識はこうしたリアリティに直面して崩れていく。それでは、移民が紡ぎ出すトランスナショナルな社会空間において、共同性やローカリティ[1]とは何なのか。それらはどのように生み出されるのか。移民研究からトランスナショナリズム論に移行することで、トランスナショナルなコミュニティに対する認識枠組みは、古典的共同体論を越えることができたのか。これらに答えることが、本章の最終的な課題である。

本章では、こうした移民研究、トランスナショナリズム研究の動向を踏まえ、一九八〇年代にミャンマーから台湾に移住した雲南省籍の華僑ムスリム移民が編み出す共同性やローカリティを、コミュニティ論の文脈で検討する。移住先の台湾において、経済的、政治的、社会的資源を欠いた華僑ムスリム移民は、雲南省籍に基づく地縁関係や、ミャンマーでの居住経験、親族関係などに基づいて共同性を確保し、緩やかなコミュニティを構築する。こうしたコミュニティのあり方は、移民研究の古典的共同体志向そのもののようにみえる。その一方で、彼らのイスラームの宗教実践においては、より「正しい」イスラームを担保することのできる宗教指導者をコミュニティに迎え入れ、古典的な共同体として認識されるような共同性を、より開かれた共同性に転換する。本章では、こうした転換のプロセスのなかに、華僑ムスリム移民がトランスナショナルな社会空間の中で構築するコミュニティがもつ二重の共同性を探ろうとする。トランスナショナルなコミュニティには、「社会」と「共同体」の二重の共同性が現出するのだ。

最初に用語を整理しておこう。本章において、「共同体」は古典的共同体論におけるそれを指し、「社会」に対置して提示されるときにのみ用いる。一方、「コミュニティ」はその意味内容をよりオープンにしたままに使用することとし、初めから定義づけられるものというよりは、構成員の活動を通していかようにも変容する結びつきを示す。そして、そのコミュニティを成立させるものが共同性であり、ローカリティであるが、それら自身も構成員の活動を通して変容しながら再生産される。

1　移民研究／共同性／トランスナショナル・コミュニティ

ヒトの移動を扱う人類学的・社会学的研究の中心的課題の一つは、移民のコミュニティをいかに描写し、構想するのかということにある。本章では、移住者が構築するトランスナショナルな社会空間という視点からコミュニティを扱うが、そもそも、移民研究が国民国家内部のエスニシティ研究からトランスナショナリズム研究やディアスポラ研究へと議論の軸足を変化させてきた背景には、移民の構築するコミュニティが、従来考えられていたようには閉鎖的ではなく、国境を越えて広がっているとの認識の変化が存在している。これまでコミュニティとして調査分析されてきた移住者の社会空間は、決してそれのみで成立しているのではなく、移住者たちが国境を越えて構築しているネットワークや社会関係、そしてそうしたネットワークを通して流動する象徴資本などから成り立っていることが理解されてきた。[2] よって移民研究は、より広範な力学や国境を越える社会空間の中で、コミュニティをいかに想定し、構想するべきかをめぐる議論として収斂されてきたといえる。

（1）移民研究とコミュニティ

シカゴ学派社会学（以下、シカゴ学派）に代表される都市エスニシティの研究は、アメリカへ移住した移民がコミュニティの解体と再構築にいかに向き合ったのかを調査分析した研究成果であり、初期の移民研究の嚆矢である。シカゴ学派による移民研究の主眼は、移住にともなう「共同体」的価値観の崩壊と移民コミュニティの再編（の可能性）、さらには大都市シカゴの文化・社会的価値観への移民たちの同化・編入のプロセスを分析することにあった。たとえば、初期シカゴ学派による移民研究の成果としてしばしば言及される、トマスとズナニエツキによる『ポーランド農民』（Thomas and Znaniecki 1996〈1918–20〉）は、一九一〇年代にポーランド農村からシカゴへ移住したポーランド人が直面した、社会・文化的価値観の解体と、アメリカ社会への同化、あるいはポーランド系アメリカ人誕生のプロセスを分析している。シカゴ学派の都市エスニシティ研究よって先鞭を付けられた移民の同化研究は、「その後七〇年間、社会学者と人類学者が移民マイノリティ・グループについて研究する際の、重要な研究領域となった」（Banks

1996: 66–67)。

こうしたシカゴ学派による初期の移民研究は、二つの点で古典的なコミュニティ認識を理論的背景としていた。第一に、「社会」対「共同体」という二項対立が背後に潜んでいる。つまり、移民たちがホスト社会に帯同した人びとのつながりの形態が、農村的で、家族・親族的な紐帯、すなわちゲマインシャフト的な結びつきを中心としたものであるのに対して、彼らを迎え入れたホスト社会であるアメリカは、都市的で、選択意思に基づく紐帯、すなわちゲゼルシャフト的な結びつきを中心としたものから成立しているという認識を前提としていた。こうした二項対立の構造の中で、移民の生活空間は始原的で、伝統的な「共同体」の役割が与えられ、それに対して彼らを迎え入れるホスト社会は、個人を中心とした契約関係に導かれた「社会」の役割を積極的に引き受けた。

第二に、「共同体」対「社会」の二項対立的構造は、共同体が社会に包含されていったあかつきには、この二項対立構造が解消されるであろうという近代化論的な視点を前提として含んでいた。社会にいやおうなく接合された共同体は、家族の解体や地縁的結合の崩壊などを引き起こし、徐々にホスト社会へ同化していくであろうと予測された。その同化あるいはアメリカ化の過程を分析し提示することこそが、シカゴ学派の初期移民社会研究の主眼であった。移民は国民国家にとっての「他者」として位置づけられ、アメリカ社会に同化する移民像の提示が求められた。よって、故郷への送金や家族の呼び寄せ、あるいは故郷への帰還といった非同化的な要素は、同化への障害であると認識され、中心的テーマとして取り上げられることは少なかった。他方で、同化主義的エスニシティ論が排除してきた移民のもつ越境性は、のちにトランスナショナリズム論へと開花する可能性を有していた。

（2）移民研究から越境移民（transmigrant）研究へ

シカゴ学派に始まるアメリカの移民コミュニティ研究の枠組みは、一九八〇年代に入り「帰還移民」などの新たな現象が見られるようになると、大きな転換を迫られることになる。従来、移民は移住先地域に到着すると、移住元地域との血縁的・地縁的紐帯が薄れ、移住先の社会に同化すると考えられていた。しかし、アメリカにおいて市民権を獲得し定住した後も、移民たちの中には、移住元の国や地域と緊密な紐帯を保ちつづけて、移住先から移住元の国や地域に帰還する移民（帰還移民）や、移住元の国や地域と移住先との間を往還する移民（往復移民）が存在することが明らかになった。これら「帰還移民」や「往復移民」などの現象は、移民は移住後には移住先社会へと定着・同化するという従来の移民研究の前提を崩し、移民研究の概念枠組みに再考を迫った。

「帰還移民」や「往復移民」などの新たな現象を、人類学的な分析用語として概念化したのが「トランスナショナリズム」論である。一九九二年に編集された研究報告書の中でG・シラーらは、国境を越えて複数の地域をつなぐ移住のありようを「トランスナショナリズム」[3]と呼んだ。シラーらは「移民が、出身地域と定住地域の双方を結ぶかたちで社会空間を構築していくプロセスをトランスナショナリズム」、「そうした社会空間を構築する移民をトランスミグラント」（Schiller et al. 1992: 1）と定義している。また、トランスミグラントは「多重で、継続的な関係が国境を越えてつながり、日常の生活がそうしたつながりによって規定され、一つ以上の国民国家との関係の中で、公的なアイデンティティが構成されていく移民」（Schiller et al. 1995: 48）であるとも示されている。

もちろん、多くの議論ですでに指摘されているように、コミュニティがトランスナショナルに生成していること、もしくは「トランスナショナル・コミュニティ」の存在は決して新しい現象ではない。先述の『ポーランド農民』においても、二〇世紀初頭にシカゴに居住していたポーランド農村からの移民が、ポーランドの移住元地域とアメリカの居住地域との間で緊密な関係を築いていたことが記されている。手紙のやりとりや送金、物資の送付などを通して共有されていた共同性が、アメリカの居住地域とポーランドの移住元地域との間に、国境を越えたコミュニティを構築していたと考えることもできる。移民の生活空間が、「共同体」たる移民コミュニティと、都市的ホスト社会との二者関係のみで捉えられていたがために、空間を越えて形成されている共同性やローカリティの存在、トランスナショナルなコミュニティ形成の契機が見過ごされてきたのである。

──（3）トランスナショナル・コミュニティにおける「共同性」について

それでは、トランスナショナリズム論が提起した新たな視角の誕生によって、従来型の移民コミュニティ理解は克服されたといえるのか。国境を越えるコミュニティとして再定義されていった移民コミュニティは、必ずしも本質主義的共同性や古典的共同体論における共同性から自由になったわけではない。むしろ、国境を越えるコミュニティのありようを分析する研究者の間においても、「共同体」と「社会」という二項対立が、随所で繰り返されているようにみえる。

たとえば、コミュニティ論を網羅的に整理したデランティの著作においては、「コスモポリタン・コミュニティ」が議論の俎上に上っている。その中でデランティは、コスモポリタンなコミュニティのあり方を、「世界コミュニティ」と「トランスナショナル・コミュニティ」に分けて記述している。「世界コミュニティの主な表現の一つがグローバルな市民社会 ── そして、増大する国際的な公共空間 ── であるのに対して、トランスナショナル・コミュニティは移住、すなわち地球規模での大規模な人の移動から成り立って」（デランティ 二〇〇六：二二〇）いる。また、「トランスナショナル・コミュニティは、グローバルな文脈で作動するが、地域性を基礎にするコミュニティである」（デ

ランティ 二〇〇六：二二〇）。つまりデランティにおいては、トランスナショナル・コミュニティが「共同体的」要素をもつものであるのに対して、世界コミュニティはむしろ自由意思に基づく「社会」的な要素を有したものとして描かれる。

トランスナショナルなコミュニティの共同性も、古典的な移民研究と違わず、こうした二項対立の構図の中で把握されてしまう部分が多い。つまり、トランスナショナル・コミュニティやディアスポラ・コミュニティを、「共同体」に帰してしまうモデルと「社会」に結びつけようとするモデルの両方がある。(4) 私たちは、まずはこの二項対立を両極のモデルとして引き受けよう。しかし、トランスナショナルに構築されるコミュニティと、そこに生産される共同性やローカリティは、両極のモデルのいずれかのみを用いて理解できるものではない。むしろトランスナショナルなコミュニティが基盤とする共同性やローカリティにおいては、「共同体」と「社会」が二重に賭けられている。次節以降、台湾に移住した中国系ムスリム移民の事例をもとに、トランスナショナルなコミュニティにおける、二重の共同性について分析しよう。

2 台湾における中国系ムスリムの現況と華僑ムスリム移民の移入

本章で言及する中国系ムスリムとは、日常的に中国語（漢語）を話し、面立ちも中国人（漢人）と変わらず、宗教を除く生活習慣も中国系住民（漢人）と大差ないイスラーム教徒を指す。(5) 彼ら中国系ムスリムは、中華人民共和国においては回族という少数民族に認定されているのに対して、台湾においては民族的カテゴリーとはみなされていない。中華人民共和国においては、回族を対象とした人口統計が存在するのに対して、(6) 台湾においては中国系ムスリムを対象とした人口統計は存在しない。そのため、各種の資料が提示している台湾のムスリム人口数には大幅な差がある。台湾の中国系ムスリムの人口数を数千人としている統計資料もあれば、台湾のイスラーム組織である中国回教協会のように、台湾の中国系ムスリム人口を五万から六万人と公表しているものもある。中国回教協会が一九八八年に作成した中国回教協会会員名簿には、一万人弱の会員が登録されている。この名簿には登録されていない中国系ムスリムも少なからずいるため、中国回教協会名簿が正確な人数を示しているとはいえないが、大まかに一万人あまりの中国系ムスリムが台湾に居住していると考えてよかろう。

他方、台湾に居住する中国系ムスリムを詳細にみてみると、彼らの移住の経路や歴史に基づいて、緩やかに二つのカテゴリーに分けることができる。外省人としての中国系ムスリム(以下、外省人ムスリム)と「帰国」華僑としての中国系ムスリム(以下、華僑ムスリム移民もしくは雲南ムスリム移民)である。外省人とは、一九四五年の台湾の中華民国への返還時期に、中国大陸から台湾へ移住してきた人びとを指し、「帰国」華僑とは国民党政府の中華民国(台湾)への「帰還」政策によって、台湾へ「帰国」した華僑華人を指す。(7)「外省人」「帰国華僑」ともに漢人・漢族が多数を占めているが、一部には中国ムスリムを含むエスニック・マイノリティが含まれていた。こうした中国系ムスリム移民たちが、台湾への移住後にムスリム・コミュニティを構築していった。外省人ムスリムの省籍は中国のほぼすべての省に及んでいるのに対して、華僑ムスリム移民は雲南省を原籍地とする。また、現在台湾には中国回教協会がイスラーム教組織として存在し、中国回教協会のもとに六つのモスクが存在している。

外省人ムスリムと華僑ムスリム移民の両者が別個にモスクやイスラーム組織を有しているわけではなく、相互の交流は頻繁に見られる。また、後にみるように、外省人ムスリムと華僑ムスリム移民は歴史的にも密接に関係しており、異なるエスニック集団とみることはできない。しかし他方で、両者は社会階層上大きな差異を有しており、そうした違いが台湾における華僑ムスリム移民のコミュニティ意識とアイデンティティ形成に一定の作用を及ぼしている。以下では、台湾における中国系ムスリムの概況を、歴史的な側面から概観するとともに、台湾における中国系ムスリム・コミュニティの社会構造上の問題を提示しておきたい。

（1）国民党政権と台湾のムスリム・コミュニティ

一九四五年に台湾が日本から返還されて以降、とくに一九四九年に国共内戦で敗れた国民政府（国民党政権）が台湾に撤退すると、数多くの国民政府の官僚や政治家、国民党兵士、富裕な商人などが中国大陸から台湾へ移住した。彼らはそれ以前から台湾に居住していた人びとと区別されて、のちに「外省人」と呼ばれるようになる。中国大陸から台湾に移住した中国人の中に、少なからずムスリムが含まれており、彼らは台湾に移住後中国系ムスリムの組織を整えていった。一九五四年に「中国回教協会」が設立され、[8] 協会理事長には広西の中国系ムスリムで、国民党軍トップの軍人であった白崇禧《ハクスウキ》が就任した。また、中国回教協会の幹部には、国民政府の複数の代議士[9]や外交官、商人らが名を連ねていた。

中国回教協会幹部の構成メンバーからもわかるとおり、台湾のムスリム・コミュニティは国民政府と密接な関係を有していた。とくに中華民国（台湾）とイスラーム諸国との間の外交関係上、台湾のムスリム・コミュニティは重要な位置づけを付与されていた。国民政府の台湾流入以降、一九九〇年に中華民国（台湾）がサウジアラビアと断交するまでの間、台湾のムスリム、なかんずくムスリムの指導者層は、外交上重要な位置づけにあった。中華民国（台湾）政府は、台湾を宗教的な自由「中国」の砦として提示することで、アラブ・イスラーム諸国との関係を維持し、そうした外交政策の中で、台湾のムスリム・コミュニティは中東アラブ諸国への窓口としての役割を果たしつづけた。そもそも、一九六〇年に台北に建立された「台北新生モスク」は台湾外交部（外務省）の主導により建立されたものであり、モスクの教長[10]（宗教指導者）をはじめとした宗教業務およびモスク管理運営の責任者の多くは、これまで台湾外交部の西アジア局や国民代表（国会議員）など、中華民国（台湾）国民政府と密接な関係にあるムスリムたちが歴任してきた[11]。

要するに、一九四五年以降に台湾に構築された、外省人を中心とする中国系ムスリムのコミュニティは、高等教育機関で教育を受け、国民政府の中枢と密接に関係を維持し、経済的な優位性をもった人びとによって構成されていた。外省人ムスリムが台湾社会内部で維持していた経済的・政治的優位性は、一九八〇年代以降から増加しはじめた華僑ムスリム移民の社会状況と大きく異なる。

——（2）華僑ムスリム移民のミャンマーから台湾への流入[12]

ミャンマーから台湾へ中国系ムスリムの移住者が急増しはじめたのは、一九八〇年代以降のことである。一九七〇年代後半から一九八〇年代に増加しはじめたミャンマーから台湾への移住は、ムスリムに限った現象ではなく、当該地域に居住していた華僑華人全般に共通する。

ミャンマーから台湾への華僑の移住には、ミャンマー、台湾両国における経済的・政治的プッシュ・プル要因が関係している。ミャンマーでは、政治的には一九六〇年代半ばに排華運動が起こり、ミャンマー政府も華字新聞の発刊停止など排華的な制度改革を施行した。経済的には、ミャンマー軍事政府の経済政策の失敗により、ミャンマーの経済水準は最貧国レベルに低下した。同時に、比較的富裕層を構成していた華僑・印僑に対して打撃を与えるために、突然廃貨政策（流通紙幣の使用停止）が採られた。印僑や華僑の多くは、紙幣を銀行に預けず家に貯蓄していたため、突然の紙幣の流通停止は、彼らに大きな打撃を与えた。多くの印僑がインドに帰還し、華僑の中にもタイなどの近隣諸国への移住を余儀なくされたものが少なからずいた。他方、台湾は一九七〇年代後半以降、高度経済成長段階に入っており、労働者人口の増加が求められていた。こうしたミャンマー、台湾双方の経済的・政治的要因により、多くのミャンマー華僑が台湾に移住したが、その中に雲南省を原籍地とする華僑ムスリムが含まれており、台湾のムスリム・コミュニティへ流入することになる。

ところで、一九八〇年代以降の華僑ムスリム移民の台湾移住は、それ以前に台湾に移住していた雲南省籍の中国系ムスリムとの地縁・親族的ネットワークを通して行われた。いわゆるチェイン・マイグレーションである。雲南省籍の中国系ムスリムのミャンマーから台湾への最初期の移住は、国民党軍の残党部隊および「遊撃隊（ゲリラ部隊）」と呼ばれる非正規部隊の台湾への移送を先駆とする。国共内戦で敗れ、雲南省からミャンマーに撤退した国民党軍は、ミャンマー領内においてゲリラ部隊を組織し「雲南反共救国軍」と名づけた。ミャンマー国境地帯に居住する中国系住民は、彼らを「遊撃隊」と呼んでいる。中華民国（台湾）政府は、一九五三年と五四年、さらに六一年に、ミャンマーに駐留する国民党軍や遊撃隊を台湾へ移送した。台湾への移送を拒んだ遊撃隊の一部は、北タイの山岳地帯へと移動し、難民としての生活を送るようになった。

ミャンマーから台湾へ移送された国民党軍の残党や遊撃隊の構成員およびその家族は、台湾の複数の地域に定住させられた。彼らの多くは雲南省籍の中国人（漢人）であったが、なかにはアカ族やタイ族なども含まれ、さらに雲南省籍の中国系ムスリムも含まれていた。彼らが移送され定住させられた地域の一つが、台北近郊都市の中壢市龍岡地区である。国民党軍の軍営が置かれていたため、遊撃隊などとしてミャンマーにいた人びとがこの地に移送された。雲南省籍の中国系ムスリムも、同地区に移送された。一九五〇年代当時を知る雲南省籍のムスリム古老によると、当時同地域に居住していたムスリムは十数世帯であったと記憶されている。その十数世帯の雲南ムスリムが中心となって、龍岡地区には一九六四年に龍岡モスクが建設された。雲南省籍の華僑ムスリム移民たちで、一九八〇年代にミャ

写真 2-1　龍岡モスクでの断食明けの祭りの様子

ンマーから台湾に移住した人の中には、こうしたネットワークを利用した人もいた。

一方、華僑ムスリム移民の大多数は、子弟を華僑学生として先に台湾に移住させ、その学生の家族や親族として台湾へ移住した者であった。一九八〇年代には、華僑学生として台湾の専門学校や大学で学んだ人びとには、ほぼ無条件で中華民国（台湾）籍が付与された。また、家族呼び寄せに関する規制も非常に緩く、広範な「親族」が台湾に呼び寄せられ、中華民国（台湾）籍を取得することができた。こうした政治的条件を背景にして、華僑ムスリム移民は主に一九八〇年代に台湾に流入し、先の中壢市龍岡地区と台北県の中和市および永和市（以下、中永和地区）に集まりはじめた。ただし、彼らのうち台湾の大学等の高等教育機関を修了し、台湾において実際的なコネクションを獲得した華僑学生以外、その大多数の生活基盤は非常に脆弱なものにならざるをえなかった。

3 華僑ムスリム移民と創造されるローカリティ

一九八〇年代以降に急増した、ミャンマーから台湾への「帰国」華僑移民を分析した翟振孝《タクシンコウ》は、彼らを「生成するエスニック・グループ」と呼んだ（翟 一九九六）。[13] 他者との間で明確に境界づけられた社会集団ではないにしても、台湾においてビルマ語を用い、上座部仏教を信仰し、比較的限られた地域に密集して居住していて、時にミャンマーからの「帰国」華僑移民を政治家に擁立するなど、社会的、文化的、政治的に独自の共同性を有しているため、エスニック・グループへと発展する可能性を秘めている。ミャンマーからの「帰国」華僑移民のうち、イスラームを信仰する華僑ムスリム移民たちも、社会的、文化的に独自の共同性を有している。

ところで、こうした共同性やローカリティは、人びとが参加する多様で実践的な行為を通して再生産される現象学的属性である（アパデュライ 二〇〇四）。本節では、まず華僑ムスリム移民のコミュニティが共同体としてのイメージを惹起している様子を分析する。華僑ムスリム移民が、彼らの移住元地域である上ミャンマーにおいて行っていた宗教実践や人びとのつながりを台湾においても再生産しているという地縁的・血縁的共同体イメージや、そうした共同体イメージを支えるローカリティは、日常の生活実践や、儀礼・祝祭への参加を通して、華僑ムスリム移民の間にも、台湾のムスリム・コミュニティ全体の中にも醸成されていく。

（1）共同体としての華僑ムスリム移民コミュニティ

雲南省籍の華僑ムスリム移民は、台湾ムスリム社会において、外省人ムスリムとは異なる特色を有していると、外省人ムスリムの側から認識されている。たとえば、台北新生モスクの教長（二〇〇二年当時）であり、外省人ムスリムである馬孝棋《バコウキ》は、台北県中永和地区に居住していた華僑ムスリム移民について、中国回教協会が発刊している『中国回教』誌の中で次のように記述している。「台北県のムスリムの多くは、中永和地区に集中して居住しており、現在約一五〇世帯ほどが暮らしている。多くの『教内人（イスラーム教内部の人、すなわちムスリム）』は、彼らの信仰のあり方がいまだに雲南地方のムスリムの特色を有したものであると認識している」（馬 二〇〇二：二九）。二〇〇二年前後の時期に、雲南籍の華僑ムスリム移民を中心に中永和地区にイスラーム文化センターを開設しようという試みがあった。その設立に向けた活動を台北新生モスク教長の馬孝棋が紹介し、その中で中永和地区の華僑ムスリム移民について、雲南地方の特色を有していると記述したものである。もちろん実際には、中国の雲南省におけるムスリムの特色というよりは、ミャンマーにおいて再構成された雲南省籍ムスリムの、宗教上、社会上の結びつきのことである。

この馬孝棋による記述は二重の意味に解釈することができる。第一に、台湾の都市的環境の中においても、イスラームの信仰が薄れることもなく、ミャンマー、タイにおいて行われていた強固なイスラームに対する信仰がいまだに維持されているということ。第二に、その裏返しであるが、彼らは台湾都市部での生活にもかかわらず、いまだに地縁的・血縁的な共同体として機能しているということである。

第一の意味においては、台湾への移住第一世代の外省人ムスリムが減少し、第二世代、第三世代の外省人ムスリムによる日々の宗教実践への参加も儀礼や祝祭への参加も減少している一方で、ミャンマーから華僑ムスリムが移民として流入して、台湾のムスリム・コミュニティに活力を与えているという意味を有する。他方、第二の意味において華僑ムスリム移民・コミュニティは、都市的な生活慣習に適応せず、ミャンマーで共有されていた血縁的・地縁的結びつきを通して、比較的閉じられた生活空間内部でつながる共同体として理解される。第二の意味の場合、シカゴ学派による初期移民研究が前提としていた理論背景と類似した対立構造が、台湾の外省人ムスリムが華僑ムスリム移民をみる際の視点の中に示されていることになる。

後述のように、上記の語りが含みもつ二方向の言説は、実際には表裏一体のものである。いわば共同性やコミュニティの語りに二重の意味が付与されていることになるが、本節では、共同体としての華僑ムスリム移民・コミュニティにおける共同性やローカリティの生成の部分に焦点を当てて記述し、意味の二重性については次節で議論することにする。

――（2）華僑ムスリム移民の台湾における日常の社会的コンテクスト

華僑ムスリム移民の台湾における生活は、上記の外省人のムスリムに比して、概して経済的・政治的な生活基盤が弱い。台湾で高等教育を受けた華僑学生を除いて、ミャンマーからの移住者の大部分が、工場で単純労働に従事しているか、もしくは建設現場における下請け事業・請負事業、飲食店の経営などで生計を立てている。土木工事の請負や飲食店経営は、家族や親族・姻族関係、（ミャンマーやタイにおける）同郷者同士で行う場合が多い。工場労働の場合には、ミャンマー華僑の台湾移住者が経営する工場で働くケースが目立っており、職場内ではビルマ語が話され、社会的な上昇の機会にもさほど恵まれていない。また、ミャンマーでの生活環境によっては、中国語による複雑な会話が困難な人びとも見受けられ、ミャンマー移住経験者同士で集まる傾向も見られる。現在台北県の中和市に居住する馬富寛《バフカン》は、みずからを取り巻く職業環境について次のように述べている。

> ミャンマーから来た華人は、仕事があれば何でもしている。お互いに紹介し合って、仕事をしている。今仕事をしている職場も、皆ミャンマーから来た中国ムスリム（中国回教）だ。ミャンマーから来た人たちは、工場労働者もいれば、建築現場で働いている人もいる。家屋の内装やら、天井の張替えやら。今は父方のイトコ（堂哥《タンコー》）と一緒に仕事をしている。会社を経営しているというわけではなく、会社から請け負って仕事をしている。請け負うことができることがあれば、何でもしている。

華僑ムスリム移民の女性の場合にも男性同様に、缶詰工場など家庭外に仕事をもっている人が少なくない。こうした労働環境は、台湾社会からの孤立を招いていると同時に、雇用者や請負元との階層差を生じさせている。たとえば、次のような経験は、華僑ムスリム移民が共有する労働経験である。情報提供者の保錠《ホジョウ》は、ミャンマーの大学で数学を勉強し、大学院に進学予定であったが、学部の四年の時に渡台の機会があり、中華民国（台湾）籍の取得と金儲けを目的に、進学を放棄して台湾に移住した。

私が台湾に来て始めた仕事は建築関係の仕事である。二人の兄と姉の夫とで、請負で天井板の張替えの仕事をしている。……私が渡台してすぐの頃は、台湾の景気は大変よかった。仕事も多くて選ぶこともでき、雇い主からはこちらの言い値で仕事を任されていた。ところが、現在では台湾の景気は非常に悪く、請負側が仕事を選ぶこともできない。賃金に関しても、先に仕事を片付けてしまってから値段を話し合うことが多くなっている。そのため仕事の質もきつくなっている。先日も、ある仕事を三日間でやり終えるように依頼され、時間が足りなくて、三日で九時間ほどしか寝ることができない日が続いた。私は疲労がたまって、高所作業車から落ちた。

こうした日常の労働環境の中において、華僑ムスリム移民は、疎外と排除の感覚を植え付けられるのであるが、そうした感覚は必ずしも積極的に彼らの共同性やローカリティを創出するものではない。ミャンマーやタイから帰国した華僑ムスリム移民としての共同性やローカリティを積極的に提示するのは、むしろイスラームの祝祭や儀礼に基づく実践的活動を通してである。

──（3）華僑ムスリム移民の共同性の構築とローカリティの生成

台湾の居住空間における孤立感を解消するため、華僑ムスリム移民の互助組織が設立されたこともあった。それが、一九八〇年代初頭に設立された「泰緬穆斯林《タイメンムスリム》互助会」である。泰緬穆斯林とは「タイ・ミャンマー・ムスリム」の意味であり、タイやミャンマーで生活した経験を共有することが、台湾の中国系ムスリム・コミュニティ内部で自他を差異化する指標となっていることがわかる。会員大会は一年に一度開催され、三〇〇人前後の人が集まり、一人最低一〇〇元（約三〇〇円）ほどの寄付金を募り、会の活動資金として充当していた。互助会の最大の目的は、婚礼と

写真 2-2　拝爾徳に集まる人びと

葬儀の際の経済的・人的サポートであったが、同時に華僑ムスリム移民の若者相互のつながりを強化する目的もあり、互助会が組織し、ピクニックなどの親睦活動も行われた。しかし、一九九四年頃に、互助会の内紛を契機にして、会自体が解消された。互助会の設立と活動自体は、移住の経験を共有する華僑ムスリム移民たちを相互に結びつけるには一定の役割を果たしたが、政治的には脆い基盤の上に設立されていた。華僑ムスリム移民であることの共同性は、むしろ宗教的儀礼や祝祭を通して喚起される。ここでは、断食明けの祭りの後に行われる「挨拶回り」がいかに華僑ムスリム移民の共同体的ローカリティを喚起するかをみておこう。

　イスラーム暦第九月のラマダーン月が明け、モスクで断食明けの祭りの礼拝（節拝）が終了すると、一般にムスリムたちは親族や友人の家を訪問し、相互に祝福する。台湾に居住する華僑ムスリム移民たちも、親戚や同郷の友人らの家庭に挨拶に出かける。こうした活動は、彼らの話す雲南方言で「拝爾徳《パイアード》（「イードを拝する」の意味）」(14)と呼ばれる。彼らは、家族単位や友人単位で「拝爾徳」に出かける。筆者は二〇〇〇年と〇二年に、二十〜三十歳代の未婚の華僑ムスリム移民で構成された家庭訪問グループに参加したが、その時の「拝爾徳」の様子を中心に、ローカリティの形成を分析しよう(15)。

「拝爾徳」の訪問先の家庭は、すべてミャンマー（一部北タイ）から移住した華僑ムスリム移民の家庭であった。各家ではミャンマー風や雲南風の軽食がふるまわれ、一種の共食空間が創出される。食事をとりながら一五分ほど歓談すると、その場にいる人びと全員がドゥアー（祈禱）を行い、ドゥアーが終了すると次の家へ移動する。筆者が参加したときの「拝爾徳」の訪問先は三〇家庭以上にのぼり、朝から夜遅くまで続けられた。

「拝爾徳」の訪問は二つの点で、華僑ムスリム移民のローカリティの形成を導いている。第一に、この家庭訪問はミャンマーにおいて行われている「拝爾徳」の祝祭における人びとのつながりを、台湾において再現したものである。外省人ムスリムの間で行われる断食明けの祭りの挨拶回りは、訪問先は少なく規模も小さいため、「拝爾徳」は華僑ムスリム移民が新たに帯同したミャンマーの祝祭行事として認識されている。第二に、「拝爾徳」の訪問では、華僑ムスリム移民のトランスナショナルなコミュニティが想起される。私が参加した「拝爾徳」の場合、一緒に動いていた華僑ムスリム移民で、近年台湾に移住した人は自分が訪問している家庭を知らないこともある。それにもかかわらず、ビルマ語や雲南方言で会話がなされる共食空間と、会話の中に混ざるミャンマーやタイに居住している華僑ムスリムの話題が共同性を産出し、ローカリティが国境を越えて広がっていることを思い起こさせ、トランスナショナルなコミュニティが想起される。もちろんこうして想起されるトランスナショナル・コミュニティは、地縁や血縁に基づく共同体的なコミュニティである。

ところが他方で、「拝爾徳」を通して産出される共同性には、もう一つの意味が賭けられている。共同体的コミュニティを越えて理解されるべき、台湾におけるイスラームの発展を担うものとしての華僑ムスリム移民のコミュニティである。

4 トランスナショナル・コミュニティにおける両義性と共同性

二〇〇二年に参加した「拝爾徳」の際、私の参加した若者グループは、夜もかなり更けてから馬浩龍《バコウリュウ》の家を訪れた。馬浩龍は当時、華僑ムスリム移民が集住する中永和地区にイスラーム礼拝所を設置するため、同地域に居住するムスリムに働きかけたり、自宅の一室を近くに住む華僑ムスリム移民たちの礼拝所として提供したりしていた。馬浩龍は「拝爾徳」に来た華僑ムスリム移民の若者たちに、次のように語りかけた。「現在の台湾のイスラームは、風前のともし火と化してしまっている。台湾のイスラームを再興できるかどうかは、我々タイ・ミャンマーから来た（我們泰緬來的）ムスリムにかかっているのだ。」

さて、馬浩龍のこの発言も、華僑ムスリム移民とイスラームをめぐる二重の意味が掛けられているように思う。第一に、華僑ムスリム移民が台湾に持ち込んだ地縁・血縁上の緊密な結びつきが、大都市台北において徐々に薄らいでいく台湾のイスラームを再興することができるという意味、つまり華僑ムスリム移民がもつ共同体としてのコミュニティの特徴が示されている。もちろん、共同体としてのコミュニティは、国境を越えながらも持続する。第二に、華僑ムスリム移民の台湾における宗教上の活動や活躍が、台湾のイスラームの状況そのものを好転させるという意味である。第二の意味においては、華僑ムスリム移民はそれ自体より大きな台湾のイスラーム・コミュニティ（ひいては、非ローカルなイスラーム世界）の一部として、「世界コミュニティ」（デランティ 二〇〇六：二一四）的な意味を賦与されている。ここに、華僑ムスリム移民のコミュニティがもつ、両義的な性格を見いだすことができる。

本節では、華僑ムスリム移民のトランスナショナル・コミュニティがもつ、両義的な性質について検討したい。

――（1）トランスナショナルなコミュニティと宗務者

先述のように、華僑ムスリム移民は外省人ムスリムと異なり、台湾社会において階層上昇するための社会的、経済的、政治的な基盤を欠いている。それは、台湾のムスリム・コミュニティ内部においても同様の傾向にあり、台湾のイスラーム組織である中国回教協会や、台湾全土に六つある各モスクの董事会（管理運営組織）など、行政・運営上の世俗的組織において、華僑ムスリム移民は中心的メンバーを構成していない。(16) ところが逆に、台湾のすべてのモスクに所属しているイマームやイスラーム教育者などの宗教的業務に携わる人びと（以下、宗務者）は、ほぼすべてが華僑ムスリム移民によって担われている。二〇〇六年現在、台湾のすべてのモスクを合わせて、九人の宗務者がいた。そのうち、台北の新生モスクにおいて正イマーム（台北新生モスクには正・副二名のイマームがいる）を務める人物が外省人ムスリムであったのを除いて、残りの八人は全員ミャンマーを出身地とする（一人のみタイ出身）雲南省籍の中国系ムスリムの宗務者であった。

宗務者のほとんどがミャンマーから招聘されているという事実が示しているのは、現在の台湾のムスリム・コミュニティにおけるイスラームの活性化が、華僑ムスリム移民のトランスナショナルなコミュニティの存在を欠いては、すでに成立し難くなっていることである。華僑ムスリム移民のトランスナショナルなコミュニティ、つまり先述の共同体的なコミュニティを通して、初めて台湾のイスラームの存続が可能になる。国境を越えて広がるトランスナショナルなコミュニティ上に張り巡らされた、家族・親族的紐帯や同郷・近隣関係ネットワークなどを通して、イスラーム学校出身者で、イマームを担当する能力を備えた人が紹介され、台湾へ招聘される。

ただし、宗務者を招聘するのは華僑ムスリム移民ではなく、台湾の各モスクである。ムスリムの誰かから推挙された人物を、各モスクの董事会で検討し、宗務者を招聘する。各モスクがミャンマー出身の宗務者を招聘するのは、台湾における各モスクの経済的状況が関係している。各モスクは固定収入が少ないため、安い給与で宗務者として勤務する優秀な人材を探さねばならない。実際には、外省人ムスリムの中には、中東イスラーム諸国に留学し、アラビア語やイスラーム知識を十分に習得している者も少なくない。サウジアラビアなど中東イスラーム諸国との外交関係を重視していた中華民国（台湾）の国民政府は、台湾のイスラーム宗教指導者を養成するため、中国回教協会による選抜を経て、一九六二年以降、中国系ムスリムの子弟をリビアやサウジアラビアの高等学校や大学に公費派遣していた。ところが、中東諸国へ派遣された外省人ムスリムの子弟たちは、留学を終えて帰国後に宗務者として宗教業務に携わる人は少なく、中華民国（台湾）政府の外交部や大学での教育、貿易や商業などに従事したものが大部分であった。イマーム職に就くとしても兼業イマームであり、大学や外交部の職をもったまま、金曜礼拝の時にだけモスクに現れてイマームとして勤務する人が多かった。

こうした宗務者の不足を補っているのが、ミャンマーから台湾へ招聘されている華僑ムスリム移民の宗教知識人である。各モスクの経済状況にもよるし、宗務者と各モスクとの関係にもよるが、普通の台湾人の初任給以下の給与で、各モスクの専任の宗務者として勤務しようとする宗教知識人は、外省人ムスリムの中にはほとんど存在しない。他方で華僑ムスリム移民の側は、ミャンマー（や北タイ）での生活経験を共有し、ビルマ語や雲南方言を操ることのできる宗務者を台湾に招聘したいと考えていた。トランスナショナルにつながるネットワークを利用して、国境を越えて宗務者が招聘されることで、国境を越えたローカリティが醸成され、共同体としての華僑ムスリム移民のコミュニティが想起される。

（2）世界コミュニティとしての華僑ムスリム移民コミュニティ

ところで、華僑ムスリム移民のトランスナショナルなコミュニティを通して構築されるコミュニティ・イメージには、こうした共同体的コミュニティのほかに、もう一つ別の側面が存在している。まず、ミャンマーとタイから台湾に招聘されてきた八人の宗務者の経歴を簡単にみておこう。この八人の宗務者の年齢構成は、五十歳代が二人、四十歳代が二人、三十歳代が四人である。それぞれミャンマーおよびタイの地元のアラビア語学校でアラビア語とイスラーム知識を学んだが、そのうち七人は、その後に海外留学を経験している。留学先の内訳は、エジプト・カイロのアズハル大学留学者が二人、リビアの大学への留学者が一人、サウジアラビア・メディナ大学留学者が二人、シリアの大学への留学者が二人である。

ミャンマーに居住する雲南省籍の中国系ムスリムの間では、アラビア語やイスラーム宗教知識に関する教育が重視されており、普通のムスリムでも、朝夕に近所のモスクでアラビア語教育やコーラン朗唱の方法を学んだり、イマームを家庭教師として招いて家庭でアラビア語教育を行ったりする。家庭やモスク内での初等アラビア語教育が終了すると、ミャンマー国内の中国系もしくはインド系のアラビア語学校や、国境を越えて北タイ・チェンマイの中国系アラビア語学校に通う青年もおり、そうした学校の卒業生は「吾梭《ウーソー》」[17]と呼ばれ、宗教知識人として認められる。しかし、台湾へ招聘されてくる宗務者は、ミャンマーやタイのみで教育を受けた宗教知識人ではなく、海外で宗教教育を受けた「正しい」[18]宗教指導者なのである。華僑ムスリム移民が紡ぎ出すトランスナショナルなコミュニティは、地縁や血縁関係を越えた、「正しい」イスラームの担い手も供給しうる。もちろん、そうした「正しい」イスラームの担い手は、外省人ムスリム、華僑ムスリム移民を問わず、台湾ムスリムのコミュニティを牽引していく力量を備えているのであり、華僑ムスリム移民の共同体的コミュニティは同時に、「正しい」イスラーム的共同性を含意するようになる。

華僑ムスリム移民のトランスナショナル・コミュニティに付与される意味は、閉鎖的で共同体的なコミュニティのあり方から、より開かれた世界宗教を体現するコミュニティの共同性を有したものへと変貌する。トランスナショナルなコミュニティに、二重の共同性が付与されているのである。

おわりに

まとめよう。移民研究においては、移民コミュニティが具有する共同体的特徴が、ホスト社会の有する市民社会的特徴へ漸次的に移行していくはずだという理論的大前提が崩れ、前者が後者に移行するどころか、移民たちはいつまでも移住元地域や他の移住先地域と関係を保ちつづけ、国境を越えてコミュニティを維持していることが明らかになった。こうした移民理解の変容は、移民研究から越境移民研究（トランスナショナリズム論）へと研究の方向をシフトさせたが、その一方で越境移民研究においても、「共同体」対「社会」というコミュニティ理解のあり方は残されたままであった。

こうした理論的背景を踏まえて、本章ではミャンマーから台湾に移住した華僑ムスリム移民が紡ぎ出すトランスナショナルなコミュニティを事例として取り上げることで、トランスナショナル・コミュニティには「共同体」的な側面と「社会」的な側面の両者が具有されていることを述べた。台湾に居住する華僑ムスリム移民のトランスナショナル・コミュニティを下支えする共同性には、二重の意味が付与されているのだ。二重の意味とは、究極的に単純化すれば、「共同体」と「社会」である。

華僑ムスリム移民が有する閉鎖的共同体のイメージは、彼らが日常の生活実践や、非日常的儀礼や祝祭の場面で、家族的・地縁的に濃密な共同性を再構築していく様子をともなって、台湾のムスリム社会の間に植え付けられていった。もちろん、こうした共同体的コミュニティの再生産は、華僑ムスリム移民が台湾において欠いている、社会的、経済的、政治的生活基盤を補完するものである。そして、こうした共同体的としてのトランスナショナル・コミュニティの基盤の上に、ミャンマーやタイから華僑ムスリムの宗務者が招聘される。しかし、こうした共同体的基盤の上で招聘される宗務者は、単なるローカルな宗教知識人ではなく、イスラーム諸国で「正しい」イスラーム知識を吸収したとされる宗教知識人である。共同体としてのトランスナショナル・コミュニティが生み出すのは、より広い公共性を備えた共同性なのである。

注

（1）本章における「ローカリティ」概念は、アパデュライの提起する「ローカリティ」に基づいている（アパデュライ二〇〇四）。アパデュライの「ローカリティ」については、本書序論を参照されたい。

（2）本書第3章の市川論文は、オーストラリアに移住したニューギニア出身のニューギニ・チャイニーズが、彼らの移住経験や社会状況に基づいて、いかなるアソシエーションを構築しているのかを分析している。アソシエーションとその成員が置かれた状況の中で、相互交渉的に影響を及ぼし合いながら構築される華人のコミュニティのあり方については、市川論文を参照のこと。

（3）上杉富之によれば、トランスナショナリズムという概念は、一九八〇年代後半を境にして、その前と後とでは大きく異なっている。本章で論じているトランスナショナリズムは、一九八〇年代後半以降に展開された移民の形態に関する人類学を含む社会科学で展開された議論である。一方、一九八〇年代後半以前の議論は、多国籍企業の経済活動に焦点を当てたトランスナショナリズム論であった（上杉二〇〇四）。

（4）拙稿（二〇〇九b）では、今日のディアスポラ研究が、「本質主義的存在」としてのディアスポラ論と「異種混淆性」としてのディアスポラ論という両極のモデルのいずれかを用いて議論していることを示した。

（5）台湾にはこれらの中国系ムスリム以外に、ウイグル人やカザフ人、チベット系ムスリムなどが存在している。ただし、その人口数はきわめて少なく、また本論には直接関係しないので、ここではとくには言及しない。

（6）ただし、中華人民共和国の回族カテゴリーは、宗教的カテゴリーを意味するとは限らない。そのため、回族にはすでにイスラームの宗教信仰を放棄した人びとも含まれており、回族の人口統計がそのまま中国におけるイスラーム教徒の人口数を指すことにはならない。

（7）華僑華人の台湾への移住は、一般に「帰国」と称されることが多い。

（8）実際には、中国回教協会は一九三八年に武漢で設立された中国回教救国協会を前身としており、台湾の中国回教協会はそれを台湾において引き継いだものである。

（9）中国系ムスリムは、中華民国（台湾）の国会に当たる国民代表大会において、一定数の代表（代議士）を選出することができた。詳細は、拙稿（二〇〇九ａ）を参照のこと。

（10）宗教上の指導者、つまりイマームのことを指す。

（11）台湾におけるムスリム・コミュニティの形成と、国民党政権との関係については、拙稿（二〇〇九ａ）を参照のこと。

（12）紙幅の関係上、中国系ムスリムの雲南省からミャンマーへの移住の歴史についてここで言及することはできない。現在でもミャンマーに居住する雲南省籍の中国系ムスリムは、ビルマ語でパンデーと呼ばれている。詳しくは、やまもと（二〇〇四）や拙稿（二〇〇九ｃ）を参照のこと。また、台湾に移住した雲南省籍の華僑ムスリム移民の中には、タイから移住した人びともいる。ただし、タイからの移住者もミャンマーで生まれ、のちに北タイに移住した中国系ムスリムであることが多い。北タイの中国系ムスリムについては、王（二〇一一）に詳しい。

（13）ミャンマーから帰国した華僑の多くは、上座部仏教を信仰しており、ムスリムは少数である。

（14）「イード」とはイスラームの二大祭、すなわち「断食明けの祭り」と「犠牲祭」のことを指す。

（15）その後、二〇〇八年に再び台湾の「拝爾徳」に参加した。すでにミャンマーに帰国している華僑ムスリムがいたり、未婚の若者が既婚の中年になっていたりしたが、「拝爾徳」の様子は基本的に大きく変化していなかったように思う。

（16）ただし、中壢市の龍岡モスクは、龍岡地区に居住する中国系ムスリムのほとんどがミャンマーからの「帰国」華僑ムスリム移民であるため、董事会メンバーもすべて華僑ムスリム移民である。また、二〇〇九年に中国回教協会の理事長に華僑ムスリム移民が選ばれたが、任期を満了せずに辞任し、現在はやはり外省人ムスリムが理事長を務めている。

（17）アラビア語の ustād（主人、教員などの意）が雲南方言風になまったもの。アラビア語学校において、既定の知識を習得した人に与えられる称号を指す。

（18）ここにいう「正しさ」とは、必ずしもイスラームの教派や教義そのものに照らした「正しさ」を意味しない。たとえば、アラビア語の発音に関する正確さや、ある種の儀礼を排除する傾向などが、「正しさ」として理解される。

参照文献 ――――

〈和文〉

アパデュライ、A（二〇〇四）『さまよえる近代 ―― グローバル化の文化研究』（門田健一訳）、平凡社（A. Appadurai 1996 *Modernity at Large: Cultural Dimensions of Globalization*, Minneapolis, University of Minnesota Press）。

上杉富之（二〇〇四）「人類学から見たトランスナショナリズム研究 ―― 研究の成立と展開及び転換」『日本常民文化紀要』第二四輯、八四―一二六頁。

王柳蘭（二〇一一）『越境を生きる雲南系ムスリム ―― 北タイにおける共生とネットワーク』昭和堂。

木村　自（二〇〇三）「移民と文化変容 ―― 台湾回民社会における聖紀祭礼の変遷と回民アイデンティティ」『年報人間科学』第二四号、四九―六五頁。

――（二〇〇四）「モスクの危機と回民アイデンティティ ―― 在台湾中国系ムスリムのエスニシティと宗教」『年報人間科学』第二五号、一九九―二一七頁。

――（二〇〇九a）「台湾回民のエスニシティと宗教 ―― 中華民国の主体から台湾の移民へ」『国立民族学博物館調査報告書（SER）』八三、六九―八八頁。

――（二〇〇九b）「離散と集合の雲南ムスリム ―― ネーション・ハイブリディティ・地縁血縁としてのディアスポラ」臼杵陽・赤尾光春・早尾貴紀編『ディアスポラから世界を読む』明石書店、二二〇―二五七頁。

――（二〇〇九c）「虐殺を逃れ、ミャンマーに生きる雲南ムスリムたち ――「班弄人」の歴史と経験」『中国のイスラーム思想と文化（アジア遊学一二九）』勉誠出版、一六〇―一七五頁。

――（二〇一〇）「雲南ムスリム移民が取り結ぶ社会関係と宗教実践の変容 ―― 台湾への移住者を中心にして」塚田誠之編『中国国境地域の移動と交流　近現代中国の南と北』（人間文化叢書　ユーラシアと日本 ―― 交流と表象）有志舎、一七七―二〇五頁。

コーエン、A（二〇〇五）『コミュニティは創られる』（吉瀬雄一訳）、八千代出版。

関　恒樹（二〇〇九）「トランスナショナルな社会空間における差異と共同性 ── フィリピン人ミドルクラス・アイデンティティに関する考察」『文化人類学』七四─三、三九〇─四一三頁。

竹沢尚一郎（二〇一〇）『社会とは何か』中公新書。

デランティ、G（二〇〇六）『コミュニティ ── グローバル化と社会理論の変容』（山之内靖・伊藤茂訳）、NTT出版。

長津一史（二〇〇四）「『正しい』宗教をめぐるポリティックス ── マレーシア・サバ州、海サマ人社会における公的イスラームの経験」『文化人類学』六九─一、四五─六九頁。

中野正大・宝月誠編（二〇〇三）『シカゴ学派の社会学』世界思想社。

松田素二（二〇〇九）『日常人類学宣言！── 生活世界の深層へ／から』世界思想社。

森　明子（二〇〇五）「大都市と移民 ── ベルリンにおける『外国人』カテゴリーと『多文化』意識」『国立民族学博物館研究報告』三〇─二、一四五─二二九頁。

やまもとくみこ（二〇〇四）『中国ムスリムの末裔たち ── 雲南からミャンマーへ』小学館。


〈欧文〉

Banks, M. (1996) *Ethnicity: Anthropological Constructions*, London, Routledge.
Brettell, C. (2000) Theorizing Migration in Anthropology: The Social Construction of Networks, Identities, Communities, and Globalscape, in C. Brettell and J. Hollifield (eds), *Migration Theory: Talking across Disciplines*, NewYork, Routledge, pp. 98–135.
Schiller, N. G., L. Basch and C. Blanc-Szanton (1992) Transnationalism: A New Analytic Framework for Understanding Migration, in N. G. Schiller, L. Basch and C. Blanc-Szanton (eds), *Toward a Transnational Perspective on Migration*, New York, New York Academy of Sciences, pp. 1–24.
──── (1995) From Immigrant to Transmigrant: Theorizing Transnational Migration, *Anthropological Quarterly* 68(1): 48–63.
Kennedy, P. and V. Roudometof (eds) (2002) *Communities across Borders: New Immigrants and Transnational Cultures*, London, Routledge.
Ong, A. (1999) *Flexible Citizenship: The Cultural Logics of Transnationality*, Durham, Duke University Press.
Pieterse, J.N. (1997) Travelling Islam: Mosques without Minarets, in P. Weyland (ed.), *Space, Culture and Power: New Identities in Globalizing Cities*, Zed Books, pp. 177–200.

Pillsbury, B. (1973) *Cohesion and Cleavage in a Chinese Muslim Minority*, Unpublished PhD Dissertation, Columbia University.

——— (1978) Factionalism Observed: Behind the 'Face' of Harmony in a Chinese Community, *The China Quarterly* 74: 241–272.

Thomas, W. and F. Znaniecki (1996) *The Polish Peasant in Europe and America: A Classic Work in Immigration History*, E. Zaretsky (ed.), Urbana, University of Illinois Press.（W・トーマス／F・ズナニエツキ（一九八三）『生活史の社会学――ヨーロッパとアメリカにおけるポーランド農民』（桜井厚訳）、御茶ノ水書房）。

Vertovec, S. (1999) Conceiving and Researching Transnationalism, *Ethnic and Racial Studies* 22(2): 447–462.

〈中文〉

馬孝棋（二〇〇二）「開設台北清真寺北縣穆斯林文教活動中心計畫記事」『中國回教』二七八期、二九頁。

姚继德（二〇〇三）「云南回族的东南亚的迁徙」『回族研究』第二期、三六―四六頁。

———（二〇〇五）「泰国北部云南籍穆斯林的社会与文化」马宗保主编『中国回族研究论集　第一卷』民族出版社、三八九―四三六頁。

翟振孝（一九九六）『經驗與認同：中和緬華移民的族群構成』（台灣大學人類學研究所碩士論文）。

朱浤源（二〇〇〇）「歸僑與僑教：來台緬華個案的回顧與前瞻」『第二屆僑民教育學術研討會會議實録』教育部僑民教育委員會、二九一―三二〇頁。

第3章

移住経験が生み出すコミュニティ、移住経験が変容させるアソシエーション
——オーストラリア都市部に居住するパプアニューギニア華人

市川　哲

1　華人コミュニティとアソシエーション

海外に居住する中国系移民およびその子孫である華人を対象とした研究は、相互扶助を目的として形成される伝統的な結社がコミュニティ内部で果たす役割に注目することが多かった。これらの結社は、華人たちが移住先での生活における相互扶助を目的として各種の「縁」を紐帯とすることにより組織したものであり、海外に移住した華人たちのコミュニティ活動の基盤になってきたとみなされてきた。とくに中国における出身地の地縁を紐帯とする同郷会館や、姓を同じくする者同士の血縁を紐帯とする宗親会は、代表的な華人の結社であり、特定の華人社会の特徴を理解するための有効なトピックとして多くの研究者の注目を集めてきた（施 一九七七; 李 一九八五; Cheng 1995; Sinn 1998; Li 1999; 吉原 二〇〇〇; 上水流 二〇〇五）[1]。

このような華人の組織は、ボランタリー・アソシエーション（voluntary association）やボランタリー・オーガニゼーション（voluntary organization）として分析されることが多かった（Freedman 1979; 吉原 1988; Liu 1998; Kuah-Pearce and Hu-Dehart 2006）。これら華人の結社は中国の出身地や父系出自集団の観念をその紐帯とし、新規移民への職業の斡旋や住居の提供、紛争の調停といった各種の相互扶助活動を行うだけでなく、墓地や寺廟の管理や祖先祭祀、宗教的儀礼の執行、奨学金の授与や中国語教育、中国語による出版活動といった各種の活動を行ってきた。これらは、いわば特定の目的のために、地縁や血縁といった属性を共有する人びとを成員とする任意加入の団体であるという、アソシエーションとしての性格をもつ組織である（Freedman 1979; Mak 1995; Kuah-Pearce and Hu-Dehart 2006）。また近年では華人のトランスナショナルな活動の進展とともに、これらのアソシエーションの中には、他国の同種の組織との連携や国際大会の開催、中国の同郷者や親族を訪問する旅行の主催など、その活動の範囲を拡大するものも存在するようになった（Liu 1998; 合田 二〇〇〇; 野澤 二〇〇五; Tan 2007）。華人のボランタリー・アソシエーションは中国に起源をもつ伝統的な組織でありながら、同時に華人のトランスナショナルな活動やネットワークの結節点としての役割も果たしており、多くの研究者の注目を集めてきたのである。

華人のアソシエーションを対象とする先行研究は、出身国とは異なる移住先の環境で、移民たちが各種の縁を紐帯とすることにより、いかにして生活し、コミュニティ活動の基盤となっているかを明らかにした点で、有効な研究枠組みを提供してきたといえる。だがこれらのアソシエーションは、華人コミュニティの性格や活動を規定するだけの存在ではないことにも留意する必要がある。新たな移民先の生活環境に対して華人が対応してゆく結果、逆にアソシエーションの性格や活動が変化する可能性もあるからである。華人のアソシエーションを、成員権や組織原理が不変であり、一義的に華人のコミュニティを規定する組織とみなしてしまう姿勢は、現実のレベルの華人のコミュニティの多様な実態を理解するための障害となるであろう。(2) すでに移住先で数世代を経ることにより、直接的な中国との関係を失ってしまい、中国における地縁や血縁関係がすでに日常生活のレベルでは意味を失ってしまった華人も珍しくない。そのような人びとのコミュニティの特徴を、中国における地縁や血縁といった属性に基づくアソシエーションによってのみ説明することは、華人の移住先での生活を過度に単純化して捉えてしまうことにつながりかねない。国境を越えて移動する人びとのコミュニティの性格を理解するためには、出身地に起源をもつ属性やネットワークを過度に強調するのではなく、移住経験そのものが彼ら彼女らのコミュニティの性格や特徴を変化させ続けることにこそ注目すべきである。そのためには、個別地域における華人の移住と定住、現地化といった過程のなかで、華人のアソシエーションがいかなる変容をとげ、居住地の社会状況からいかなる影響を受けているかを分析する視点が求められる。

以上の問題意識から、本章はパプアニューギニアで生まれた華人たち[3]の移住経験とアソシエーションを事例とする。そしてパプアニューギニアからオーストラリアへと移住する華人たちのコミュニティの特徴を、彼ら彼女らのアソシエーションの変容という観点から理解することを目的とする。それにより、特定の属性をその組織原理として形成されるアソシエーションが、移民コミュニティの性格を規定するという見方を避け、移住経験によって生み出される日常的な実践が、移民のコミュニティの性格を変容させ、それがさらにアソシエーションの特徴や組織原理を変化させるということを論じる。なお、本章ではパプアニューギニア生まれの華人を指すために、当事者による自称として最もよく使用されている「ニューギニ・チャイニーズ」という言葉を使用することとする[4]。

2　パプアニューギニアからオーストラリアへ(5)

パプアニューギニアには一九世紀末から華人コミュニティが存在した。ニューギニアにおける初期の華人はドイツ領植民地にプランテーション労働者や大工、機械工等の植民地労働力として流入した。これらの華人は広東省の開平《かいへい》県、台山《たいざん》県、新会《しんかい》県、恩平《おんぺい》県からなる四邑《しゆう》地域の出身者が大多数を占めていた。ドイツ領ニューギニアは第一次世界大戦後、オーストラリアによって統治されることとなった。これにより、旧ドイツ領植民地に居住していた華人たちもオーストラリアの植民地政策下で生活するようになった。ドイツやオーストラリアの統治下で、華人たちは次第にニューギニアに定着したコミュニティを形成し、現地生まれの世代も増加していった。

このオーストラリアによる統治がニューギニアの華人に与えた影響の一つが、華人によるオーストラリア国籍の取得である。一九五七年以降、オーストラリアはニューギニア在住の華人がオーストラリア国籍の取得を認めるようになった。オーストラリア国籍を取得した華人たちは、ニューギニアで暮らしながらもオーストラリアとの関係を深めてゆくようになった。それを如実に物語るのが子供の教育である。第二次世界大戦以前、華人たちは香港や中国の都市に子供を送り、中国語教育を受けさせていた。第二次世界大戦以後は、国共内戦や中華人民共和国の成立等の政治的・社会的要因により、ニューギニアの華人が中国を訪問したり留学したりすることが困難になった。代わって戦後は、シドニーやブリスベン、トゥウンバといったオーストラリアの都市にある寄宿学校に子供を送り教育を受けさせるようになった。オーストラリアでの教育経験や生活経験、国籍の取得により、華人たちは次第に英語を自分たちの共通語として話すようになり、オーストラリア的な生活様式に親しむようになっていった。

このようにして中国からニューギニアに到来し、オーストラリアからの影響を受けながらも定着的なコミュニティ

写真 3-1　パプアニューギニア，ケビエンの景観

ケビエンのほとんどの商店は華人によって経営されている。

を形成したニューギニ・チャイニーズたちは、一九七五年のパプアニューギニア独立を期に、再び移住するようになった。パプアニューギニア政府は二重国籍を認めなかったため、ニューギニ・チャイニーズたちは、パプアニューギニアにとどまって生活するためには、新たな独立国内部の外国籍のエスニック・マイノリティになるか、オーストラリア国籍を放棄してパプアニューギニア国民になるか、という選択を迫られることとなった。だが大多数のニューギニ・チャイニーズはいずれの選択肢も選ばなかった。すでにオーストラリアでの生活経験があり、英語を自分たちの共通語の一つとしていたニューギニ・チャイニーズたちは、オーストラリア国籍を放棄せず、オーストラリアへと移住することを選択したのである。オーストラリアへの再移住はパプアニューギニア独立直前から現在に至るまで続き、現在ではパプアニューギニアに居住する華人よりも、オーストラリアに居住する者のほうが多くなっている。

オーストラリアへの移住後、ニューギニ・チャイニーズたちは、みずからの居住パターンを変化させることとなった。彼ら彼女らはパプアニューギニアではラバウルやココポ、ケ

写真 3-2　ブリスベン郊外のサニーバンク・ヒルズの景観

サニーバンク・ヒルズにはニューギニ・チャイニーズが多数居住する。

ビエンといった比較的小規模な都市に居住し、空間的にまとまった範囲の中でコミュニティを形成してきた。だがオーストラリア移住後は、集住的な居住形態をとることができなくなった。

現在、大多数のニューギニ・チャイニーズはシドニーとブリスベンという二つの都市に分散して居住している。オーストラリアにも一九世紀以降、華人社会が存在し、シドニー湾の南側に位置するディクソン・ストリート周辺にチャイナタウンを形成した。現在ではオーストラリア華人のみならず、香港人や台湾人、中華人民共和国出身者等の華人ニューカマーたちもチャイナタウンで経済活動を行っている。だがシドニーに住むニューギニ・チャイニーズの多くは、シドニー湾の北側に位置するノース・シドニー地域に居住する傾向がある。ノース・シドニーはシドニーの中でも比較的新しく開発された地域であり、高級住宅地というイメージがある。ニューギニ・チャイニーズたちの基本的な生活の場は郊外の住宅地であり、「下町」のチャイナタウンで生活する者は存在しない。またブリスベンのニューギニ・チャイニーズは、サニーバンク・ヒルズを中心としたブリスベン市街地西部の住宅地に居住する傾向がある。クイーンズランド州では、ほかにもイプスウィッチやゴールドコーストなどの都市に居住するニューギニ・チャイニーズも存在する。ブリスベンにも二〇世紀初頭から華人が居住し、ブリスベン市内のフォーティチュード・バレーにはチャイナタウンも存在する。だが、ブリスベンでのチャイナタウン内部やその周辺に居住するニューギニ・チャイニーズはほとんど存在しない。

この点で、シドニーとブリスベンにおけるニューギニ・チャイニーズの生活パターンは共通している。オーストラリアにおけるニューギニ・チャイニーズの居住はチャイナタウンを中心とした集住的なパターンではなく、郊外の住宅地での拡散したパターンをとっているのである。都市人口の規模は相対的な問題ではあるが、それでもパプアニューギニアの首都ポートモレスビーの人口が約二〇万、植民地期からのニューギニ・チャイニーズの主要な居住地であったラバウルとココポの周辺地域の人口が約五万人であることと比較すると、人口が約四〇〇万人のシドニーや約一六〇万人のブリスベンでの生活は、さまざまな点でパプアニューギニアのそれと異なっていることは明らかである。

オーストラリアにおける居住パターンの変化は、生活スタイルも同時に変化させることとなった。パプアニューギニアの小規模な都市で集住していたニューギニ・チャイニーズたちは、空間的にも社会的にも密接な相互関係を維持していた。だが移住後は、移動手段として基本的に自動車が用いられる広大な郊外住宅地での生活というオーストラリア的な生活環境の中で、新たな自分たちの生活の場所を築く必要が生じたのである。

このような状況のもと、オーストラリアに在住するニューギニ・チャイニーズは、週末に親族や知人の家を頻繁に訪問したり、後述するキリスト教団体やパプアニューギニア出身者を対象としたクラブやアソシエーションで活動したりすることにより、相互の接触を維持している。ニューギニアにおける比較的限られた空間内部での親族や同郷者との密接な関係は、オーストラリアにおける都市郊外での拡散した生活空間の中で変容せざるをえなかったのである。そのため本章の以下の部分では、このようなオーストラリア都市部におけるニューギニ・チャイニーズのコミュニティの特徴を、彼ら彼女らが所属するアソシエーションの特徴とその活動に注目することにより検討することとする。

3　オーストラリアにおけるパプアニューギニア華人のアソシエーション

オーストラリアに居住するニューギニー・チャイニーズたちの生活は、自己のメンバーの間のみで完結しているわけではない。彼ら彼女らの学校生活や経済活動は、基本的にオーストラリア人社会の中でなされている。そのため日常的な生活の場面では、ニューギニ・チャイニーズ同士の関係よりも、他のオーストラリア国民と交流することのほうが多い。ここではシドニーとブリスベンにおけるニューギニ・チャイニーズが自分たちおよび他の民族集団といかなる関係を取り持っているかを、各種のアソシエーションに注目することによりみてみたい。

（1）シドニー

一九世紀以降、オーストラリアの華人社会にも各種のアソシエーションが存在してきた。シドニーにおける代表的なものが、中国広東省の四邑地域出身者を中心メンバーとする澳洲雪梨四邑同郷会である。(6) 澳洲雪梨四邑同郷会（以下、四邑同郷会）の前身は、一八八九年にシドニーに設立された四邑会館である。

シドニーではニューギニアと同様、一九世紀末から四邑地域出身者が流入していた。四邑会館はシドニーに在住する四邑地域出身者によって設立された同郷会館である。このほかにも一九世紀末から二〇世紀初頭にかけて、シドニーには華人により三つの寺院が設立され、シドニーに在住する華人のコミュニティ活動の中心になっていた。なかでも一八九八年にシドニー郊外のグレーブ（Glebe）に建設された関帝聖廟《かんていせいびょう》は四邑地域出身者のコミュニティの中心的な存在だった。四邑会館は一九九二年に雪梨四邑同郷会と改名し、現在でも同郷者同士に対する娯楽の場の提供や、祭礼や祖先祭祀などをとり行っている。また現在の四邑同郷会には、一九世紀からオーストラリアに居住してきた人びとの子孫だけでなく、広東語話者である香港出身者や、近年になって広東省からオーストラリアに移住した、いわゆる広東系の華人ニューカマーも参加している。(7)

この四邑同郷会にはニューギニ・チャイニーズも参加することが可能である。(8) ニューギニ・チャイニーズの出身地は、シドニーに居住するこれらの華人と同じく四邑地域である。そのためシドニーに移住したニューギニ・チャイニーズは、中国における地縁を紐帯とする四邑同郷会に参加する資格をもっている。だが実際には、四邑同郷会へのニューギニ・チャイニーズの関与は非常に限定されている。また現在、四邑同郷会はそのビルをシドニーの代表的な観光地であるチャイナタウンの近くに建てているが、前述のように、ニューギニ・チャイニーズはチャイナタウン内部では生活しておらず、日常的に四邑同郷会に参加するような環境にはいない。シドニー郊外に分散して居住するニューギニ・チャイニーズの生活空間は、チャイナタウンを中心とした華人の生活空間とはさほど重なっていないのである。さらに、ニューギニ・チャイニーズはその大多数がキリスト教徒であるため、四邑同郷会が開催する宗教的な行事に参加することもない。ほとんどのニューギニ・チャイニーズにとって、四邑同郷会とは、関心をもつ少数の者が形式的に関わる以上の意味をもっていないのである。前述のように、華人の同郷会館の主要な活動は地縁を同じくする移民の相互扶助である。だがパプアニューギニアに居住していた時期にすでにオーストラリアの国籍を取得していたニューギニ・チャイニーズにとって、オーストラリアは必ずしも未知の移住先ではない。彼ら彼女らにとって、オーストラリアへの移住によって改めて地縁や血縁を紐帯とした相互扶助を目的とする伝統的なアソシエーションに所属する必要は、必ずしもないのである。(9)

ニューギニ・チャイニーズが積極的にオーストラリア華人の団体に参加する例として、同じくシドニーに存在する僑青社《きょうせいしゃ》（Chinese Youth League of Australia）を挙げることができる。僑青社は、シドニーのチャイナタウン内部に存在する華人の若年層向けのクラブ組織である。僑青社は一九三九年に設立された団体であり、その前身はオーストラリア華人の演劇団体であったとされる。現在、僑青社は高齢者を対象としたボランティア活動や粤劇《えつげき》（広東語の劇）、舞踊、獅子舞、龍舞、武術、ドラゴンボートなど、各種の文化活動やスポーツ活動を行っている。

僑青社はオーストラリア華人によって設立されたが、現在ではとくに地縁や血縁を意識した活動は行っておらず、会員もオーストラリア生まれの華人に限られていない。さらに僑青社の活動ではほとんどの場合、英語を使用する。(10) そのため中国語を理解しないニューギニ・チャイニーズの若年層も僑青社の活動に参加することが可能であり、武術やドラゴンボートのチームの一員として活躍する者も存在する。またこのような僑青社への参加と同じく、オーストラリアに居住するニューギニ・チャイニーズの中には、オーストラリアに在住する中国武術や気功などの教室や団体に参加する者が存在する。これらの団体はオーストラリア華人によって設立・運営されるもの以外にも、華人ニューカマーによるものも含まれるが、多くの場合、そこで使用される言語は英語である。

このように他の華人が設立したアソシエーションに参加する以外にも、ニューギニ・チャイニーズ自身もアソシエーションを設立し、それを中心とした活動を行っている。シドニーにおける代表的なものとして、ここではPNGチャイニーズ・カトリック・アソシエーション・オーストラリア（PNGCCAA: PNG Chinese Catholic Association of Australia）を取り上げる。(11) PNGCCAAは、一九八〇年にシドニーに在住するニューギニ・チャイニーズによって設立されたカトリックの団体である。(12) PNGCCAAの活動には二つの側面がある。一つはシドニー在住のニューギニ・チャイニーズ同士に交流や親睦の場を提供するという側面であり、もう一つがオーストラリア各地やパプアニューギニアに分散して居住しているニューギニ・チャイニーズとネットワークを維持するという側面である。

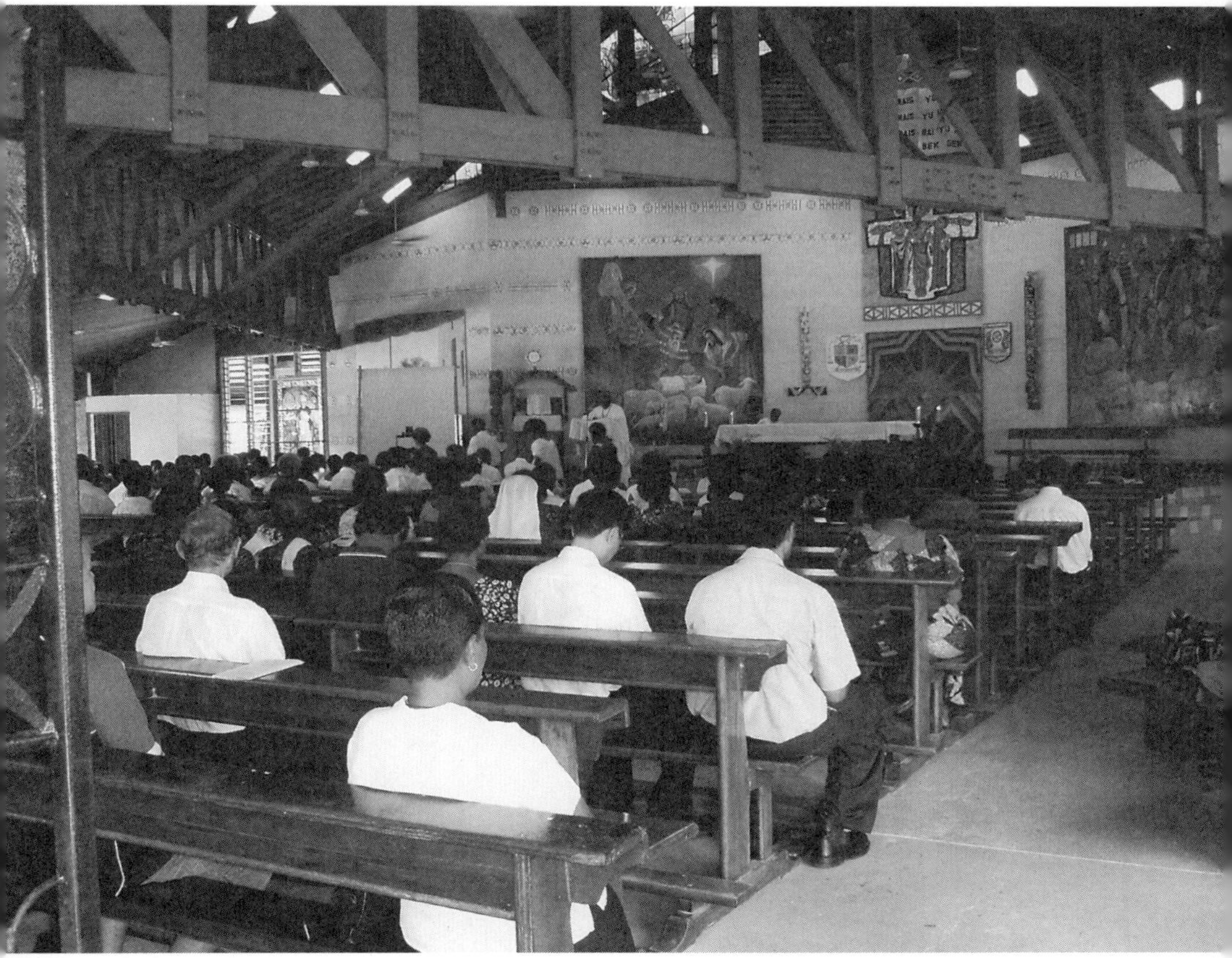

写真 3-3　パプアニューギニア，ケビエンの教会内部

ニューギニ・チャイニーズも他の民族集団とともに礼拝に参加する。

PNGCCAAは定期的にミサや祈禱会を開催している。教会でのミサは、毎月第一土曜日にシドニー・ノースにある教会を借り行われている。ミサをとり仕切る司祭はオーストラリア人であるが、参加者の大多数はニューギニ・チャイニーズであり、そのほかにも少数のニューギニ・チャイニーズの配偶者や知人の香港人やオーストラリア華人もいる。ミサ後には教会に付設するホールで軽食が供され、談話がなされる。こうした教会でのミサのほかにも、会員の家での祈禱会も行われる。祈禱会はほぼ毎月三回、会員個人の家で開催される。キリスト教に関する活動以外にも、PNGCCAAは会員を対象としたピクニックやスポーツ大会、国内旅行や海外旅行の主催や、クリスマス時期にはクリスマス・パーティやコンサート、子供による演劇なども開催している。(13)

またPNGCCAAはクンドゥ・ニュース（*Kundu News*）というニューズレターを年四回発行し、オーストラリアおよびパプアニューギニア各地に居住しているメンバーに送付している。前述の、会員の家で行われる祈禱会の具体的な開催日は、このニューズレターによって通知される。ニューズレターの記事には、新たに生まれた赤子の名前や誕生日、新たに洗礼を受ける子供の名前、結婚する者の名前や結婚式の様子の報告、死亡した者の名前や生前の経歴等の記事が載せられている。とくに死亡した者についての記事は、死亡日や死亡した場所だけではなく、その人の人生について、家族から聞いてまとめた内容が書かれるため、さながら伝記のようになっている。このような記事は、オーストラリアとパプアニューギニアに分散して居住するニューギニ・チャイニーズが、相互にメンバーに関する情報を共有する手段となっている。

このようにシドニーに居住するニューギニ・チャイニーズは、必ずしも地縁という属性をメンバーシップとするアソシエーションには参加せず、華人以外のオーストラリア人に向けても開かれたアソシエーションに、より参加する傾向を示している。またPNGCCAAの活動からも明らかなように、オーストラリアへの移住後の彼ら彼女らのコミュニティにとっては、中国における地縁関係ではなく、パプアニューギニア出身者という背景やキリスト教徒という信仰のほうがより重要性をもっていることが明らかである。

(2) ブリスベン

次にブリスベンにおけるニューギニ・チャイニーズのコミュニティとして、キャセイ・コミュニティ・アソシエーション (Cathay Community Association) を取り上げることとする。

キャセイ・コミュニティ・アソシエーションは、当初はキャセイ・クラブ (Cathay Club) という名称であり、一九七八年から七九年にかけて、ブリスベン在住の数人のニューギニ・チャイニーズが相互に集まることにより始まった。初期にはニューギニ・チャイニーズの一家族がブリスベンで経営するレストランで毎月一回の会合をもつのみであったが、その後、ブリスベン市内のチャイナタウン内部に事務所を設置し、そこで会議や活動が行われるようになった。二〇〇二年七月からは名称をキャセイ・コミュニティ・アソシエーションに変更し、現在に至っている。

このアソシエーションの初期の活動は、ブリスベン在住のニューギニ・チャイニーズのコミュニティの中で完結していたが、活動が盛んになるにしたがい、その存在はブリスベンに居住する他のカトリックを信仰する華人にも知られるようになった。現在、キャセイ・コミュニティ・アソシエーションには、ニューギニ・チャイニーズ以外にも香港や台湾、少数ではあるが中華人民共和国等の出身者が参加している。またキャセイ・コミュニティ・アソシエーションの運営委員や事務所で働く職員の大多数は、香港人や台湾人、中華人民共和国出身者といった非ニューギニ・チャイニーズであり、二〇〇八年の時点でニューギニ・チャイニーズの常勤職員は一名のみであった(14)。当初、ニューギニ・チャイニーズ同士が相互に親睦を図るために発足したクラブは、現在では主にブリスベンに居住する華人系住民全体を対象とした活動を行うアソシエーションとなっている。

キャセイ・コミュニティ・アソシエーションの代表的な活動の一つが、ブリスベンの華人系住民を対象とした福祉サービスの提供である。キャセイ・クラブは一九八九年より、オーストラリアの移民局から資金援助を受け、ブリスベンに居住する華人系移民の高齢者とその家族の援助活動を開始した。現在、キャセイ・コミュニティ・アソシエーションにはホームケアを担当する部局（Home Care Department, 中国語名称は「家庭護理服務部」）が設置され、約三〇人のケア・サービスをするスタッフが所属し、定期的にブリスベン在住の華人高齢者の家庭を訪問し、ケア・サービスを提供している。キャセイ・コミュニティ・アソシエーションの関係者によると、現在約一〇〇人のクライアントが存在しており、約四分の一がニューギニ・チャイニーズであり、他の約四分の三がそれ以外の華人とのことである。さらに一九九九年からはオーストラリア連邦政府より資金援助を受け、より集中的な援助を必要とする高齢者を援助するための活動を行うようになった[15]。

高齢者のためのケア・サービス以外にも、キャセイ・コミュニティ・アソシエーションは、新移民のための支援活動や、旅行やスポーツ大会などの娯楽・文化活動を開催している。近年のオーストラリアに到来する移民の中には、ニューギニ・チャイニーズとは異なり、移住以前からオーストラリアの生活に馴染んでいたわけではない人びとも存在する。そのため、現在のキャセイ・コミュニティ・アソシエーションでは、これら華人ニューカマーのための法的手続きの代行サービスや、英語を習得していない人びとのための語学教室も開講している。またそれ以外にも、ブリスベン市民のための中国語教室やマージャン教室も開講しており、これには華人だけでなく他のオーストラリア人も参加している[16]。

このようにオーストラリアにおける華人社会を志向した活動を行う一方で、キャセイ・コミュニティ・アソシエーションはパプアニューギニアとの関係も維持している。たとえばパプアニューギニアの首都ポートモレスビーにも、一九六〇年代からニューギニ・チャイニーズによってキャセイ・クラブという組織が設立されている。ポートモレスビーのキャセイ・クラブとブリスベンのキャセイ・コミュニティ・アソシエーションは別組織であるが、両クラブは相互に連絡を取り合っている。また一九九八年にパプアニューギニアのセピック地域が津波による被害を受けた際には、キャセイ・コミュニティ・アソシエーションはブリスベンで寄付金を集める活動を行い、得られた資金をポートモレスビーのキャセイ・クラブに送った。ポートモレスビーのキャセイ・クラブはそれをパプアニューギニア政府に託し、セピック地域の復興に充てることを希望したとのことである。

このようにパプアニューギニアとの関係が存在するものの、現在のキャセイ・コミュニティ・アソシエーションは、ニューギニ・チャイニーズだけの組織ではなく、他の華人のスタッフや会員が大きな役割を果たす組織になっている。これは組織運営にも反映されている。現在、キャセイ・コミュニティ・アソシエーションのスタッフは、香港人や広東語を理解できる台湾人や中国人がその大多数を占める。そのためクラブの運営に関わる会議で用いられる言語は英語と広東語であり、標準中国語（普通話）は使用されない。またキャセイ・コミュニティ・アソシエーションが発行するニューズレターやパンフレットは、英語とともに中国語で書かれているが、そこで使用される漢字は香港や台湾で使用される繁体字であり、中華人民共和国で使用される簡体字ではない。キャセイ・コミュニティ・アソシエーションは、簡体字や北京語を使用する中華人民共和国の北京語圏よりも、むしろ香港を中心とする広東語圏とより密接な関係をもっている。

このように、キャセイ・コミュニティ・アソシエーションはパプアニューギニア出身者の親睦組織として出発しながらも、現在ではブリスベンに在住する華人全体を対象とした組織へと発展してきた。いわば、ニューギニ・チャイニーズ中心の活動から、ブリスベン在住華人全体を対象とした活動へと変化してきたのである。オーストラリア社会で生活するニューギニ・チャイニーズにとって、自己のエスニックなコミュニティの内部のみで生活することは不可能である。このような状況のもと、ニューギニ・チャイニーズは自分たちが形成したアソシエーションの成員の範囲を次第に広げてゆき、他のオーストラリア在住華人をも取り込んでいるのである。

4 コミュニティとアソシエーションの相互交渉

オーストラリアに居住するパプアニューギニア華人のアソシエーションの特徴として、以下の二点を挙げることができる。一点目は、中国からパプアニューギニアを経てオーストラリアへという、数世代にわたる連続的な移住と定住の過程が、彼ら彼女らのオーストラリアにおけるアソシエーションを性格づけていることである。二点目は、このようにして形成された彼ら彼女らのアソシエーションは、再移住先の社会状況や生活環境に応じる形で、その成員権や活動内容を変化させていることである。

ニューギニ・チャイニーズが、オーストラリアでいかにして自己のアソシエーションを設立し、あるいはニューギニ・チャイニーズ以外の人びととのアソシエーションに参加するのかという問題には、植民地時代以来のオーストラリアとの関係やパプアニューギニアでの生活経験が大きな役割を果たしている。植民地期に中国からニューギニアへと移住してきた人びとは、オーストラリアによる植民地統治の影響を受けつづけてきた。英語話者やキリスト教徒の増加はその顕著な例である。また一九七〇年代以降のオーストラリアへのニューギニ・チャイニーズの再移住は、中国からニューギニアへという植民地労働力としてのかつての移住とは異なる性格をもっている。すでにオーストラリア国籍を取得し、教育経験や生活経験のあるニューギニ・チャイニーズにとって、オーストラリアは新天地ではなく、伝統的な華人の同郷会館や宗親会が提供するような相互扶助も必要ではなかった。むしろニューギニ・チャイニーズにとっては、パプアニューギニアで生活していた時期に構築した社会関係の維持やメンバー間での情報の共有、親睦

写真 3-4　ブリスベンでニューギニ・チャイニーズが設立した礼拝堂の内部

活動といった活動が、より重要性をもっていた。またキリスト教を信仰するニューギニ・チャイニーズは、仏教や道教を信仰する他地域の華人とは、宗教的な点では接触がない。むしろ同じカトリックを信仰する他地域出身の華人との関係の構築のほうが容易なのである。

また使用言語も、ニューギニ・チャイニーズの各種アソシエーションへの参加や運営に関し無視できない意味をもっている。パプアニューギニアに居住していた時期からすでに英語教育を受け、オーストラリアでの高等教育経験をもつ者が大多数を占めるニューギニ・チャイニーズたちの間では、事実上、英語が第一言語となっている。(17) 他方、英語話者の増加と逆行するように、中国語を理解する人びとは減少の一途をたどっている。ニューギニ・チャイニーズが話す中国語は広東語の四邑方言である。だが四邑方言を話せるのは主に高齢者であり、若年層の間では理解しない者が増加している。また彼ら彼女らはパプアニューギニアでもオーストラリアでも中国語教育を十分受ける機会をもたなかったため、漢字の読み書きができる者は数少なく、標準中国語（普通話）を理解する者もほとんどいない。そのため、ニューギニ・チャイニーズは、オーストラリアにおける中国語を使用する華人のコミュニティとは一線を画している。広東語の四邑方言を話すニューギニ・チャイニーズは、同じく広東語を使用する香港人らとの交流は比較的容易であり、実際にブリスベンのキャセイ・コミュニティ・アソシエーションでは双方の交流が盛んになされている。だがそれ以外の言語、とくに標準中国語を使用する他地域の華人との合同した活動は、必ずしも容易ではないのである。

このように、再移住する前からオーストラリアに慣れ親しみ、英語がお互いの共通語であるニューギニ・チャイニーズにとって、オーストラリアでの生活にはさほどの困難はなく、同郷会館や宗親会のような伝統的な華人のアソシエーションに頼る必要もないのである。このようなニューギニ・チャイニーズにとって、再移住先で必要とされるのは、新移民に必要とされるようなサービスではなく、むしろパプアニューギニア出身者同士の親睦活動やネットワークの維持、宗教活動の場の確保、高齢者への対応といった活動である。PNGCCAAやキャセイ・コミュニティ・アソシエーションによるミサや祈禱会、パーティやスポーツ大会などの定期的な開催は、上述したオーストラリアの都市に再移住したニューギニ・チャイニーズの生活上の要求に応じたものである。いわば、パプアニューギニアでの生活経験やそこで獲得した文化的特徴は、オーストラリアにおける彼ら彼女らのアソシエーションへの関わり方や求める活動を規定しているのである。

これとは別に、ニューギニ・チャイニーズのアソシエーションは、現在の居住地であるオーストラリア社会からも別の影響を受け、その活動や組織原理を変化させている。それが近年のオーストラリアで増加する華人系住民との関係である。近年のオーストラリアにおける華人ニューカマーは、「華人（あるいはチャイニーズ）」というエスニックな属性は共通しているものの、出身地や文化的特徴、使用言語等でさまざまに異なる背景をもつ人びとから構成されている。これらニューカマーたちの中でも、ニューギニ・チャイニーズのアソシエーションと関係をもつことができるのが、広東語や英語話者、およびカトリックを信仰する華人である。とくにキャセイ・コミュニティ・アソシエーションは、もともとブリスベン在住のニューギニ・チャイニーズ内部で始まった親睦組織であったが、次第に現在のオーストラリアで人口を増やしている華人ニューカマーたちが参加することにより、現在ではむしろ非ニューギニ・チャイニーズのスタッフのほうが多くなり、それにしたがい、高齢者を対象としたケア・サービスや、法的手続きの代行や英語教室の開講など、新移民を対象とした活動が中心的になっていった。

オーストラリアにおける新移民という立場にはなく、新移民を対象とするようなサービスは基本的に必要ないニューギニ・チャイニーズが設立したアソシエーションであることを考慮すると、キャセイ・コミュニティ・アソシエーションの現在の活動は、華人のアソシエーションが居住地の社会的状況に応じて変化し、そしてそれに関わる華人コミュニティの性格や成員も変容するという現象を、如実に示しているといえるだろう。

このようなオーストラリア都市部におけるニューギニ・チャイニーズが置かれた状況からは、華人のアソシエーションとは出身地の地縁や血縁といった属性のみでメンバーを規定し、華人コミュニティの中で中心的な役割を果たす、という従来の華人研究でみられた枠組みではニューギニ・チャイニーズのアソシエーションを十分に理解できないことは明らかである。ニューギニ・チャイニーズのアソシエーションは、同郷会館や宗親会のように中国に起源をもつ地縁や血縁に基づく属性が一義的な組織原理をもつ結社ではなく、むしろパプアニューギニアでの生活経験やカトリックの信仰、英語教育等で共通する背景をもった人びとを成員とする団体なのだといえよう。

現在のキャセイ・コミュニティ・アソシエーションに見られる非ニューギニ・チャイニーズのスタッフや会員の増加、華人ニューカマーを対象とした活動は、華人のアソシエーションが特定の属性によってのみ成員の範囲や活動内容を決定するとは限らず、移住先における華人コミュニティの変化が、アソシエーションそのものの組織原理を変化させるということをよく表している。

もちろん任意加入の団体とはいえ、ニューギニ・チャイニーズのアソシエーションが非ニューギニ・チャイニーズを無制限に参加させているわけではない。非ニューギニ・チャイニーズの会員がまだ数少なく、会員の大多数がニューギニ・チャイニーズであるPNBCCAAは、オーストラリアにおけるパプアニューギニア出身華人の宗教活動を主目的とした同郷団体とでもいうべき性格をもっている。だがこの場合でも、アソシエーションの成員権や活動内容が、成員の属性によって一義的に決定されるわけでもなく、アソシエーションが華人コミュニティの性格を規定するわけでもないことは明らかである。また中国における出身地を同じくする四邑同郷会にほとんど参加せず、自分たち独自のアソシエーションを設立しコミュニティ活動をとり行う部分からは、華人のアソシエーションは、中国における地縁や血縁だけではなく、移住先での生活経験や現地化に依拠して成り立ちうることが明らかである。

本章で検討してきたニューギニ・チャイニーズの事例からは、かつての移住先（パプアニューギニア）や再移住先

（オーストラリア）における生活経験や社会状況が、アソシエーションの性格を形づくり、同時にそのようにして形成されたアソシエーションが成員権の基準や活動内容を変化させることで、各種の活動をとり行うという現象を如実に表している。オーストラリアにおけるニューギニ・チャイニーズのコミュニティは、もちろんこれらのアソシエーションに依拠している部分もあるが、同時に、移住によってその性格を変化させたコミュニティが、これらのアソシエーションの活動内容や組織原理を変化させ、新たな居住地における状況に適応した存在へと変えてゆく部分も存在する。

このような状況からは、特定の組織原理に従って形成されるアソシエーションが、華人コミュニティに対し一義的な影響を与え、特定の制度や規則を維持しつづけるのではないことが明らかになる。彼ら彼女らは、特定の目的をもって組織される制度的なアソシエーションやそれに依拠したコミュニティを維持しているわけではない。むしろ新たな移住先での日常的な実践のなかで、新たなコミュニティを生み出しているのである。そのようにして生み出された彼ら彼女らのコミュニティは、各種のアソシエーションに規定されているというよりも、アソシエーションを利用し依拠しながらも、新たな生活状況の中で絶えず相互に影響を及ぼしつづけているのである。華人のコミュニティとアソシエーションとの関係とは、従来の華人研究がある種暗黙の前提としていた、特定の属性に基づくアソシエーションが華人コミュニティの基盤となるという枠組みではなく、移住先での日常的な実践によって形成されるコミュニティがアソシエーションと相互交渉的に影響を及ぼし合い、それぞれの活動内容や組織形態、成員権をいかにして変容させているのかという観点から理解するべきであるといえよう。

注

（1）中国では宋代には商工業の発展とともに、各地の都市で同業者集団が「会館」を形成するようになった。これらの会館は特定の地域出身の商工業者によって設立されることが多く、中国各地の諸都市で、同郷子弟の宿泊施設や、同郷商人の商業施設として使用された（仁井田 一九五一）。この会館は中国人の海外への移住にともない、世界各地の華人社会にもたらされた。同郷会館や宗親会等の華人の結社は、中国語では「社団」と呼ばれることが多い。何炳棣は同郷会館を「狭義には同郷者が建設する建築物を指し、広義には同郷組織そのものを指す」と定義する（何 一九六六）。また吉原和男は、華人のアソシエーションを血縁に基づく宗親団体と地縁に基づく同郷団体に区別する。そして、宗親団体を「父系出自原理に基づく伝統的な親族組織としての宗族（リニージ）を擬制した組織」として定義し、同郷団体を「同一地域に出身地あるいは籍貫（父祖の地）を持つ人びとによって構成される団体」と定義している（吉原 一九八八）。

（2）たとえば本書第二章で木村が指摘するように、移動する人びとのトランスナショナル・コミュニティを重視する研究も、従来型のコミュニティ理論の限界を必ずしも乗り越えているわけではなく、ディアスポラ（Diaspora）やトランスマイグラント（transmigrant）に注目するだけでは、結局は国境を越えた共同性に依拠しているだけであり、閉鎖的なコミュニティの枠組みを出ることができないおそれがあることに留意する必要がある。たとえ華人のアソシエーションのトランスナショナルな活動やネットワークを強調するとしても、それが地縁や血縁といった特定の属性によって成員権や活動内容を規定された存在だとする観点をとる以上は、結局は閉じた共同体のイメージから一歩も出ることができないのである。

（3）現在のパプアニューギニアに居住する華人の正確な数は不明であるが、およそ一～二万人存在すると推測されている（Chin 2008）。この中にはパプアニューギニア独立後に中華人民共和国やマレーシア、インドネシア、シンガポールなどの国々から流入してきた、いわゆる華人ニューカマーも含まれる。これに対し本章が取り上げる植民地期から居住してきた、いわゆる華人オールドカマーは、パプアニューギニア独立直前の段階で約三〇〇〇人存在していたとのことである（Wu 1982）。

（4）「ニューギニ」（*Niugini*）とはパプアニューギニアの共通語の一つであるトク・ピシン（Tok Pisin）でニューギニアを意味する。現在のパプアニューギニアには、植民地期から居住してきた華人以外にも、独立以降、流入して来た華人がおり、また前述のように、現在ではパプアニューギニア生まれの華人はオーストラリアにも居住している。そのため本章では、用語の混乱や煩雑さを避けるため、「パプアニューギニア華人」や「パプアニューギニアの華人オールドカマー」といった表現ではなく、「ニューギニ・チャイニーズ」という当事者たちによる自称を用いることとする。

（5）パプアニューギニアにおける華人コミュニティの形成およびオーストラリアへの再移住については、別稿で詳述した（市川 二〇〇三、二〇〇九）。

（6）雪梨とはシドニーの意味である。

（7）これらのニューカマーの参加者を含め、四邑同郷会のメンバーには高齢者が目立つ。これは後述するように、近年のオーストラリアでは、先に移住した人びとが出身地の両親などの家族を呼び寄せることにより、英語を習得していない高齢者も到来するようになったことと関係している。現在のオーストラリアでは、四邑同郷会をはじめとした華人の同郷会館や宗親会は、このような華人の高齢者が集まる場となることが多い。

（8）たとえばニューギニ・チャイニーズの陳秉達《ちんへいたつ》（Bernard Chan）は四邑同郷会へ不動産を寄付したことにより、四邑同郷会の「永遠名誉会長」に任命された（余 一九九八）。

（9）シドニーには市内の華人全体を対象とした澳華公会《おうかこうかい》があり、華人の文化活動や高齢者のケア・サービスなどを行っている。だがこうした団体は、華人ニューカマーが移民先であるオーストラリアで生活するための便宜を図るという性格が強い。そのため、すでにシドニーでの生活を確立しているニューギニ・チャイニーズがこのような華人団体に参加する必要性はなく、実際に参加することはまれである。

（10）これは僑青社に参加する人びとの中に、中国生まれの者のみならず、オーストラリア生まれの華人や、他のオーストラリア人が数多く存在するためであると思われる。実際に春節の時期にシドニーのチャイナタウンで行われる獅子舞や竜舞は、華人のみならずオーストラリア人によっても演じられている。

（11）PNGCCAAについては、別稿で、他のキリスト教団体と比較することにより詳述したことがある（市川 二〇〇五）。

（12）かつてラバウルに居住していたニューギニ・チャイニーズには、カトリックの信者とメソジストの信者の二つが存在したが、PNGCCAAはその中でもオーストラリアに移住したカトリック信者が中心的なメンバーとなっている。かつてラバウルに居住していた時期には、カトリック信者とメソジスト信者はお互いに対立することが多かった（Wu 1982: 117）。だが現在では、オーストラリア在住・パプアニューギニア在住を問わず、PNGCCAAのメンバーとなるメソジスト信者も存在する。

（13）PNGCCAAのような組織以外にも、シドニーに在住するニューギニ・チャイニーズが主要なメンバーとなる活動も存在する。しばしば行われるのがスポーツ大会である。とくにゴルフは盛んに行われており、ゴルフ大会は、シドニー郊外に散住するニューギニ・チャイニーズたちが定期的に集まる機会となっている。

(14) キャセイ・コミュニティ・アソシエーションの事務所では二人の常勤スタッフと六人のパートタイムのスタッフが働いており、このほかにも、事務所で働くわけではないがケア・サービスなどを行うスタッフが約三〇人所属している。
(15) 現在のオーストラリアには高学歴で専門的な知識や技術をもつ中国系移民が増加しているが、そうした人びとの両親をはじめとする高齢者も、家族の再統合の一環としてオーストラリアでの生活が認められている。これらの高齢者は必ずしも英語能力が高くはないため、オーストラリア人によってなされる高齢者のための福祉サービスを受けることができない。そのため中国系高齢者を対象とした福祉サービスは、ニューギニ・チャイニーズに限らず現在のオーストラリアに居住する華人系住民にとって共通する問題となっている。キャセイ・コミュニティ・アソシエーションの活動の一つが、こうした家族の再統合によりオーストラリアに移住した人びとが、新たな居住地で生活するための援助である。
(16) このような文化活動のいくつかは、ブリスベン市民全体を対象とした活動として、クイーンズランド州政府からの資金援助を受けてなされている。
(17) これとは別に、パプアニューギニアで生活していた時代には、ニューギニ・チャイニーズたちはトク・ピシンを使用してパプアニューギニア人と会話していた。またニューギニ・チャイニーズ同士が英語で会話する際にも、しばしばトク・ピシンの単語や表現を交えることがある。だがパプアニューギニア居住者にせよオーストラリア居住者にせよ、ニューギニ・チャイニーズ同士が一般の会話でトク・ピシンのみを用いて会話することは、基本的にない。

参照文献

〈和文〉

合田美穂（二〇〇〇）「シンガポール華人青少年に対する民族アイデンティティの涵養について――宗郷会館青年団のあり方からその方向性を探る」『甲南女子大学人間科学年報』二五、九三―一〇三頁。

市川　哲（二〇〇三）「パプアニューギニアにおける華人の移動とコミュニティの変遷過程」『アジア・アフリカ言語文化研究』六五、一八一―二〇六頁。

――――（二〇〇五）「華人のエスニシティと宗教――オーストラリアにおけるパプアニューギニア出身華人のキリスト教団体」『宗教と社会』一一、三―二四頁。

――――（二〇〇九）「新たな移民母村の誕生――パプアニューギニア華人のトランスナショナルな社会空間」『国立民族学博物館研究報

告』三三―四、五五一―五九八頁。

上水流久彦（二〇〇五）『台湾漢族のネットワーク構築の原理 ―― 台湾の都市人類学的研究』溪水社。

仁井田陞（一九五一〈一九九五〉）『中国の社会とギルド』岩波書店。

野澤知弘（二〇〇五）「カンボジアの華人社会 ―― 潮州会館と陳氏宗親総会に見る華人社団のグローバリゼーション」『華僑華人研究』二、九三―一〇七頁。

吉原和男（一九八八）「移民都市のボランタリー・アソシエーション ―― 香港の宗親団体と同郷団体」末成道男責任編集『文化人類学5』アカデミア出版、一五一―一六三頁。

――――（二〇〇〇）「『血縁』の再構築 ―― 同姓団体の生成とその社会的機能」吉原和男・鈴木正崇・末成道男編『〈血縁〉の再構築 ―― 東アジアにおける父系出自と同姓結合』風響社、一五―四三頁。


〈欧文〉

Cheng, Lim Keak (1995) Chinese Clan Associations in Singapore: Social Change and Continuity, in Leo Suryadinata (ed.), *Southeast Asian Chinese: The Socio-Cultural Dimension,* Singapore, Times Academic Press, pp. 67–77.

Chin, James (2008) Contemporary Chinese Community in Papua-New Guinea: Old Money versus New Migrants, *Chinese Southern Diaspora Studies* 2: 117–126.

Freedman, M. (1979) Immigrants and Associations: Chinese in Nineteenth-Century Singapore, in *The Study of Chinese Society: Essays by Maurice Freedman,* (Selected and Introduced by G. William Skinner), Stanford, Stanford University Press, pp. 61–83.

Kuah Kung Eng (2000) *Rebuilding the Ancestral Village: Singaporeans in China*, Aldershot, Ashgate.

Kuah-Pearce, Khun Eng and Evelyn Hu-Dehart (eds) (2006) *Voluntary Organizations in the Chinese Diaspora*, Hong Kong, Hong Kong University Press.

Li Minghuan (1999) *'We Need Two Worlds': Chinese Immigrant Associations in a Western Society*, Amsterdam, Amsterdam University Press.

Liu Hong (1998) Old Linkages, New Networks: The Globalization of Overseas Chinese Voluntary Associations and its Implications, *The China Quarterly* 155: 588–609.

Mak Lau Fong (1995) *The Dynamics of Chinese Dialect Groups in Early Malaya*, Singapore, Singapore Society of Asian Studies.

Sinn, Elizabeth (1998) A Study of Regional Associations as a Bonding Mechanism in the Chinese Diaspora: The Hong Kong Experience, in Wang Ling-chi and Wang Gungwu (eds), *The Chinese Diaspora: Selected Essays,* vol. 1, Singapore, Times Academic Press, pp. 268–85.

Tan Chee-Beng (2007) The Shishan Ye People in Malaysia and the Ancestral Homeland in China, in Tan Chee-Beng (ed.), *Chinese Transnational Networks*, London, Routledge, pp. 73–91.

Wu, David Y.H. (1977) Ethnicity and Adaptation: Overseas Chinese Entrepreneurship in Papua New Guinea, *Southeast Asian Journal of Social Science* 5(1/2): 85–95.

——— (1982) *The Chinese in Papua New Guinea: 1880–1980*, Hong Kong, Hong Kong University Press.

〈中文〉

何炳棣（一九六六）『中国会館史論』台北学生書店。

施振民（一九七七）「菲律賓華人文化的持続：宗親與同郷組織在海外的演変」『民族学研究所集刊』四二、一一九―二〇六頁。

余宣滄ほか編（一九九八）『澳洲雪梨四邑同郷会関聖帝廟百周年紀念』雪梨同郷会。

第4章

移住者の〈私たち〉の作り方

――在日ペルー人が行うカトリック守護聖人の祝祭をめぐって

古屋　哲

1　移住者は聖画に祈り、祝う

次頁の写真（4-1）は、おそらく一九九三年十月に滋賀県のカトリック草津教会で撮影された。男たちが担いでいるのは応接セットのテーブルで、上に聖画の複製ポスターが載せてある。横に立っているのは当時の教区司祭のネリグ神父で、ミサが終わり、これから〝御輿〟を押し立てて教会敷地内を一周する聖行列に出発するところである。ペルー人たちが行う聖人信仰[1]の祝祭「セニョール・デ・ロス・ミラグロス（奇跡の主）」の、最初期のひとこま。写真には写っていないが、祝祭には一〇〇人を大きく超える人びとが集まった。あのとき私が誰と話していたのか、二〇年近く前の記憶ははっきりしないが、「これが私たちの習慣だ」と言った彼の言葉は覚えている。そこには、彼らの間では説明の要らない、できないものを、居合わせた他者たる私に説明するぎこちなさがあったようにも思えるし、また

写真 4–1　滋賀県カトリック草津教会にて

おそらく 1993 年 10 月撮影。モンタニョ夫妻提供

他者たる私に向けてみずからの文化的存在を主張する誇らしげな態度があったようにも思う。

十月になると、日本各地でペルー人たちがセニョール・デ・ロス・ミラグロスを祝う。多数のペルー人が出稼ぎ労働者として来日するようになったのは一九九〇年代初頭だが、その早い時点から彼らはこの祝祭を始め、今日まで続けている。中心となる聖画は磔刑のキリスト像であり、リマのラス・ナサレナス教会の壁画の模写とされていて、ペルーから取り寄せられる[2]。

日本で行われている祝祭を模式的に描けば、次のようになるだろう。

初めにミサが行われる。式次第の骨格は通例の日曜ミサと同じであり、教皇庁が世界中の教会に指示した聖書の一節が読み上げられる。ミサは祝祭全体の開始を告げ、参列者はみずからが良きカトリック信者であることを確認する。神父が説教の中でセニョール・デ・ロス・ミラグロスに言及し、その聖画を祝福して、この日の祝祭の特別な意味が明示される。

祝祭のハイライトは、これに続く聖行列である。最初に御輿が担ぎ上げられると観衆から拍手が起こるが、これには一年の区切りを祝する意味があると教えられた。聖画を戴いた御輿はゆっくりと左右に揺れながら進み、列をなした人びとが付き従う。それは明らかに苦行を表している。[3] 流され続ける頌歌は沈痛さをたたえており、祝祭を象徴する紫の色はカトリックの一般的な意味体系では贖罪を表す。人びとの足取りは遅く、重々しい。担ぎ手たちは肩の荷に嘆声をもらしたりはしないが、問われればリマの御輿がとても重いことを強調するだろう。担ぎ手には誰もがなれる。途中、何度か担ぎ手が交替する際にはその場で希望者が募られるからだ。ただし、最初と最後は「主だった人びと」が担うこともある。交替した担ぎ手は、御輿を離れる際に聖画に軽く触れて、その指で十字を切る。終着点ではしばしば御輿を前にしてペルー海岸地方の伝統舞踊〝マリネラ〟が捧げられる。担ぎ手と御輿も音楽に合わせ、一転してワルツのリズムでステップを踏む。聖行列が終わり佇んでいる御輿に、人びとが近づいて聖画に触れ十字を切り、家族で記念写真を撮る。

最後は、喜びを分かち合う祝宴である。牛の心臓の串焼き〝アンティクーチョ〟をはじめペルー料理が用意され、教会が禁じなければビールも販売される。余興の舞踊や歌も演じられる。ペルーの、とくに海岸地方の伝統舞踊が好まれるが、場を楽しませるために提供されるのであれば、他の地方、国、文化の演目も歓迎される。

三つの場面からなる祝祭と、その複合的な象徴体系に一貫性を与えているのは、磔刑のキリスト像への崇拝と敬慕、そして救済の祈願である。祈りに込められたそれぞれの世俗的な願いを最大公約数にまとめれば、個人や家族が「平穏に暮らすこと（vivir en paz：スペイン語）」といった平凡なものになるだろうか。その裏面では、差し迫った不幸が、困難、病気、厄災が意識されている。むろん、現実世界で体験される困難と聖行列で演じられる象徴的な苦行とは区別されなければならないが、両者の関係は重要であり、それがウェーバー（一九七六）、バーガー（一九七九）、そしてギアツ（一九八七）の取り上げた神義論の問題である。民衆の守護聖人信仰の中核に位置する〈信心、誓い、奇跡

〈フェ、プロメサ、ミラグロス〉〉は、人びとの聖像へのひたむきな関わりを支えると同時に、人びとの現実の苦難を受け入れられるものに変え、さらにはそれを生き続ける意志と動機へと、生きるモラル（志気）へと転じる。

この神義論的メカニズムは人びとの人生経験を解釈する宗教―文化的なコンテクストを提供しているわけだが、このメカニズムをなす祝祭や祈りの宗教実践が有意味なものであるためには、その意味を支える社会―文化的なコンテクストが求められる。カトリックの支配的な社会では、その多くの制度が聖人信仰の実践に「もっともらしさ」（バーガー／ルックマン 一九七七：二六〇―二六一；バーガー 一九七九：六七）を与えており、そのためしばしば、信仰実践は無反省に繰り返される自明な習慣とみなされている。

ところが、神義論的メカニズムを起動させ、そのメカニズムに支えられた人びとの平凡な願いとモラル――「（よりよい暮らしを求めて）前に踏み出す（salir adelante）」――が、人びとを出身地世界の境界を越える旅に向かわせたのだった。そして移住先で予想外の、あるいは予想以上の困難に遭遇し、しかもそこには出身地の社会―文化的コンテクストが存在しないとすれば、神義論的メカニズムはそのままでは作動しない。機能不全を起こして、改宗に至る人びとも現れる。それでも移住先で守護聖人の祝祭を行う人びとは、このメカニズムを現出させるだけでなく、その場違いな象徴体系に意味を与えるコンテクストも築かなければならない。それは、祝祭だけでなく他の多くの集合的実践をも意味づける包括的な一束の社会―文化的コンテクストであり、「我々の世界」である。

さて、こうしたコンテクストないし世界の構築という過程を、社会的、分析的に考える補助として、アパデュライ（二〇〇四）にならってローカリティとネイバフッドという用語を導入しよう。ローカリティは文化をめぐる概念であり、示差的な特徴を帯びた実践の傾向・姿勢・価値である（「社会生活の現象学的属性」「感情の構造」）が、それはある種の親密感や相互主観性、他との相対性といった性質を帯びている。ネイバフッドはコミュニティをめぐる（実体ではなく）関係論的な概念であり、ローカリティがそこで発現するような「実在し、再生産される社会的諸関係」であ

写真 4-2　セニョール・デ・ロス・ミラグロス（奇跡の主）の聖行列

悲愴な頌歌の流れるなか，御輿が重々しい歩みを進める。先頭を担ぐ男性はボリビア人である。
2003 年 10 月，滋賀県甲賀郡甲西町（現湖南市）「にごり池自然公園」にて

る。ローカリティやネイバフッドはコンテクストの中でしか語りえず、またそれ自体がコンテクストをなすものであるから、「我々の世界」（となるコンテクスト）の構築とはローカリティ／ネイバフッドの生産にほかならない。さらに言い添えれば、それは関係論的な集合的主体の形成にほかならない。こうした構築・生産・形成の過程が移住者によってなされるときに現れる、特徴的な二つの側面を指摘しておきたい。

一つには、移住者が移住プロセスを通じて多かれ少なかれ個人化されるのであるから、移住先社会（ホスト社会）におけるローカリティの生産や集合的主体の形成は、文化や慣習の自明な繰り返しではまったくなく、それは、ハビトゥスのような無意識的なものも独特な形で関与する、意識的、再帰的、異種混淆的な生産の過程にならざるをえない。この過程の重要性を指摘したのは、「アフリカン＝アメリカン文化」の研究指針を提示した四〇年前のミンツとプライスの論考（Mintz and Price 1992〈1976〉）であるが、彼らの提案がその後の移民研究に十分に活かされているとは思えない。(4)

もう一つには、ネイバフッドの生産は自己完結的ではなく、外部の環境、とくに他者の諸ネイバフッドが意識され、それらとの相互作用をともなうプロセスである。その時ネイバフッドの生産は、自己と他者を共に意味づけられるような、したがって自己の境界線を越えるようなコンテクストを生み出し（アパデュライ 二〇〇四：三二八―三三〇；Appadurai 1996: 184–185）、それと同時に間コンテクスト関係の問題を浮き彫りにする。これについてはやや長めの説明を加えておきたい。

守護聖人信仰が支配的な彼らの出身地に立ち戻ってみよう。そこでは聖像を御輿に載せた聖行列は、群衆に囲まれ、群衆を従えながら街路を巡行する。聖なるものが俗なる日常生活の空間を訪れ、巡り、ひとときこれを聖なる秩序に満ちた空間に転じていくのである。ところが、聖なるものを人びとが携行し、移住先の地で祝福する場合――一六世紀のスペイン・ポルトガル人征服者たちが新大陸に十字架を打ち立てて王権と教権の到達を宣言したとき、あるいは二〇世紀にペルーの農村から人びとが大都市リマに集団で移住して空閑地を占拠し、十字架を祝って荒ぶる悪霊の地を「住める土地」にしたとき（Marzal 1989: 106–107）——、それはその土地の無秩序あるいは抵抗的とみなされた環境を制圧するために必要な力を確認し、主張する入植の儀礼となる（アパデュライ 二〇〇四：三二六—三二七；Appadurai 1996: 183–184）。移住者が行う守護聖人祭にも、移住先のカオスに対してコスモスを打ち立てる創設的で象徴的な暴力という意味（エリアーデ 一九六九）が必然的にともなうのである。

移住先で行う儀礼がホスト社会の住民に及ぼす力には、ペルー人たちも自覚的である。草津教会の最初の祝祭を経験した男性は、その自覚が「おそれ」となって現れたことを回顧している。「聖行列をしようというフリオ（当時のペルー人たちのリーダー、後述）の提案を聞いて、みんな尻込みしてしまった。日本では見られないことを白昼堂々とやってのけようというのだから」。それでも聖行列は、日常世界の中に圧倒的な姿で登場し、これを聖別しなければならない。草津では、一九九六年に教会の敷地を出て狭い道路を五〇メートルほど進み、引き返した。この時、一、二台の車が進入をあきらめて折り返し、もう一台の車が徐行しながら通り過ぎていった。数日後に神父が警察署に呼び出され、近所から苦情があったと伝えられて、この小さな冒険は終わった。聖行列は、翌年は近隣の修道院の中庭を、その後は今日まで教会から離れた公園の敷地内を一周している。同様の出来事は、各地であったと思われる。神奈川県大和教会や神戸市住吉教会では一九九〇年代は警察の許可を取って聖行列は公道へと歩みを進めていたが、現在は他都市の教会と同じく教会敷地内や公園内で行われている。

これらのエピソードは、間コンテクスト関係の緊張した局面を表している。警察の登場は、そこに権力関係が潜在していることを示唆している。また、この種の対立的な出来事は、象徴的文化的な価値をめぐる関係として解釈することができる。象徴を押し立てて価値と意味に満たされた世界を現出させようとしている移住者からは、象徴がそれにふさわしい扱いを受けていないという失意と不満の言葉を聞くこともある。[5] それに対してホスト社会の側からは、むしろ機能的技術的な言葉――道路上の円滑な交通や住宅地での騒音の防止など――によって苦情が呈されることが多いとしても、そこに「他者に撹乱されてはならない私たちの秩序」という、多少なりとも象徴的文化的価値を帯びた観念を見て取らないわけにはいかないだろう。(6)さらにこうした対立的な関係を両方の当事者がナショナルな言葉によって表現することがあり、したがって、これが「ナショナルなものの衝突」の徴候と読み取られてもおかしくはない。

人類学は、コミュニティやエスニック集団が一つのまとまりとして自己を形成し維持するプロセスにおいて、自他を差異化し、境界線を構築し維持する象徴的な作業に注目してきた（バルト 一九九六; Barth 1969; コーエン 二〇〇五）。それはこうした対立的な間コンテクスト関係の形成プロセスの一部でありうる。だが、自己を文化的象徴的に確立する作業が必然的に他者との対立へと至るわけではない。本章で検討したいのは、対立とは異なる関係性である。そしてそのような関係性を可能にする要因を、移住者のローカリティ生産とコミュニティ形成のプロセスに探りたいのである。

2　草津教会の祝祭とコミュニティ

――（1）自然発生的な「寄り集まり」

二〇世紀前半まで移民受入国だったペルーは二〇世紀後半に送出国に転じ、とくに一九八〇年代後半から九〇年代前半にかけての時期には、経済危機、失業、社会不安の深刻化に押し出されるようにして労働目的の出国がブームに

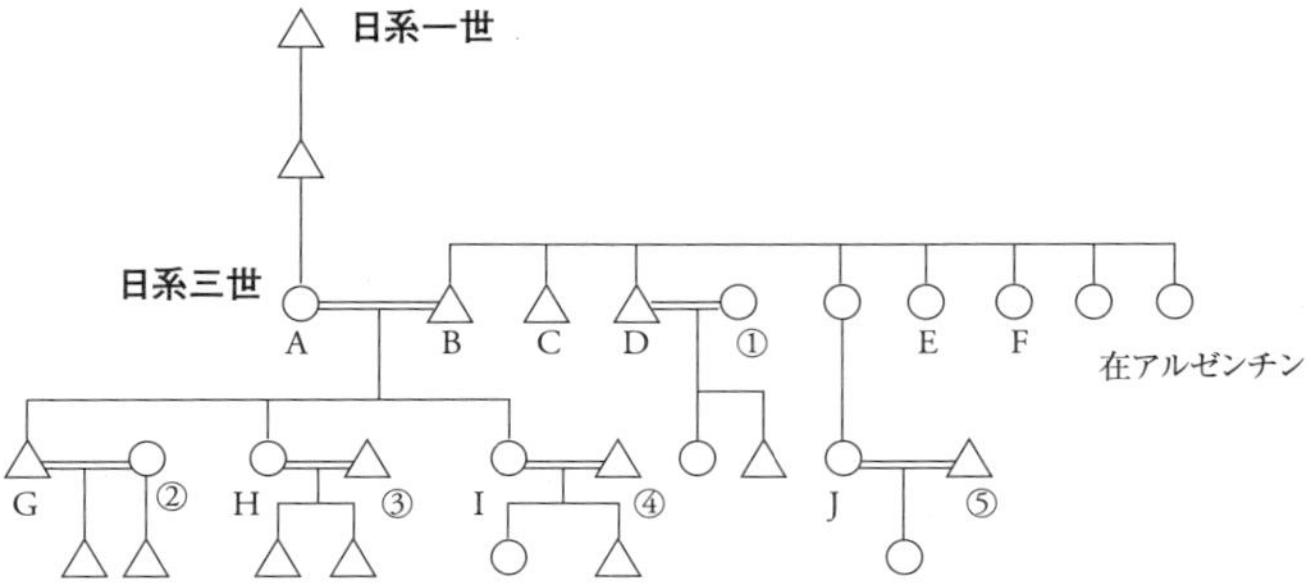

図 4–1　日本におけるペルー人たちの家族関係の形成と拡大

1990 年代初めに来日した日系三世の女性 A とその夫 B を中心にみると，移住第一世代では，非日系人である B がその兄弟（C–F）を呼び寄せている（日系人女性 A には兄弟がない）。来日した B の兄弟は，ペルーで日系人（1）と結婚して来日した 1 人（D）を除いて，非正規滞在の後に帰国した。
十代で来日した移住二世（AB 夫婦の 3 人の子ども〈G–I：日系四世〉と B の姪〈J〉）は，それぞれ日本で知り合った日系人（2–5：それぞれ別家族）と結婚しており，家族間の関係を新たに作りだしている。B の姪（J）の配偶者（5）はブラジル人で，非正規滞在だった彼女は，この結婚を通じて在留資格を得た。
※ 2011 年 2 月時点のデータで作成，一部のデータはのちに追加。

なった。移住先もそれまでの最大受入国の米国に加え、スペイン、イタリア、日本、さらに隣国のアルゼンチンやチリへと拡大した（Paerregaad 2008: 44-47）。

日本への南米人移住者は、一九九〇年の改正入管法施行の前後から急増し、九四年までの五年間のペルー人新規入国者は七万六〇〇〇人を数えた。いわゆる「日系人受入れ政策」の結果であるが、これを移住労働力導入政策としてみれば、戦後ヨーロッパの計画的政策と比べてはるかに「自由放任」的だった。その渡航と労働・生活の管理と規制は、第一義的には本国と日本の小規模資本による、にわか仕立ての労働者派遣業者や個人の「口入れ屋」に委ねられていたのである（Del Castillo 1999）。

つまりペルー人の出国と来日を動機づけ、条件づけていた出身社会の状況と、日本での渡航・労働管理メカニズムは、どちらも彼らの主体的、計画的な行動を許さないようなものであった。そのため彼らの渡航、労働、生活には、言語など移住者の一般的な諸問題に加えて、いっそうの混乱と困難がもたらされたのである。この点について詳しく述べる余裕はないが、「詐欺的な渡航斡旋、偽名使用など不正規な渡航」「不当な搾取、恣意的な労働者管理、ひんぱんな解雇と転職」「衣食住から病気への対処まで社会生活全般における困難」と列挙しておけば十分だろう。こうした状況の中で、二、三年の出稼ぎで貯蓄をつくるという当初の目的はしばしば挫折し、むしろ、危機のペルーを脱出した彼らは日本で別のサバイバル状況に陥ったのである。さらに、日本国政府のペルー人に対する入国管理は早くも一九九二年には制限に転じ、渡航規制と入管法違反者の摘発・追放を強めたが、これもまた彼らの混乱と困難を深める要因となった。

こうした困難な状況の中で、彼らはどのようにして自分たちの社会関係を作りあげていっただろうか。まずは家族・親族関係があった。「日系人受入れ政策」の性質上、入国管理の法と実務では夫婦と子供から成る家族の形成と一定範囲の親族の呼び寄せが認められていた。さらに実際の呼び寄せは制度の想定を超える範囲と手段に及び、日本でも新たな結婚や出産によって家族が形成されたため、厳しい制限の下であったが、親族関係は拡大していった（図4-1）。

だがそれ以外の関係は、白紙に近い状態から作りださなければならなかった。現代の国際労働力移動は、基本的には、出身社会から個人を抽出して工業的生産過程に再配置するプロセスであり、人びとに脱—社会構造と規律化の強力な作用を及ぼす。来日したペルー人たちも、移住過程でバラバラに分子化した個人が移住先で見知らぬ者同士として遭遇する経験があり、そこから彼らの関係を発達させていったのである。そうした移住者同士の遭遇はリマの空港や旅客機内で始まったが、その主要な場面は、もちろん工場労働の間隙に生じる余暇の時間と場所——工場内での休憩時間から、就業外の時間や休日、そして失業中の日々まで——だった。長時間続く高強度の工場労働から解放されたつかの間の休息は、経済学でいう労働力再生産のスペースだっただけでなく、移住者たちが独自の文化・社会的、象徴的な世界を作り上げる創造性をはらんだ時間と空間でもあった。

ホスト社会の慣習的な文化パターンは、「よそ者」である移住者にとっては「探求すべき疑問領域」「乗り越えがたい問題状況」であり（シュッツ 一九八〇：五三）、移住者は日常生活の一つひとつの出来事に緊張をもって対処することを強いられる。これに対して余暇の自然発生的な「寄り集まり」は、自明性に裏づけられた「自分たちの空間」である。一九九〇年から九二年まで日本で就労したペルーの作家アウグスト・ヒガは、群馬県の工場の休憩時間の様子を次のように記している。

［工場敷地内の］食堂に通じる階段のあたりにこざっぱりとした中庭があり、私たち外人部隊のメンバーは昼食後に集まって、壁際に据えられたベンチに腰をかけ日光を浴びながら、売店で買ったアイスやジュースを口にしていた。おしゃべりで、騒々しく賑やかで、遠慮気兼ねなく高笑いを放ち、「マードレ（間投詞。原意は「母親」）」を口にしながら議論し、私たちはまるでリマの街角にいるようだった。日本人工員たちは昼日中に起きたこの奇妙で理解できない言語の大騒ぎに驚いた様子で、彼らも小さなグループをなすか、そうでなければ工場の中に休憩に戻っていった。（Higa 1994: 27）

こうした「寄り集まり」は、工場の外にも、駅前の広場やスーパーマーケットの前、アパートの一室などいたるところに生じていた。それは、共通の話題、スペイン語とその地域的社会的スタイル、そして身体技法を通じてお互いを確認し合う自己充足的なコミュニケーションの空間である。感覚に訴える料理や音楽、香水も、場の演出に多用される。だがそれは既知の親族や友人との関係とは異なり、何らかの「共通のもの」を探し出し確認する、社交性を通じて作り出される関係である。場を支配する自明性は、意識的に演出された自明性であり、居合わせた人びとの間主観性とその時々の実践に応じて、象徴体系が選択され用いられる。たとえば、より多くの人びとを引きつけたいレストランや食材店では、既存の表象資源からより広い対象をもつ国旗が選ばれる（Linger 2001）。しかしそれはナショナリズムの表出というよりは、移住者たちの日常生活からポスト・コロニアルな国際関係までの種々の条件のもとでなされる、ナショナルな表象の流用である。店の壁を国旗とともに飾る観光ポスターは、もとは外国人観光客向けに作成されたものである。

また、ヒガが描き出したひとときの「自分たちの空間」は、「彼ら日本人」の視線にさらされている。ペルー人たちの隣には、少し離れてポルトガル語で談笑するブラジル人の一回り大きな一群があり、互いを意識し合い、時に言葉を交わしている。移住者の「寄り集まり」は、自然発生的であっても単に即自的な単位ではありえず、現実のあるいは内面化された他者の視線によって枠づけられている。だがその一方で、ブラジル人の一群に紛れ込んでいるペルー人があり、その逆もある。休日のペルー人たちのアパートに上がり込んでくる日本人や在日コリアンの男や女もいる。そんな文化的他者の混入が目に止まる。そうした「寄り集まり」が編み上げられて、彼らのネイバフッドが出現する。

なかでもカトリック教会は特別な場であった。出身地では教会から足が遠のいていたペルー人たちも、移住先の困難な時期には各地のカトリック教会に集まった。スペイン語を解し移住者の状況に同情的な欧米や中南米出身の神父、あるいは理解ある日本人信徒がいたいくつかの教会は、ペルー人の溜まり場となった。関西では、滋賀県草津教会、奈良県西大和カトリックセンター、同大和八木教会、大阪大司教区大聖堂(大阪市)、神戸市住吉教会、同鷹取教会などがそうだった。そこに行けば、宗教的な救済と社交ばかりでなく、お互いの情報交換や日本人の支援を通じて仕事の口や日常生活の問題の解決策が、時には宿泊と食事までが得られたのである。(7)

セニョール・デ・ロス・ミラグロスの祝祭は、そうしたネイバフッドの中から生まれたプロジェクトの一つである。現在それは、茨城県筑波教会、栃木県小山教会、神奈川県大和教会、静岡県掛川教会、同浜松教会、愛知県緑が丘教会、沖縄県普天間教会など全国一〇カ所以上で行われている。(8) これからしばらく、滋賀県草津カトリック教会のケースをみていきたい。

(2) 草津カトリック教会のペルー人共同体

守護聖人の祝祭の実施過程には、三つの時間が重なっている。まず暦の上では、祝祭は年中行事として一年の区切りをつけ、参集する人びとの間で時の経過が確認されるとともに、出身地との同時性が保証される。次に一回ごとの準備と実施のプロセスでは、日本では資金調達も含めると五カ月ほどの時間がかけられている。三つ目には、聖画と御輿の物質的成長と祝祭を担う集団の社会的生命の時間がある。ペルーから取り寄せられた複製印刷から始められ、資金が集まればキャンバスの油彩画に替えられる。のちには、これに貴金属や宝石が飾り付けられるかもしれない。聖画の成長に合わせて、御輿やその装飾と備品も充実していく。聖画を常時展示できる礼拝堂もほしいが、日本では難しい。こうした物質的な過程と並行して、祝祭を担う集団そのものの変遷がある。

まず、この三番目の過程を、草津教会の集団について簡単に整理してみよう。滋賀県湖南地域には、一九八〇年代の末から南米人労働者の姿が見られた。彼ら、とくにペルー人たちは草津教会に参集するようになり、教区司祭と日本人信徒会など教会側も、スペイン語のミサを行うだけでなく、仕事や居所の確保など移住者の生活上の問題解決への取り組みに着手した。この地域は南米人労働者が集中する東海・中京工業地帯と名神高速道路・国道一号線によって連なり、その周縁に位置している。ここには渡航後に当初のもくろみが適わずこの地に〝流れ着いた〟人びとが少なくなく、それだけに生活の問題も深刻だった。野宿の経験を聞くことも、まれではなかったのである。そうしたなかで、ペルー宣教者協会から派遣された在俗宣教者フリオ・キンタナが、一九九二年秋に到着した。

フリオは、ペルーでは「解放の神学」の影響のもとで農村部や都市周縁部でカトリック基礎共同体の活動を行っており、草津教会でも周囲に協力的な人物を集めて精力的に共同体活動を組織した。毎月一度のスペイン語ミサのほかに、五月の「母の日」、七月の独立記念日、十月の「草津ペルー人カトリック共同体創立記念日」、十二月のクリスマスにはフィエスタを開き、またサッカーやバレーボールなどのスポーツ大会も開催した。また文化イベントのほかに、フリオは仕事や居所の紹介、入院患者の見舞い、警察や入管に拘束された者への面会と、身辺整理などの社会活動を率先して行った。月例のミサには一〇〇人から二〇〇人の人びとが集まり、平日の教会のホールの椅子にも、誰かしらペルー人が座っていた。集まっていたのは主に若い単身者や夫婦だった。

セニョール・デ・ロス・ミラグロスの祝祭は一九九三年に第一回が行われ、その後も毎年、十月の「共同体」創立記念日に合わせて行われた。最初の聖行列は、冒頭で紹介したように物質的には慎ましいが熱気にあふれていた。のちに、聖画を少し大きいポスターと取り替え、御輿も作った。

しかし一九九〇年代後半になると、家族・親族関係が発達するとともに、日本社会の諸制度と交渉する知識や技能も少しずつ獲得していった。家族で過ごす時間が重視されるようになり、自動車や電話などの交通・通信手段も普及して、余暇活動は分散していった。教会と共同体は求心力を減じていった。フリオは一九九八年に結核に罹患し、闘病の半ば、翌年に帰国した(二〇〇〇年四月死去)。共同体の活動は停止状態になったが、セニョール・デ・ロス・ミラグロスの祝祭は毎年続けられた。

二番目の時期は、メキシコ人のロペス神父のイニシャティブによって始まった。神父は「宗教的、社会的な集まり」の促進を目的として、二〇〇一年八月に教会に参集している主だった人びとを集め、定期的な会合を呼びかけた。恒常的な集団の組織化にはつながらなかったが、メンバーの一人ホルへ・オクムラが、ミサやその後の打ち合わせ、そしていくつかのイベントで責任者としてふるまった。当時四十歳前半で独身だった彼は、これらの活動を行ううえでペルーでの青年学生運動の経験を参照したという。この時期、御輿が新調され、油彩画が取り寄せられ、祝祭用のローソクや手持ち香炉も揃えられた。これらの品は今日でも使われている。「母の日」など教会での文化活動は続けられ、二〇〇四年の祝祭では聖行列の終わりに子供たちが御輿の前で〝マリネラ〟を舞った。(9)

ホルへは二〇〇五年に結婚のため帰国した。草津教会ではその後、現在に至るまでモンタニョ家を中心とする古参のメンバーがミサと聖行列の準備と実施の責任者になっている。準備過程では、以前のようなオープンな打ち合わせや会議は行われておらず、親族や馴染みの友人が動員されている。最初と最後の担ぎ手の顔ぶれが固定するようになったのも、この時期である。二〇〇七年には聖行列を先導する一組の旗がナカムラ家とサッカーチームから贈られ、また毎年、モンタニョの一族が御輿を美しく飾りつけている。

以上のように、滋賀県草津教会に集う集団の変遷は三つの時期に分けられる。第一期は単身者を中心とする人びとを基礎にして、社会意識に基づくイニシャティブに率いられて多彩な文化活動と社会活動（種々の困難への個別的支援）を行う共同体が存在し、セニョール・デ・ロス・ミラグロスの祝祭はその象徴的活動として行われた。第二期では、家族の存在と重要性が顕著になるなかで、やはり社会意識をともなう集団の形成が目指されたが、実際の活動は教会内での文化的宗教的活動に限られ、セニョール・デ・ロス・ミラグロスの祝祭はその中心をなしていた。子供と教育への関心が高まってきたのもこの時期である。第三期では、宗教的熱意と文化的慣習への愛着を動機として、地域の親族と地縁関係に基づく集団によって祝祭が行われている。こうした経緯からは、地域のペルー人たちの間に広がるネイバフッドと、そこに成立するアソシエーション／プロジェクトとのクロニクルな関係が見て取れる。

次に別の時間、すなわち一回ごとの祝祭の準備と実施についてみてみよう。それは、日常的なネイバフッドを回路にして能力や資源が動員され、合流してプロジェクトを実現させるダイナミックなプロセスとして記述できる。祝祭の開催が告知されて会議で作業の分担がなされると、「寄り集まり」からいくつもの即興の小さな作業場が生まれ、機能し、連鎖的につながっていく。「コラボラール（協力する）」という言葉がしばしば聞かれる。分担や依頼のないまったく自発的な寄与もある。

第二期にあたる二〇〇二年と二〇〇三年を例にとってみてみよう。両年とも六月のミサの後に最初の打ち合わせが

写真 4-3　祝祭の資金を集めるためのサッカー大会

販売される料理は人びとの楽しみであると同時に，重要な資金源である。女たちは連絡を取り合って，前日，前々日から準備する。この日のメニューはソーセージと鶏の揚げ物。料理と共食は，意識的なプロジェクトと無意識的なハビトゥスの支配的な日常生活とを結びつける。2003 年 6 月，滋賀県甲賀郡石部町（現湖南市）の小学校グラウンドにて。

あり、七月に資金集めのサッカー大会が開催された。サッカーは男たちの毎週日曜日の娯楽である。この時の会場は小学校に隣接する運動場を使用したが、その許可は生徒の親がＰＴＡを通じて取った。

資金が集まると、ミサの後の会議で決められた作業分担に従って、九月から御輿の制作（二〇〇二年）や聖画の取り寄せとアーチ型の額の制作（二〇〇三年）をはじめとした準備が進められた。御輿は、本国で指物師をしていたというモンタニョ家の女婿が中心になり、若い夫婦のアパートの台所が作業場に変じて、一週間かけて作られた。教会での組み立て作業では、「パパ・レジェーナ（肉のソースを包んだジャガイモコロッケ）」がふるまわれた。油彩の聖画は、ホルヘ・オクムラの姉がリマの画商で「聖別済み」の一枚を買って送ってきた。聖画を収める額は木工を趣味にする友人が担当し、彼はデザインをその友人のブラジル人女性に頼んだ。仕上げはホルへの社宅の前の空き地で行われた。

当日前の一週間は、夜の祈りの時間「ノベナ」が設けられた。これは司祭に導かれない信徒だけの祈りで、本国でのやり方とは異なり、教会で親族ごとに曜日を割り当てて行う。祈りの後の懇談には、簡単な料理やお菓子が用意される。指名された親族のいずれにも属さない者は、適当な日に参加する。

祝祭当日の大人数に供する料理は、前日、前々日から準備される。女たちのネットワークがフル稼働する。鍋釜などの什器の用意もよく、作業は手際よくなされる。ペルー料理をパックに詰めて同胞に販売したり、休日に自分のアパートで小さなレストランを開いたり、あるいは野外でレクリエーションや資金集めのバーベキューパーティーを開いたりすることは、普段からの習慣でもあり生活の手段でもあるからだ。

ペルーでは十月十八日に始まり数日間続く祝祭は、日本では十月の日曜日一日しか行えない。手作りの花束が届けられ、御輿に捧げられた。聖画と御輿の絵が入った紫と白のたくさんの風船も寄付されたが、これは週末に貸会場で開かれる誕生日パーティーと同じように子供たちを喜ばせる。ミサで歌われる歌には、アンデスの太鼓「ボンボ」のリズムに加えて、エクアドル人と日本人の男性が二本のギターで伴奏する。アンプやスピーカーは普段パーティーやディスコで使うものを設置する。ミサに続いて聖行列、そして最後に料理、歓談、音楽、踊り。二〇〇二年には、ペルーの著名な音楽家アベラルド・ヌニェス＝タカハシとその家族、友人が、「クリオーリョ音楽」を演じた。彼はモンタニョ家の遠い親戚である。

――(3) 移住者の「我々の世界」とコミュニティ

草津教会のペルー人集団とその祝祭の観察からは、日常的実践におけるローカリティ／ネイバフッドと、目的をともなうプロジェクトとそれを実施する意識的な集団（アソシエーション）という、移住者の文化的存在の二つの水準とその関係を見て取れる。たとえば料理と共食は典型的な日常的実践であるが、それはプロジェクトのプロセスのいたるところに見られ、宗教的象徴と同じかそれ以上にプロセスの一貫性を演出するとともに、自発性と即興性やジェンダーの観念と実践といったローカリティを浸透させている。日常的なローカリティ／ネイバフッドの制約と創造性のなかからコミュニティ／プロジェクトが生じ、そして後者が目的、意味、意識をともなう生き生きとした局面を前者に与える。こうして日常的実践を基礎とした移住者の「我々の世界」が成立しており、そこに見られるネイバフッドとアソシエーションの連続した集合的主体を、コミュニティと呼んでよいだろう。聖人信仰の儀礼を行う現実的条件を提供し、またその象徴体系を意味あるものとしているのは、この集合的な営みの世界であり、そこにペルー人のコミュニティが姿を現す。

しかし、この「世界」もコミュニティも出身地のそれとは部分的にしか似ておらず、彼らが「出身地のありよう」として回顧的に語るものの再現ではありえない。この祝祭は移住先における宗教活動のリバイバル現象であり、日本で祝祭に関わる中心メンバーは、出身地では必ずしも聖人信仰の熱心な信徒や信徒団体のメンバーだったとは限らない。日本の祝祭には、セニョール・デ・ロス・ミラグロスの祝祭を知らなかった他民族の人びとの姿もある。また、この「我々の世界」は、彼らの生活世界の全体からみればその一つの様相にすぎない。労働をはじめとするホスト社会の支配的な場面からははっきりと区別されており、しかも祝祭が場所と時間の制限を受けているように、外部からの制約によって周縁化されている。それはホスト社会の観点からはマイノリティの境域なのである。

にもかかわらず、それが全体性を備えた「世界」であり、さらには「ほんとうの私たち」であり「アイデンティティ」であるのは、集合的社会的事実としての想像、プロジェクトと活動をともなう集合的な想像力（アパデュライ二〇〇四：二二―二九; Appadurai 1996: 5-8）の次元においてである。この世界は象徴を媒介にして出身地とつながっており、その紐帯は、「思い出の品」を媒介にして「失われた、ほんとうの経験」を物語るノスタルジアのメカニズム（Stewart 1993: 132–151）に似ている。だが、移住者たちにとって出身地とは個人の追憶の対象であるだけでなく、そこから象徴となる事物、その意味と物語、集合的主体形成の動機と技法を引き出す実践的な象徴資源なのである。

次の節で私たちは、移住者とは別の方法で移住者のコミュニティを出身地のそれと関係づけてみたい。

3 聖人信仰とポストコロニアルな群衆

ラテンアメリカの民俗カトリック（フォーク・カトリシスム）とその核となる聖人信仰は、典型的にポストコロニアルな（ホール 二〇〇二）宗教─文化装置である。守護聖人の信心講（コフラディア）は、植民地支配のメカニズムとして先住民や黒人奴隷に与えられたものであったが、人びとは主体的かつ自律的にこれを組織し、コミュニティ編成の核とした（Celestino and Meyers 1981; Marzal 1983）。しかも、近年の「一七世紀インディオ移住論」（Saignes 1991; 網野 一九九七；岡田・齋藤 二〇〇七）や植民地期のペルー海岸都市部とくに首都リマの黒人文化研究（Romero 1988; Vargas Ugarte 2006; Flores Galindo 1991）が明らかにしているように、それは人の移動によって生じる文化的他者を包摂しながら「我々」を作る装置として機能してきたのである。たとえば、一九世紀末リマのセニョール・デ・ロス・ミラグロスの聖行列は、黒人（彼らも多くの「民族」に分かれていた）と混血が前面に立ち、白人も集う祝祭として描かれている（Romero 1988: 239–240）。

現代ペルーに目を移せば、ミジョネスとミジョネスはペルーで行われる祝祭のカレンダーを作成し、そこに全国各都市の一〇〇〇近い祝祭を数え上げているが、そのほとんどが種々の守護聖人に捧げられる祝祭である（Millones and

Millones 2003)。隆盛する現代の聖人信仰から、人の移動と深く関わる三つの側面をみておこう。

一つは地方から大都市へ移住した人びとが行う祝祭とその組織である。ミジョネスらが挙げているのは比較的規模が大きくカトリック教会によって公認された聖人の祝祭であるが、それ以外に都市の街区や職場、家族などの単位で行われる小規模な祝祭の広い裾野が存在する。とくに二〇世紀中葉以降に農村から移り住んだ人びとが住民の大部分を占める大都市周縁部には、小規模かつ「インフォーマルな」聖人信仰の集団が次々に登場し続ける（そして消滅していく）現象がある（Marzal 1989）。異なる出身地から偶然に集まった移住者たちは、共通する宗教的言語としての守護聖人祝祭を通じてみずからを組織しているのである。

もう一つは、セニョール・デ・ロス・ミラグロスを掲げる兄弟団（エルマンダ）とその祝祭が全国各都市に広がっていることである。この聖画は、今日ではアンデス山間部・海岸部・アマゾン低地の文化から一九世紀以降のアジア系・ヨーロッパ系移民文化までを包摂する多エスニック都市であるリマ全体の象徴として、さらにはペルーのナショナルな象徴として語られることも多い。ある都市の守護聖人とされる聖像の複製が、他の複数の都市や町で祀られることは珍しくないが、しかしセニョール・デ・ロス・ミラグロスの二〇世紀以降の普及は突出している。それは、全国的な交通・通信の発達および都市化現象や、首都リマの強力な象徴的求心性といった、現代の人の移動と密接に関わる現象と考えられるであろう。(10)

三つ目に、マスメディアの促進する個人化と場所からの乖離が、大衆的な聖人信仰全般にみられる。聖人を祀る集団には属さない他地方の多くの人びとが旅行して祝祭に参加し、聖像への誓いを立て、あるいはテレビ・全国紙などのマスメディアやサブカルチャー的メディアを通じて聖像と祝祭のイメージやそれが起こす奇跡の物語——病気の治癒など——と接し、あるいは小さな聖人像の複製を身の回りにおいて個人や家族の救済を願って祈りを捧げている。

写真 4-4　聖人たちの絵と像

シングルマザーが暮らす団地の一隅に飾られていた。セニョール・デ・ロス・ミラグロスのほかに，サン・マルティン・デ・ポレスや「門扉の聖母」の姿も見られる。静岡県・藤枝教会のセニョール・デ・ロス・ミラグロスの祝祭の創設者の一人だったが，彼女自身は「門扉の聖母」にとくに篤い信仰を寄せているという。日系人であるが在留資格がなく，仕事と収入も途切れがちで，中学生になる娘との二人暮らしは厳しいものであった。2003 年 12 月，静岡県焼津市にて。

このように見ていくと、日本で行われる祝祭は、ペルーにおける宗教実践の延長に生じたように思われる。来日した人びとのほとんどは、ペルーで守護聖人の聖行列と祝祭に何らかの形で参加した記憶をもっているし、なかには積極的に信心講や兄弟団の役職を担った経験や、国内移住先の都市で小さな聖人信仰の集団を組織した経験をもつ人びともある。そうした集団形成の記憶と経験が日本で繰り返され、「住民全体を動員してさまざまな協働を生み出すように工夫された」(Millones 1998: 30) た祝祭の自発的協働のテクノロジーが移住先で応用されたのである。多くの聖人像の中からセニョール・デ・ロス・ミラグロスが選択されたのも、その全国的影響力によって理解できるであろう。

こうした連続性に対して、断絶と見えるものもある。それは、総じていえば単純化であり、複数性に対する単一性である。

まず、中心にある象徴体系をみてみよう。出身地においては、個々の聖人像に帰せられた多様な属性も、並存する多数の聖人像も、論理的な分類、序列や階層化、原物と複製の区別などを許さない、体系と呼ぶことの難しい複雑な関係にある。これに対して在日ペルー人が集団で祝うのは今のところセニョール・デ・ロス・ミラグロスだけであり、他の国々のペルー人移住者の祝祭も、多くの場合この聖人像に捧げられている。その社会的な理由の一つは、ペルー人移住者の人口規模が小さく、分化する余裕がないことに求められるだろう。だがそうだとしても、この単一性には象徴的な意味がともなう。選び取られたセニョール・デ・ロス・ミラグロスは、移住者にとって「我々全体の」聖人であり、集合的主体の象徴である。その一方で移住者の日常生活をよく見ると、アパートや自家用車の中にはさまざまな聖人像のミニチュアが飾られ（写真4-4）、財布には聖人像のカードが忍ばせてある。人びとはそれらの聖像に日々の祈りを捧げ、その聖人の信徒としての自己認識もある。[11] 移住者たちの祝祭はあれこれの聖人像とその祝祭を包括的に象徴していて、人びとはセニョール・デ・ロス・ミラグロスを祝いながら「聖人信仰そのもの」を確認しているように思われる。[12] セニョール・デ・ロス・ミラグロスそのものが複合的な象徴であるが、さらにその背後には多様な聖人たちの世界が広がっており、それは呪術的世界にもつながっている。ただし、この重層的な様相に価値の優劣をともなう〈公─私〉の図式をあてはめることはできない。

祝祭と社会構造との関係も異なる。ペルー社会では、多数の聖人像と各種の信徒集団の存在は、威信、経済力、伝統と近代、外部との関係、地域権力などを規準にした「大規模な社会的分類システム」（Diez Hurrado 2003: 144）として機能している。これに対して、移住先の宗教的集団は、地位体系などの社会構造との関係を欠落させていることが特徴である。日本社会では誰もが外国人労働者であり、この平準化された地位と守護聖人の祝祭とは直接のつながりをもたない。祝祭に参加する人びとは、みずからをむしろカテゴライズされていない未分化で不定型の群衆として描き出す。祝祭における役割が与えるささやかな威信は、他の社会領域には波及しにくい。顕著な貢献は時に「名を呼ばれる」栄誉に浴することもあるが、顕彰はひとときのものであって恒常的な権威をもたらさない。協力は奨励され、協力者に信用を与えるとしても、その労働は基本的に等しく扱われる。提供者の名が物品の片隅に記されていても、それが思い出されることはまれである。[13] しかし、この点についても差異を決定的な断絶とみなすのは適当ではないだろう。というのは、ペルーにおいても聖人信仰の祝祭には平等や無私の貢献という規範が生きており、祝祭と社会構造との関係は単純でも固定的でもないからだ。

V・ターナーは、社会集団や「地位の体系すなわち構造をもたらす儀礼」と「平等で直接的な紐帯によるコミュニタスを生み出す儀礼」という祭祀の二つの型について語っている（一九八一）が、「二つの極」は共通した文化の内容をもち、合わさって一つの宗教体系を成しているという。つまり、ある種の宗教実践は、社会的過程におけるコンテクストの変化に応じて、ある時は社会構造との関わりを強め、別の瞬間にはコミュニタスの様態を顕わにする。ペルーの歴史上、聖人信仰の集団が人びとの包摂的な集団形成の受け皿になってきたのは後者の例であろう。コミュニタスの様態は聖行列において具現化され、それは不定型の群衆として表象される。ペルーの思想家マリアテギが一九一〇年代の若き日に記した次の一節は、いまも十月になると新聞や雑誌に掲載される。

> 群衆の信仰表明は荘厳だ。辺り一帯を制圧し、感銘させ、魅惑し、圧倒し、夢中にさせ、感傷的にする。神の御名を口々に呼ばう群衆を見つめると、抗い難い力と深い慈愛を感じざるをえない。〝奇跡の主キリスト〟の行列が行くと、純真で心穏やかな敬虔さに包まれたリマの街路も、深い感動に揺さぶられる。（Mariategui 1991: 140）

移住先の日本で行う現代の祝祭にも地位と構造の形成へと向かうきざしがないとはいえないが、そこで顕著なのは、やはり不定型な群衆の姿であった。これは移住者の文化一般の特徴ではないだろうか。それは明らかに、移住プロセスにともなう分子化と社会関係の喪失の結果である。だが、それは受動的な現象にすぎないのだろうか。移住者の包摂的でコミュニタス的な表現と実践は、それが自発的な行為であるからには、何か主体的な実践上の意味や能動的な主張を含んでいるのではないだろうか。冒頭に紹介した男性の言葉は、日本人である私に何を提示したのだろうか。次に彼らのコミュニティと、彼らが日本社会で出会う他者との関係を考えることにしよう。

4 〈私たち〉の作り方と共感のテクノロジー

移住プロセスによって「脱領土化」した多数の個人は、国家的統治の言説においては、社会の束縛を逃れた「群れ」であり、国家はこれを「再領土化」して統治秩序を保つ。この時、ヒトを分類し階層化する地位の体系が用いられる。一九九〇年代以降の日本の入国管理行政を例にとれば、「外国人労働者」「定住外国人」「外国人犯罪者・テロリスト」といった政策的カテゴリや在留資格などの法的地位がそれである。そしてこの地位体系は、監視し排除・追放する常設の国家装置の機能（出入国管理・警察）と組み合わされている。この地位体系と監視追放装置が、国境を越える「群れ」に対処する境界維持のメカニズムをなしている（古屋二〇〇九）。

このメカニズムは国境だけでなく境界線の内側でも作用し、社会構造そのものを再編する。それは国家の政治や行政だけで働くのではなく、その本質は日常的な実践と発話から学的なそれまでを統制する言説の秩序と権力作用なのであり、実際それは、ある程度まで成功している。たとえばそれは、他者への視線を国家機関への通報と結びつけて監視にする仕組みを実現しており（古屋二〇〇五）、また「不法滞在者」に対する一連の規範的態度を普及させている。より一般的に考えれば、これは私たちの日常生活に馴染み深い集合的主体形成の技法、〈私たち〉の作り方の一つであり、それは「自己の利害」を規準にして他者に向かう態度と、それをもって自他の関係を律する合理性によって貫かれている。

この最終節では、こうした国民国家の技法と対比させて、これまで見てきた移住者のコミュニティ形成の技法の特徴を把握したい。だが、これらの技法が依拠する集合的主体の二つのモデルは、比較の可能性を疑わしくするほど異なっている。一方にあるのは国家装置によって統合され経済的機能を備えた〈主権―国民共同体〉であり、他方は宗教上の不定型な〈聖人像を慕い、それに導かれる群衆〉である。ところがフーコー（二〇〇七）は、近代国民国家の統治はキリスト教会によって制度化された司牧という「古いモデル」を一つの基礎にしているという。この司牧とは主権者による人びとの操行＝導き（conduite：フランス語）であり、主権者が人びとの全体と個々人に気を配り見守る権力のあり方であり、また人びとがそれを受け入れつつ「みずからを導く」ことでもある。このような権力のあり方に、一六―一七世紀に登場した諸主権国家間における力の均衡の技法（外交と軍事）と各国の国力増強のための諸技法（内政＝ポリス）が加わり、そして一八世紀以降、導きの対象／主体として人口＝住民と市民社会が見いだされることによって西洋近代国家における「統治」が登場する、という系譜をフーコーは描きだしているのである。さらに詳しい検討は別稿に譲るとして、ここでは司牧と統治という権力テクノロジーの観点によって、二つのモデルと技法を比較する足場が確認されるとしておきたい。

しかも現実の社会生活の中では、これら二つの技法が接触し、相互に作用し、対抗するような場面が現れる。そこで、単なる比較ではない動的な、あるいは権力的な関係を考えることも可能であろう。

移住者の集合的主体の形成過程においてはホスト社会との間にさまざまな権力的関係が生じうるが、ここでは二つの場合だけを考えたい。一つは、聖行列が休日の公園や教会の中庭など「私的な」時間と空間に押し込められてその象徴的暴力が制限され無力化されたように、二つのローカリティがマジョリティとマイノリティの文化的関係にあること。もう一つは、もっと直接的な監視と追放・排除の暴力的作用であり、これは「不法滞在者」や「外国人犯罪者」

を対象にすると説明されるが、実際には移住者コミュニティの全体にのしかかっている。これらの権力関係は国民国家の技法の作用そのものであるから、そこにおいて他者に対してとられる態度を説明しなければならないのは、(国民国家の技法についてではなく)移住者のコミュニティとその技法についてである。

一九九三年に静岡県藤枝教会で最初に行われた祝祭(現在は行われていない)を、創設者の一人だったペルー人女性が回想した次の一節は、移住者の主体形成と他者との関係をめぐる示唆的な事例である。

(教会からあふれるほどの人が集まり、祝祭は成功だった)ミサの後で小さな行列もしました。教会の敷地の中ですけど。私たちの中には不法滞在者がたくさんいました。あの頃は一斉検束がよくあった。集まっているところに入管や警察がトラックでやってきて、みんな連れて行ってしまう。みんな怖がっていたので外に出る行列はできなかった。そんな私たちがセニョール・デ・ロス・ミラグロスのことを言っても、日本人はきっと信じてくれないと思いました。私たちの作り話だと思うだろうと。

でも、日本人たちもミサの後で誰も帰らずに、祝祭に参加してくれました。用意したものをみんなで分かち合った。日本人みんながペルーの食べ物を気に入ったわけではなかった。たとえば、アロス・コン・レチェ(米を牛乳で煮たデザート)が好きじゃなくて、マサモラ(紫のトウモロコシ粉のデザート)は気に入った日本人もいた。逆の人もいました。でも、楽しく過ごしました。日本人に受け入れてもらえると思いませんでした。たくさんの人、たくさんの喜び。

まず、ペルー人の集合的主体は、不法滞在者を含み、その困難や恐れを共有する「私たち」であり、国民国家の地位体系に対して対抗的である(先ほどは二つに分けたマジョリティ―マイノリティの文化的関係と監視・追放の暴力的作用が、ここでは同時に現れていることにも注意したい)。

第二に、マイノリティである移住者はプロジェクトを実現させる条件としてマジョリティによる理解と承認を求めており、その結果、移住者コミュニティの境界線があいまいになる傾向が生じている。女性はこれを移住者である「私たち」とホスト社会の構成員である「日本人」との関係として語っている。信仰に篤い彼女が強調しているのは、宗教的な共感よりも共食の喜びである。

だが、両者がキリスト教の枠組みの内側で理解し合っている事実も無視できない。これを宗教的主権のもとで可能になったコミュニケーションとみなせば、その境界線は維持されている。ここで、宗教的な枠組みや文化的要素の共通性、類似性が自動的に相互理解を可能にし、必然的に共感を呼び起こすわけではないことを思い出すべきであろう。カトリック聖人信仰の豊かな伝統をもつ南欧のスペイン、イタリアや隣国アルゼンチン、チリに移住したペルー人の祝祭も、無理解や拒絶に出会っているのである（Paerregaard 2008; Jimenez and Huatay 2006; Luque 2007）。

移住者コミュニティにおける他者との関係について踏み込んで考えるために、非ペルー人移住者に聞いてみよう。ペルー人たちの集団形成の資源の一つが出身地における国民化の経験であることは明らかであり、その意味では祝祭に協力し、参加する非ペルー人は、文化的な他者であり、境界の人びとである。そうしたブラジル人やフィリピン人に、「これはペルーの祭りだが、あなたはどう思うか」と尋ねると、口をそろえて「私たちの国にも同じものがある」と言う。[14] ここには、差異ではなく共通性を探す姿勢が顕著である。だが、差異が意識されていないのではなく、差異には別の、「我々の」象徴を重ね合わせることで解釈がなされている。メキシコ人のロペス神父は、他のラテンアメリカ人と彼自身の参加についてこう述べた。「私たち外国人（非ペルー人）は、民衆カトリックの表現に慣れているし、この祝祭を尊重する。しかし、ペルー人たちが（セニョール・デ・ロス・ミラグロスの祝祭のシンボルカラーである）紫の色に感じているものを、同じように感じることはできない。彼らにとってそれは〝すべて〟なのだから」。そして、神父は私に、グアダルーペの聖母がメキシコ人にとって何であるかを滔々と説明した。一つの象徴体系は多様な解釈を受け容れ、相異なる意味を重層的に包含している。

だが、旧イベリア帝国植民地のポスト・コロニアルな諸条件によって聖人信仰の象徴体系が共有されている事実は、それだけでは人びとをつなぐには十分ではないことをすでに確認した。問題は、そこにどのような解釈がどのようになされるか、であろう。つまり、共有される象徴体系は、そこに現在の「移住者としての生」「周縁の生」をめぐる共通の解釈が重ね合わせられることによって、初めて人びとを結びつけるのではないか。あるボリビア人家族は、草津で行われる祝祭の熱心な参加者だったが、生まれたばかりの赤ん坊を含む六人全員が不法滞在状態であった。その彼らが住むアパートの扉の内側には、海賊の侵入から都市を防いだ奇跡の伝承をもつペルー北部の町オトゥスコの「ビルヘン・デ・ラ・プエルタ（門扉の聖母）」(Millones and Millones 2003: 145; Millones and Tomoeda 1996: 196) の写真が貼られ、警察や入管の不意の訪問から家族を守っていた。昼間、家に一人でいる母親が緊張に堪えきれず苦しんでいるのを見て、ペルー人の女友達がくれたのだという。周縁の人びとの救済という民俗カトリックのメッセージを介しつつ、ここに読み取れるのは、移住者の困難な生活経験の共有であり、シスターフッドに基づく共感である。

宗教儀礼を社会の統合と秩序を維持するメカニズムと捉える理論は、デュルケム以来のテーマである。そこでは、宗教儀礼の社会的機能は社会の連帯性が依存している感情 ── 本章では共感と呼んできた ── を再確認し、強化することであった。ところが本章でみてきたのは、宗教実践のなかで生じる共感が集合的主体を作り出しながら、さらに人びとの能動的な解釈と実践を通じて「自己のネイバフッドの境界線を越えるコンテクスト」（アパデュライ）を生み出すこともある、ということであった。そこには宗教と社会 ── デュルケムが考えた、自他の関係において定義されるような社会 ── の間に予定調和の関係はない。だとすれば、集合的主体形成の技法を、共感の扱い方の技法として考えることができるのではないだろうか。

移住者の守護聖人の祝祭には共感を形にして表現する技法がともなっていた。自発的協働のテクノロジーは、共感を実践的に作り出すテクノロジーでもある。それは境界線があいまいで包摂的な集合的主体を作り、キリスト教の枠組みを越える可能性さえうかがえた。

他方、国民国家の主体形成の技法は、地位や境界線を規準や枠組みとして、共感を促進し、方向づけ、禁じ、あるいは他者への警戒や敵意と置き換える技法であるように思われる。統治と司牧の系譜における分岐点の一つは、そこにあるのかもしれない。

注

（1）カトリックの教理では信仰は神に捧げられ、聖人に向けられるのは信仰ではなく「崇敬」である。この教理はペルーの民衆にも浸透している。しかし、ここでは祈りをともなう宗教的実践を、その対象に区別なく信仰と呼んでいる。

（2）ペーアゴールによれば、静岡県掛川教会の祝祭で用いられる聖画は、日本人画家に依頼して描かれたという（Paerregaard 2008: 163）。

（3）「セニョール・デ・ロス・ミラグロス兄弟団の精神的指導者」であるペドロ・イダルゴによれば、セニョール・デ・ロス・ミラグロスへの信仰がもつ神学上の意義とは、㈠民衆のアイデンティティの源泉（「主キリストに見守られ、その周囲に集い、付き従う人びと」）、㈡贖罪と苦行、㈢友愛と相互扶助、㈣寄与、貢献（「主のために何かをなすこと」）である（「第二回在外ペルー人とともに働く宣教者の国際セミナー（二〇〇六年、ペルー・カジャオ市）」での発表より）。
http://www.pastoralmigrantes-peru.org/actividad_movil/2006/mat_ii_semin_int/MEMORIA%20II%20SEMINARIO%20INTERNACIONAL.pdf (last visited: 2–II–2011)

（4）たとえば、近年、各国でペルー人移住者が始めたセニョール・デ・ロス・ミラグロスの祝祭を主題にした研究が現れている（Ruiz 1999; Avila 2005; Paerregaard 2008; Jimenez and Huatay 2006; Luque 2007）。その多くは結果的に成立した宗教的団体やその構成員の公的行為や発言を記録するにとどまり、人びとの関係の根底にあるものを探り分析する代わりに、表面的な分類作業を行っているように思われる。詳しい論評は別稿に譲りたい。

（5）たとえば、スペイン語週刊紙インターナショナルプレス、二〇〇三年六月二十八日、十月十一日、十一月一日など。

一九九四年に来日したあるペルー人神父は、日本ではセニョール・デ・ロス・ミラグロスの祝祭に積極的に関わろうとしない。しかし、来日直後に教会付属保育園の園庭や河原で慎ましく行われる聖行列を見て、「ショックだった」という。「リマでは街路が埋め尽くされ、市役所や大統領府などの公的機関も敬意を払うのだが……」。

（6）マジョリティには、自分たちが「文化をもたないひとびと」に見える（ロサルド 一九九八：二九四）。非対称的な間コンテクスト関係の対立的な局面において、マジョリティはみずからの文化的要求を機能的技術的あるいは経済的な、したがって文化的には価値中立的な言葉によって表明することが可能である。そうしたなかで、警察 ── 価値中立的な秩序の維持を目的とする機関 ── が早い時期から「地域社会に見知らぬ外国人が増加し、……住民が漠然とした不安を抱きやすい状況」（平成二〈一九九〇〉年度版『警察白書』）に注目し、そこに介入しようとしてきたことは、検討に値する。

（7）マテオ（二〇〇三）は、横浜市のカトリック教会へのフィリピン人の参集を描いているが、そこでも実用的な情報交換と相互扶助の場が生まれていた。

（8）筆者は滋賀県草津教会のグループが行う祝祭に第一回目から出席しており、とくに二〇〇二年と二〇〇三年には集中的な民族誌的観察を行った。また、兵庫県住吉教会の祝祭を最近数年間、大阪大司教区大聖堂のそれを二〇〇五年に、大阪府枚方教会のそれを二〇一〇年に観察した。

（9）「聖像の前で踊り、歌って崇敬の念を示すことは、植民地期のごく早い時点の文書に記録されている。したがって、前スペイン期の住民もヨーロッパの住民も、お互いに接触する前からそうした実践を行っていたことは明らかである」(Millones and Tomoeda 1996: 197)。「子供たちが祝祭に登場するのは偶然ではない。それは親たちの信仰の生きた証言なのである」(ibid: 200)。

（10）その他、聖画の図像の「キリスト中心主義的」な性格（Millones and Millones 2003: 118）や、祝祭を担う組織である兄弟団の個人的都市的な組織原理（Diez Hurtado 2003: 132–133）などが指摘されている。

（11）たとえば、滋賀県草津教会のセニョール・デ・ロス・ミラグロスの祝祭で中心的な役割を果たしてきたモンタニョ夫妻は、聖ユダ・タダイの信者である。これは仕事の守護聖人といわれ、夫妻がペルーで経営していた小さな鉄工所の名前は〝サン・フダス・タデオ〟だった。日本でもこの聖人が「困難なときに守ってくれる」ように、ペルーからもってきた聖像を家の玄関の外側に置いてある。もちろん家の中には、セニョール・デ・ロス・ミラグロスの複製画も飾ってある。

（12）二〇〇八年の滋賀の祝祭では、セニョール・デ・ロス・ミラグロスのペンダントを籠に入れ、少額の寄付を募りつつ頒布された。そのいくつかの裏面には、他の「強力で、よく奇跡をなす聖人」であるサン・マルティン・デ・ポレスやサンタ・ロサ・デ・リマ、それに教会権威に認められておらず「泥棒たちの聖人」とも呼ばれるサリタ・コロニアなどの図像がはめ込まれていた。

(13) 神戸市住吉教会の祝祭で掲げられる複製油彩画の右下には、「ヒガ＝デルガド家の記念に。九六年十月、ペルーにて」と読める。この聖画は、ヒガ家のペルーにいる母と在日の兄弟たちが、本国で末子の難しい手術が成功した奇跡に感謝して寄贈した。しかし、聖画の覚書や奇跡の物語が祝祭の参加者の間で思い出される機会はほとんどない。

(14) 「セニョール・デ・ロス・ミラグロス（奇跡の主）」と名づけられた図像の異なる聖像・聖画は、ラテンアメリカ各国にある。京都司教区のメキシコ人神父バルデス師によれば、それは「キリスト、とくに磔刑のキリストに与えられた名称。血を流し、人びとのために苦しむキリストに向けられた、ラテンアメリカに広く見られる民衆的信仰で、聖書に典拠はない。ヨーロッパ、スペインでも語られるが、ラテンアメリカのように特定の教会や町、団体の守護者とはされていないと思う」とのことであった。

参照文献 ――――

〈和文〉

アパデュライ、A（二〇〇四）『さまよえる近代』（門田健一訳）、平凡社 (A. Appadurai (1996) *Modernity at Large*, Minneapolis, University of Minnesota Press)。

網野徹哉（一九九七）「一七世紀アンデス社会考」友枝啓泰・染田秀藤編『アンデス文化を学ぶ人のために』世界思想社、五四―九二頁。

ウェーバー、M（一九七六）『宗教社会学』（武藤一雄・薗田宗人・薗田担訳）、創文社。

エリアーデ、M（一九六九）『聖と俗』（風間敏夫訳）、法政大学出版局。

岡田裕成・齋藤晃（二〇〇七）『南米キリスト教美術とコロニアリズム』名古屋大学出版会。

梶田孝道（二〇〇五）「国民国家の境界と日系人カテゴリーの形成 ―― 一九九〇年入管法改定をめぐって」梶田孝道・丹野清人・樋口直人『顔の見えない定住化』名古屋大学出版会、一〇八―一三七頁。

ギアーツ、C（一九八七）『文化の解釈学(I)』（吉田貞吾・柳川啓一・板橋作美訳）、岩波書店 (C. Geertz (1973) *The Interpretation of Cultures*, New York, Basic Books)。

コーエン、A・P（二〇〇五）『コミュニティは創られる』（吉瀬雄一訳）、八千代出版。

ターナー、V（一九八一）『象徴と社会』（梶原景昭訳）、紀伊國屋書店 (V. W. Turner, (1974) Dramas, *Fields, and Metaphors: Symbolic Action in Human Society*, New York, Cornell University Press)。

バーガー、P・L（一九七九）『聖なる天蓋 ── 神聖世界の社会学』（薗田稔訳）、新曜社。

バーガー、P・L／T・ルックマン（一九七七）『日常世界の構成 ── アイデンティティと社会の弁証法』（山口節郎訳）、新曜社。

バルト、F（一九九六）「エスニック集団の境界 ── 論文集『エスニック集団と境界』のための序文」青柳まちこ編・監訳『「エスニック」とは何か ── エスニシティ基本論文選』新泉社、二三─七一頁。（F. Barth (1969) Introduction, in F. Barth (ed.), *Ethnic Groups and Boundaries*, Boston, Little Brown and Company, pp. 9–38）.

福田友子（二〇〇二）「国家による成員の選別過程 ── 一九九〇年入管法改定と「日系人」を事例として」東京都立大学社会学研究会『社会学論考』二三号、三一─五六頁。

フーコー、M（二〇〇七）『安全・領土・人口：コレージュ・ド・フランス講義一九七七〜一九七八年度』（高桑和巳訳）、筑摩書房（M. Foucault (2004) *Securite, territoire, population: Cours au College de France 1977–1978*, Paris, Seuil/Gallimard）。

古屋　哲（二〇〇五）「見られる者と見る者 ── 監視社会と外国人」小倉利丸編『グローバル化と監視警察国家への抵抗』樹花舎、一一九─一七二頁。

───（二〇〇九）「外国人と「社会の安全」」武者小路公秀編『人間の安全保障 ── グローバル化時代の羅針盤を求めて』ミネルヴァ書房、一六五─一八四頁。

ホール、S（二〇〇二）「「ポスト・コロニアル」とはいつだったのか ── 境界にて思考すること」（小笠原博毅訳）、『思想』九三三号、一一四─一三八頁（S. Hall (1996) When was “the Post-Colonial”?: Thinking at the Limit, in I. Chambers and L. Curti (eds), *The Postcolonial Question: Common Skies, Divided Horizons*, New York, Routledge, pp. 242–260）。

マテオ、イバーラ・C（二〇〇三）『「滞日」互助網 ── 折りたたみ椅子の共同体』フリープレス。

ロサルド、レナート（一九九八）、『文化と真実』（椎名美智訳）、日本エディタースクール。

〈欧文〉
Avila Molero, J. (2005) Worshipping the Senor de Qoyllur Ritti in New York, *Latin American Perspectives*, 32(1): 174–192.
Celestino, O. and A. Meyers (1981) *Las Cofradías en el Perú*, Frankfurt, Verlag Klaus Dieter Vervuert.
Del Castillo, A. (1999)*Los Peruanos en Japón*, Tokyo, Gendaikikakushitu.
Diez Hurtado, A. (2003) Cofradias y celebraciones: Religiosidad y politica en Catacaos, in L. Millones, H. Tomoeda and T. Fujii (eds), *Tradición*

popular: Arte y religión de los pueblos del norte del Perú, Senri Ethnological Reports no. 43, pp. 125–148.

Flores Galindo, A. (1991) *La Ciudad Sumergida —Aristocracia y Plebe en Lima, 1760–1830*, Lima, Editorial Horizonte.

Higa, A. (1994) *Japón No Da Dos Oportunidades*, Lima, Editorial Genreación 94.

Jimenez A., Ricardo and Carolina Huatay A. (2006) Algo está Cambiando: Globalizacion, migracion y ciudadania en las asociaciones de peruanos en Chile. (http://www.observatoriomigrantes.org/ocim/publicaciones/ALGO%20EST%C1%20CAMBIANDO.pdf (last visited: 22–IX–2006)

Linger, D. T. (2001) Eating Brasil, in *No One Home*, California, Stanford University Press, pp. 74–92.

Luque Brazan, J. C. (2007) Asociaciones politicas de inmigrantes peruanos y la "Lima Chica" en Santiago de Chile, *Migraciones Internacionales* 4(2): 121–150.

Mariátegui, C. J. (1991) *Escritos Juveniles, tomo 2*, Lima, Biblioteca Amauta.

Marzal, M. M. (1983) *La Transformacion Religiosa Peruana*, Lima, Pontifica Universidad Catolica del Peru.

——— (1989) *Los Caminos Religiosos de los Inmigrantes en la Gran Lima*, Lima, Fondo Editorial de Pontifica Universidad del Perú.

Millones, L. (1998) *De la Evangelización Colonial a la Religiosidad Popular Peruana: el Culto a las Imagenes Sagradas*, Sevilla, Fundacion el Monte.

Millones, L. and R. Millones (2003) *Calendario Tradicional Peruano*, Lima, Fondo Editorial del Congreso del Perú.

Millones, L. and H. Tomoeda (1996) Los Esclavos de la Virgen de la Puerta: Historia y Ficcion del Pasado, in H. Tomoeda and L. Millones (eds), *La Tradición, Andina en Tiempos Modernos*, Senri Ethnological Reports no. 5, pp. 191–203.

Mintz, S. W. and R. Price (1992) *The Birth of African-American Culture*, Boston, Beacon Press (first edition, 1976).

Paerregaard, K. (2008) *Peruvians Dispersed*, New York, Lexinton Books.

Ruiz Bahia, L. (1999) Rethinking Transnationalism: Reconstructing National Identities among Peruvian Catholics in New Jersey, *Journal of Interamerican Studies and World Affairs*, 41: 93–109.

Romero, F. (1988) *Quimba, Fa, Malambo, Ñeque: Afronegrismos en el Peruú*, Lima, IEP (Instituo de Estudios Peruanos).

Saignes, T. (1995) Indian Migration and Social Change in Seventeenth-Century Charcas, in B. Larson, O. Harris and E. Tandeter (eds), *Ethnicity, Markets, and Migration in the Andes: At the Crossroads of History and Anthropology*, Durham, Duke University Press, pp. 167–195.

Stewart, S. (1993) *On Longing*, London, Duke University Press.

Vargas Ugarte, R. (2006) La Cofradía del Barrio de Pachacamilla, in C. Toro Montalvo, *Octubre del Senor de los Milagros*, Lima, A.F. A. Editores

Importadores (cited from Vargas Ugarte, Ruben, *Historia del Santo Cristo de los Milagros*, 1957).

第2部

国民国家とコミュニティ

第5章

分断されるコミュニティ、創造するコミュニティ
――マレーシア、オラン・アスリのコミュニティの再編

信田敏宏

はじめに

これまで、多くの人類学者たちは、コミュニティを当然あるべき所与の存在として認識してきた。人類学者たちはある一つのコミュニティを拠点にしてフィールドワークを実施してきたし、コミュニティを一つの単位として民族誌を記述してきたと言っても過言ではない。私もその一人であるが、私が描いてきた民族誌の中では、コミュニティの変容については十分に説明できていなかった。たとえば、「オラン・アスリのコミュニティは変化している、コミュニティは変容している」と記述しても、変化の要因、変容のベクトルを十分に示せたとはいえなかった。では、どのように記述すればよいのか、私はある種のもどかしさを感じていた。

また、最近の調査の過程で、コミュニティについての私の認識と、村びとの認識との間に微妙なズレを感じるよう

になった。つまり、彼らが考えるコミュニティというのは、もはや「村を単位としたもの」ではないのではないかと思うようになったのである。そして、彼らは村という枠組みを超えた世界で「我々意識」や「コミュニティなるもの」を捉えるようになっているのではないかと考えるようになった。しかし、それが具体的にどのようなものなのかは判然としなかった。

そうしたところ、以下の田辺による文章を読む機会があったのだが、その時、私は、はたと膝を打つ思いがした。それは、明快な言葉で完璧なまでにコミュニティ概念を論じる文章であった。ここでは、その一部を引用する。

> コミュニティ（共同体）は状況的、歴史的に存在し、つねにより大規模な社会編成のなかに接合されているため、それは何らかのシステムや構造をもった全体とは考えられない。コミュニティをそれ自体で完結する実体としてあつかうことは不可能であるばかりでなく、西欧市民社会に対置するオリエンタリズム的な鏡像を提供するにすぎなくなるだろう。二〇世紀の人文・社会科学の対象となったコミュニティは多くの場合、国民国家や植民地権力の統治過程でその輪郭をあたえられ、また人類学的に記述可能な対象として登場してきたと言ってもよい。そうした人類学の試みはコミュニティのなかに社会や文化に関わる構造的特性を発見しようと努めてきたが、それは現実の接合関係とそこに生起している権力関係を捨象することによってようやく可能となったのである。（田辺二〇〇五：一）
>
> コミュニティの存続と変動は人びとの実践の結果であるとともに、そこに作用する権力の効果でもある。今日の資本主義のグローバル化のもとでは、以前の植民地権力にかわって、いわば近代性の制度と言説そのものが統治の枠組みを作りあげ、それにともなってコミュニティのもつ社会性や機能も変化してきた。（田辺二〇〇五：二）

以上の文章を私なりに受けとめて整理してみる。コミュニティの外延やその変容は、状況に応じて規定されるものであり、コミュニティはより大きな枠組みの中に位置づけながら記述されるべきものである。つまり、コミュニティを外部と隔離された存在として記述することは間違った方向であり、ましてや現在のグローバル化の状況においてはそのような記述法は意味をなさない。なぜなら、コミュニティは外部と隔離された閉じられた実体ではなく、その成り立ちの当初から、つねに外部へ開かれた存在であるからである。今日の人類学的認識では、コミュニティで起きている事象というのは、コミュニティの中で完結される事象として解釈するだけでは不十分であり、否応もなく外部に接合されている事象として解釈し分析しなければならない。

オラン・アスリのコミュニティを考える場合、こうした田辺によるコミュニティ概念はきわめて有効である。たとえば、バティン（*Batin*）[1]と呼ばれる首長がイギリス植民地政府の末端に制度的に位置づけられたことによって、オラン・アスリの「村」はその「輪郭」を与えられたという認識が可能になる。また、オラン・アスリのコミュニティ自体、「状況的、歴史的」な存在であったとも考えられる。なぜなら、イギリス植民地時代以前には、今日の「オラン・アスリ」をくくる民族概念は存在せず、個々の民族がばらばらに存在していたにすぎなかったからである。イギリス植民地時代後期にオラン・アスリ局（の前身）が創設され、それと同時に今日の「オラン・アスリ」という民族が表出してきたといえるのである。一方、今日のオラン・アスリのコミュニティは、グローバル化の影響のもと、日々、変化し続けていると認識することによって、現在の状況を外部の大きな枠組みとの接合の観点から分析する必要性が生じてくる。

本章では、田辺によるコミュニティ概念の捉え方を出発点として、伝統的コミュニティの分断から新しいコミュニティの創造へと向かいつつある、マレーシア先住民オラン・アスリのコミュニティの再編過程を明らかにしていく。本章でいうところの伝統的コミュニティとは、「村」を代表するような、血縁や地縁に基づく社会集団、あるいは家族・親族を核とする共同体と考える。それに対して、新しいコミュニティとは、血縁や地縁に基づく従来の関係性を超えて形成されるネットワーク型のコミュニティの様態を示している。そこでは、人びとは、NGOなどを媒介として、直面する新たな問題に主体的に対応しようとしている。

本章では、オラン・アスリのある村のコミュニティを事例に取り上げながら、コミュニティを取り巻く外部世界の社会環境、外部との接合状況、外部からもたらされる統治の枠組みなどについても、できるかぎり目配りしながら、考察を進めていく。

1　オラン・アスリ

オラン・アスリとは、マレーシアのマレー半島部に暮らす先住民の総称である。オランはマレー語で「人」を意味し、アスリとは「もともとの」を意味する。人口は、一九九六年時点では約九万人であったが、二〇一〇年現在では約一五万人である。マレーシアの全体人口は約二七〇〇万人であるので、全人口の一パーセントにも満たないマイノリティといえる。オラン・アスリは、セマイ、トゥミアール、トゥムアンなどの約一八のサブ・グループに分かれており、それらは言語や生業形態、そして、行政的な慣習によって、ネグリト、セノイ、ムラユ・アスリといった三つのサブ・カテゴリーの中に配置されている。

歴史的な観点からみれば、本来はマレー半島各地にばらばらに存在していた諸民族が、イギリス植民地時代に、イスラーム教徒のマレー人とは異なる民族として「発見」されて、独立後のマレーシア国家の中に（主流民族のマレー人ではない）非ムスリムの先住民「オラン・アスリ」として位置づけられ、包摂されたということになる。

彼らは、伝統的に狩猟採集や移動耕作に従事していたし、今日でも、そうした生業活動を行っている人は多い。マレー人や華人など、一般のマレーシア人に、オラン・アスリとはどういう人びとかと尋ねれば、森に住んで原始的な生活をしている野蛮な人びとであると答える者は今でも多い。しかし、定住化政策、開発にともなう生活環境の変化、そして、それぞれの地域の社会経済的な変化などによって、彼らの生業形態には劇的な変化が生じており、近年では、日雇い労働や工場労働などに従事する人や、都市へ出稼ぎに出かける人、公務員や会社員として働く人もいる。

マレーシアには、マレー人や先住民のほかに、華人系やインド系の人びとがマレーシア国民として暮らしている。オラン・アスリは、マジョリティであるマレー人とともに、ブミプトラ（*Bumiputra*:「大地の子」を意味する）のカテゴリーに入っている。華人系やインド系の人びととはブミプトラには入っていない。一九七〇年代の初頭以来、マレーシアではブミプトラを優遇する新経済政策であるブミプトラ政策が実施されている。ブミプトラ政策では、ブミプトラに対して、教育や経済、社会的サービスの面などで、さまざまな優遇措置が施されるようになった。しかし、ブミプトラ政策に対しては、マジョリティであるマレー人への優遇が優先され、オラン・アスリやサバ・サラワクの先住民(2)（とくに、イスラーム教徒ではない人びと）は後回しにされているという不満が、先住民たちの口からたびたび聞かれる。

2　ドリアン・タワール村

以下では、オラン・アスリの一つの村のコミュニティを手がかりに、オラン・アスリのコミュニティの問題を考えてみたい。

(1) ドリアン・タワール村の概要

対象とするのは、マレーシアのヌグリ・スンビラン州のジェルブ県に位置するドリアン・タワール村（仮名）である。村は、周囲を小高い山に囲まれた盆地の中にある。ゴム園やドリアン果樹園などの耕作地は比較的なだらかな丘陵地に広がっている。耕作地は、約八〇〇エーカーのオラン・アスリ保留地の境界を越えて森林保留地内にもあり、急勾配の山の斜面を侵食している。小高い丘の上にある村の居住地からは、熱帯雨林に覆われた緑の山々を見渡すことができる。

とはいえ、村は熱帯雨林のジャングルの真っただ中に孤立して存在しているわけではない。村は、マレー人の村に隣接しており、華人がマジョリティである近くの町から四キロメートルほどしか離れていないところにある。この村より熱帯雨林の森の側には村は存在しないというだけであり、町側から見れば、少し奥まった所にあるのがオラン・アスリの村ということになる。そのような地理的位置から、日常的にマレー人や華人との関係もあり、過去現在を通じて通婚関係も見られる。現在の村の人口は、約四〇〇人である。村には幼稚園はあるが、小学校はマレー人の村にある。中学校・高校は近くの町まで通わなければならない。

以上のように、ドリアン・タワール村は、森の生活を中心としたオラン・アスリの集落のイメージとはやや異なる。今日、村びとの多くは、ゴム採液業を主たる生業とし、ドリアン・バナナ・サトウキビ・野菜などの栽培もしている。一方で、サルやリス・イノブタ・陸ガメ・ヘビなどを獲物とする狩猟活動や、プタイという豆類、ラタン（籐）・ガハル（沈香）などを採集する活動を続けている村びとも少なからずおり、近年では、都市への出稼ぎ、公務員や教師、日雇い労働など、新しい生業に従事する人びとも増えてきている。

村の人びとは、アダットというマレー人の慣習法を受容し、アダットに従って婚姻儀礼や葬送儀礼などの諸儀礼を行っている。宗教は、政府の統計では、「アニミズム」に分類され、いわゆる精霊信仰をもつ人びとがほとんどだが、村の人びとは、みずからを「無宗教」と認識している。一九九〇年代以降、イスラーム改宗者やキリスト教改宗者が増加している。

（2）ドリアン・タワール村の歴史

ドリアン・タワール村は、昔から、現在の地にあるわけではなかった。村びとの祖先たちは、一八七〇年代頃に、現在の地に移住してきたと伝えられている。一八七〇年代といえば、イギリスによる植民地時代である。当時、それまで人口希薄であったマレー半島には、スズ鉱山やゴムのプランテーションにおける労働力の担い手として華人やインド人が連れてこられたり、インドネシア各地など周辺地域から、さまざまな民族的・文化的背景をもった人びとが移住してきた。こうした人びとの移住にともない、オラン・アスリは周縁へと追いやられたといわれている（Dunn 1977）。このような歴史的経緯から推測すれば、ドリアン・タワール村の祖先たちもまた、それまでの居住地から追いやられる形で、現在の地に移住してきたと考えられる。

新しい土地に移住してきた村びとの祖先たちは、当初は、狩猟採集や陸稲やキャッサバなどを栽培する移動耕作をしながら森の中で生活していたが、二〇世紀初頭に、水田耕作を開始すると同時に定住型の生活へ移行した（Evans 1915）。

この定住化の理由は、次のように考えられる。二〇世紀初頭になると、イギリス植民地政府は森の統治を本格化させ、森林保留地を設定するなど森の植民地化を進めた（cf. Kathirithamby-Wells 2005）。オラン・アスリが自由に行き来していた森は、「森林保留地」として囲い込まれ、狩猟採集活動や移動耕作活動に一定の制限が加えられていった。

こうしたことから、村びとの祖先たちも、森の中での移動耕作を困難と感じるようになり、定住するようになったのではないかと推察できる。

その後、マレー半島には、日本軍による侵攻・占領の時代が訪れ、日本軍降伏後には、マラヤ独立をめぐって共産ゲリラが武装蜂起し、いわゆる非常事態宣言期（一九四八—六〇年）と呼ばれる時代が訪れた。村の老人たちが「最も悲惨な時代」と振り返る、こうした動乱の時代、村びとの祖先たちは、森で避難生活をしたり、再居住地で慣れない暮らしをするなど、過酷な生活を強いられた。

再居住地での生活を送るなかで、彼らの一部の人びとは、周囲のマレー人が所有するゴム園で日雇いのゴム採液作業に従事するようになった。この就業経験も影響しているのか、非常事態宣言期の後半、村に戻ってきた人びとの一部は、耕作地を開拓してゴムの苗木を植えるようになった。その後、一九七〇年代から八〇年代にかけて、政府の援助でゴム園は拡大していき、ゴム採液業が本格化するにつれて水田耕作は廃止されていった。

3　分断されるコミュニティ

今日まで続くオラン・アスリに対する統治が本格化するのは、非常事態宣言期と呼ばれるイギリス植民地時代後期から独立初期の動乱期であった。遊動生活を営み、森の中でどこにいるのかを把握できないオラン・アスリの存在は、イギリス連邦軍に不安を抱かせていた。実際に、森の中に暮らしていたオラン・アスリの中には、共産ゲリラに協力する人びともいた（Leary 1995）。こうした事態に対処するため、イギリス連邦政府軍は、「村」あるいは再居住地という場所にオラン・アスリを半ば強制的に定住させ、それと同時に、彼らを監視・管理する行政機関（オラン・アスリ局）や法制度（オラン・アスリ法）を確立したのである。

また、イギリス植民地時代における森の植民地化や、マレーシア独立後の定住化政策によって、オラン・アスリの多くの人びとは、定住型の生活を営むようになり、彼らの生活世界は大きく変貌することになった。

オラン・アスリのそれぞれのコミュニティで定住化の時期は異なるものの、定住型生活によって、人びとが容易に動くことはできなくなった、あるいは、かつてのような移動生活をしなくなってしまったということは、オラン・アスリのコミュニティの質的な変化を考えるうえで重要なポイントである。定住化はオラン・アスリのコミュニティにさまざまな影響を与えてきた。

たとえば、定住化によって、狩猟採集を中心にした生業から、ゴム採液やアブラヤシのプランテーション農業などへと生業形態が劇的に変化した。その結果、コミュニティの内部では狩猟採集を志向する人びとと農業への転換を図る人びととの間に経済格差が生じ、それはやがて、社会的な階層化をもたらすことになった。

また、定住化により移動を制限された結果、紛争やもめごとが起きたときには、「移動してしまう」という従来型の解決手段（口蔵 一九九六）を用いることが難しくなってしまった。移動できない紛争の当事者たちは村という同一空間に留まり、そこで紛争を解決しようとしたり、場合によっては、コミュニティとしては分断した状態のまま、お互いにストレスを抱えながら、形式的な「共同生活なるもの」を営まなければならなくなったのである。

ドリアン・タワール村では、定住化という大きな変化を経験した後、さらに、開発と宗教という外部的な圧力が村のコミュニティに多大なインパクトをもたらし、それらによってコミュニティが分断されてしまった。以下では、そうした分断のプロセスを詳しく述べていきたい。

(1) 開発

ドリアン・タワール村では、一九七〇年代の初頭に、政府により家屋建設プロジェクトが実施された。これは、新しい居住地に政府提供の家屋を建設するというプロジェクトであった。このプロジェクトに参加した人びとは、それまでの居住地にあった家屋から、小高い丘の上に位置する政府が用意した新しい家屋に移ることになった。ここに移り住んだ人びとは、このプロジェクトを皮切りに、ゴム・養魚池・バナナなど、政府が提供するさまざまな開発プロジェクトの受益者となり、「上の人びと」と呼ばれるようになった。丘の上のこの居住地が、現在の村の中核地域である。「上の人びと」が農業開発プロジェクトを受容した要因としては次のようなことが考えられる。彼らのリーダーの一人が、ゴム採液に興味を示し、開発プロジェクトの実施前から自前でゴム採液業を始めており、「上の人びと」も採液作業に参加していたので、プロジェクトの受容もスムーズであったことがまず考えられる。また、彼らのリーダーであるバティン(首長)兄弟は、父親が華人だったので華語(中国語)を話すことができ、しかも、近くの町には、父親の親族も住んでいて、華人との関係が深かった。彼ら兄弟は、苗木の育て方や肥料のあげ方、農薬の使い方など、オラン・アスリの人びとにとっては未知の農作業の方法を華人から学び、それを人びとに伝えていった。それゆえ、「上の人びと」は、農業開発にも積極的であったと推察できるのである。しかし、これらの要因は、リーダーの資質に負うところが多く、それもあくまで偶然であり、そこに何らかの論理的必然性があるとは必ずしもいえないものであった。

それはともかくとして、一九七〇年代から八〇年代にかけて、断続的に実施された開発プロジェクトによって、ドリアン・タワール村は、オラン・アスリの村の中で開発に成功した村として知られるようになった。実際、新聞や雑誌で、彼らの成功の物語は伝えられている。

写真 5-1　ゴムの店

村びとは，2，3 日の間に採取したゴム樹脂（白く凝固している）をまとめて，バイクの荷台に積んでこの店に運んでくる。店主は，重さを量り，値段を決め，即座に現金で支払いをする。バイクを水洗いしているのは，ゴムのニオイが強烈で，すぐに水洗いしないとニオイが残ってしまうからである（2007 年 12 月撮影）。

こうした輝かしい成功には、必ずといってよいほど、影の部分があるのは当然予想できることであろう。実際のところ、ドリアン・タワール村でも、そのような事態は進行しつつあった。一九七〇年代初めに実施された家屋建設プロジェクトでは、受益者の対象が限られていた（戸数が限られていた）こともあり、プロジェクトへの参加しない人びとがいた。彼らは、プロジェクトへの参加を拒否し（と伝えられているが、実際のところは不明である）、従来の居住地にとどまった。その後、彼らは「上の人びと」の住む新居住地地域へ移住したが、新居住地のある丘の上ではなく、丘の下の平地に住みはじめたのである。そのため、彼らは「下の人びと」と呼ばれるようになった。彼らは、狩猟採集活動を好み、バティンや政府が奨めるゴム採液などの農業開発には興味を示さなかったといわれている。「ゴムは食べられないから、ゴム樹を育てても仕方ない」という彼らの当時のリーダーの語りが記録されている（Baharon 1973）。

その後の開発プロジェクトでは、彼らにも一定程度の配分が確保された。しかし、それは「上の人びと」と比べて配分率が低かった。

こうして、開発を契機として、祖先を同じくする「上の人びと」と「下の人びと」は、これまでとは違った社会経済状態に置かれるようになった。従来であれば、生業や生活状況などが異なってしまった人びとは、分裂して、どちらかが他の地域へ移動してしまうというのが、オラン・アスリ的な社会編成のあり方であった。実際、「下の人びと」の一部には、他の村へ移住した人たちもいた。しかし、ほとんどの人びとは、わずかな耕作地を得てドリアン・タワール村にとどまり、今日でも「下の人びと」の居住地で暮らしている。そのような人びとの中には、「上の人びと」との間に通婚関係や親族関係がある人びともいる。

このような状態が、人びとの意識にどのような影響をもたらすことになったのか。それは現在の村の状況からある程度類推することができる。「上の人びと」は、経済的に恵まれない「下の人びと」を見下すようになっていったし、「下の人びと」は、「上の人びと」の暮らしぶりを目にして自分たちの貧しさを意識するようになっていったのである。そして、両者はお互いに反感を抱くようになり、事あるごとに反発し合うようになった。こうして、開発資源の不平等な配分によってもたらされた経済格差は、結果的に、コミュニティにある種の不調和や亀裂をもたらすことになったのである。

――（2）宗教への改宗

次に、宗教問題がコミュニティの再編に与えた影響について考えてみたい。

かつて、森で移動生活を送っていた人びとは、森の精霊などを信仰するアニミズム的な宗教観念をもっていた。さらに、定住化して村の生活を送るようになると、アダットと呼ばれるマレー人の慣習を借用するようになり、「村の掟」としてのアダットを生活倫理とするようになった。のちに、村びとがイスラームやキリスト教の問題と対峙するようになったとき、それらの対抗概念としてアダットを持ち出し、「自分たちはアダットに従っているので、イスラームやキリスト教のやり方には従わない」と主張した点は興味深い。それはともかくとして、宗教が入る前、村びととの多くは、マレーシアの宗教上の分類に従えば、アニミズムあるいは無宗教とされていた。村びとは、アダット・リーダーのもとで、アダットに従って儀礼（婚姻儀礼や葬送儀礼）を行ってきたのである。

ドリアン・タワール村におけるコミュニティの不調和や亀裂に拍車をかけたのは、宗教問題であった。宗教は、村の経済格差に付け入る形で入ってきた。最初に問題となったのは、一九八〇年代に「上の人びと」の一部（「上の人びと」の中でも比較的貧しい人びと）がキリスト教へ改宗したことであった。当時は、イスラーム化を推進する政府の影響力も強く、それを後ろ盾にしたバティンなどの村のアダット・リーダーたちは、キリスト教改宗者たちを非難した。その結果、彼らは親族を頼ってほかの村に移住した。現在でも、ドリアン・タワール村の近隣の村にはキリスト教徒が多く住む村があるが、個人的なつながりは別にして、村どうしのつきあいはほとんど見られない。

キリスト教改宗の問題が起きた後、一九九〇年代後半にはイスラームへの改宗問題が起きた。国家主導でイスラーム化が推進されるなか、「下の人びと」を中心にイスラーム改宗者が増え、改宗者たちは、改宗や儀礼などをめぐって、村のアダット・リーダーたちと鋭く対立することになったのである。

たとえば、村のイスラーム改宗者たちは、豚肉などの禁忌とされる食べ物があるという理由で、村の人びとととともに食事をしないばかりでなく、アダット会館でアダット・リーダーが取り仕切る婚姻儀礼にも参加しなくなっていった。オラン・アスリ社会では、通常、儀礼の場での食事の場面になると、イスラーム改宗者たちは、非ムスリムが作る料理は食べることができないという理由で、一時的に席を離れるのが一般的な対応である。しかし、この村のイスラーム改宗者たちは、食事の問題を拡大解釈して、儀礼そのものに参加しないという態度をとったのである。

このイスラーム改宗者たちの態度の背景には、次のような事情があった。イスラーム化が進行するなかで、アダット・リーダーたちは、「イスラームに改宗したオラン・アスリは、イスラーム法に従わなければならず、オラン・アスリの村のアダットに従う義務はない」というオラン・アスリ局の通達を受けた。こうしたイスラーム改宗をめぐる政府側の介入に対して、アダットによる村の儀礼を守るために、アダット・リーダーたちは、イスラーム改宗者たちが希望するアダット会館でのイスラーム法に則った（イスラーム宗教職能者が取り仕切る）婚姻儀礼を許可しないという重大な決定を行った。アダット・リーダーたちは、これ以上、村にイスラームの影響が及ばないようにするため、アダットの牙城であるアダット会館においてイスラーム法に則った儀礼が執行されることを、拒否したのである。しかし、イスラーム改宗者たちは、アダット・リーダーたちによるこの決定の意味を理解できず、なぜ村の一員である自分たちが希望する婚姻儀礼をアダット・リーダーたちは許可してくれないのかと憤り、その後、食事を理由にして村の儀礼そのものに参加しなくなったのである。

こうしたことは一例にすぎないが、その他の日常のさまざまな局面においても、イスラーム改宗をめぐって双方の感情的な対立は深まっていった。

とはいえ、国家宗教であるイスラームへの改宗に対して、村のアダット・リーダーたちは、一九八〇年代のキリスト教改宗と同じ手段を用いることはできず、イスラーム改宗者たちの背後にある（と彼らが考えていた）国家と対立せざるをえない事態を招くことになった。このあたりの詳しい経緯や事情については、拙稿（信田 二〇〇四）を参照されたい。

二一世紀に入ると、「下の人びと」を中心に再びキリスト教への改宗が増えてきている。その原因は、正確には把握しきれていないのだが、一九八〇年代のキリスト教改宗とはやや性格を異にする改宗であることは確かなようである。一九八〇年代のキリスト教改宗は、マラカを中心としたカトリックの影響であったと考えられるが、最近のキリスト教改宗は、プロテスタント、しかもペンテコステ派と称される教派の宣教による改宗のようである。現在の改宗者たちは、以前のように村を去ることはなく、ドリアン・タワール村にとどまっている。現在、「下の人びと」の居住地には、スラウと呼ばれるイスラーム礼拝所とキリスト教の「教会」が併存している状態で、「下の人びと」の多くは、真のイスラーム教徒であるか、真のキリスト教徒であるかは別にして、少なくとも、いずれかの名目上の信徒となっている。

こうして、ドリアン・タワール村のコミュニティは、「上の人びと」「下の人びと」という経済格差のカテゴリーを基盤としながら、「アダット・グループ」「イスラーム・グループ」「キリスト教・グループ」に分断されているという入り組んだ状況にある。それぞれのグループでは、婚姻儀礼や葬送儀礼などの儀礼が別々に行われており、祝い事などのさまざまなイベントも別々に行われている。現在のところ、お互いにそれぞれの儀礼や行事に招待したり参加したりすることはない。また、墓場はそれぞれのグループで場所が別になっており、イスラーム改宗者たちは近隣のマレー人の墓場に葬られることになっている。

とはいえ、「イスラーム・グループ」であれ、「キリスト教・グループ」であれ、彼らと「アダット・グループ」との間には、何らかの通婚関係や親族関係が依然として存在している。逆にいえば、「アダット・グループ」の人びとは、みずからの親族の中に必ずイスラーム改宗者やキリスト教改宗者がいるのである。それゆえに、親族間で日々ストレスを感じつつも、村のコミュニティ自体は完全に決裂することなく、コミュニケーションの壁が存在する状態、すなわち分断状態にとどまっているのである。

ドリアン・タワール村では、定住化を契機として、次第に移住によって紛争を解決するという手段を採用しなくなっていった。そして、現在、コミュニティは、完全に決裂することなく、いくつかのグループに分断された状態にとどまり、しかもコミュニティの分断状況は複雑に入り組んでいる。こうした複雑に分断されたコミュニティにおいて、人びとは、かつては経験しなかったようなストレスをお互いに感じながら日常生活を営んでいる。そのような日常世界では、時々、些細な事柄をめぐって、さまざまな紛争の形をとりながら、人びとのストレスが爆発するのである。

ただし、村のコミュニティは分断されつづけ壊れていく一方ではなかった。若い世代の中から、村の伝統的価値観や人間関係、そして宗教に縛られることなく、村という境界を越えたネットワークを利用しながら新たなコミュニティを主体的に創造しようとする人びとが現れてきたのである。次項では、変容するコミュニティのもう一つの側面、すなわち、人びとが新しいコミュニティを創造する過程に注目していく。

4　創造するコミュニティ

オラン・アスリ社会におけるコミュニティの再編は、およそ三つの局面に分類できるであろう。第一の局面は開発による村の階層化である。前述のように、定住とそれに続く開発プロジェクトの導入により、コミュニティに、かつてないほど大きな経済格差が生じ、コミュニティが分断される状況が生まれたということである。第二の局面は宗教の改宗による分裂である。つまり、村びとがイスラームやキリスト教へ改宗することにより、価値観が多様化し、コミュニティの秩序維持が困難になってきたということである。そして第三の局面は、分断の局面であった第一、第二の局面とは異なり、新しいコミュニティの創造の局面である。第三の局面は、主に若い世代の人びとが、村外の近代的、都会的な職業に就くことを主な契機として、オラン・アスリとしてのアイデンティティに危機を感じ、新たなアイデンティティを模索するため新しいコミュニティを創造していく局面であるといえる。本節では、この第三の局面について詳しく述べていくことにする。

(1) 新しい生業とアイデンティティ

近年、ゴム採液を主生業としてきたドリアン・タワール村の生業状況に変化が生じている。それは、若い世代の間で、都市での労働、公務員や教師などの国家セクターへの就職など、いわゆる農業を生業としない人びとが増えてきたということである。私が長期調査を実施した一九九〇年代後半の頃は、そうした職業に就いている人びとは、ごくわずかであったが、現在の若い世代の職業状況をみてみると、狩猟採集やゴム採液などの生業活動に従事する人のほうが少ないという印象を受ける。若い世代が農業に従事せず、都市へ流出することについては、増えつづける村の人口と限られた村の土地の問題が原因の一つとして考えられる。つまり、土地不足である。それとともに、あるいはそれ以上に、子供たちを学校に通わせ、学歴が次第に高くなっていったことの必然的な結果であるとも考えられる。

いずれにしても、こうした若者の生業の変化は、これまで外部との接触があまりなかった村びとの意識にも影響を与えている。村の外の世界をよく知るようになった若者を通して、村の人びともまた、これまで以上に外の世界を知るようになった。加えて、携帯電話や衛星ケーブルテレビの普及などで、外からの情報が村に入りやすくなっていることも、変化の要因として指摘できるであろう。たとえば、最近の調査では、衛星ケーブルテレビを通してイングランドのプレミアリーグのサッカーを観戦することや、マイケル・ジャクソンのＤＶＤを視聴することを、村の日常のごく普通の風景として見ることができる。

その一方で、「外の世界を知る」ということは、彼らのアイデンティティ意識にも微妙な影響を与えている。たとえば、大学まで進学した村の女性は、大学生活を送るなかで、自分がオラン・アスリであることを痛烈に意識せざるをえない状況に直面した。森の中で原始的な生活をする野蛮人のイメージを押しつけられたり、宗教をもたないことを理由に仲間はずれにあったりするなど、外の世界に出なければ経験することはなかったであろう「差別」的な経験をすることになったのである。都市で就労する若者たちもまた、多かれ少なかれ、似たような経験をしている。

アイデンティティの模索というのは、こうした外部世界との接合を契機に生じていると思われる。以下で述べるようなPOASM（Persatuan Orang Asli Semenanjung Malaysia 半島マレーシア、オラン・アスリ協会）の集会の場では、「オラン・アスリって何なのだろう」「我々のアイデンティティって何なのだろう」という、素朴ではあるが深刻な問題が提起されている。それは、集会の場ばかりでなく、彼らの親の世代に対して投げかけられる疑問（「どうして私はオラン・アスリなの？」「どうしてオラン・アスリだからといって馬鹿にされなければならないの？」）として、若者たちの会話の中に頻繁に出てくる話題となっている。

――（2）POASM

ここでは、彼らが外部とつながることによって、ある種のアイデンティティの危機を迎え、そうした危機をみずから乗り越えていくために、POASMというNGOとつながりをもつことになった経緯を述べてみたい。

まず、このPOASMについて簡単に説明しておきたい。

POASMは一九七七年に、オラン・アスリが直面するさまざまな問題の解決やオラン・アスリ社会の自律を目的として、オラン・アスリみずからが立ち上げたNGOである（Dentan et al. 1997; Endicott 2003）。会員はオラン・アスリに限られ、設立当初は政府当局であるオラン・アスリ局の職員を中心に二七七名であった。二〇〇〇年には、会員は

写真 5-2　POASM の年次集会

1997 年 4 月，首都クアラ・ルンプール近郊の集会施設で開催された POASM の年次集会の様子。集会には，マレー半島各地からオラン・アスリの下位グループの人びとが参加する。それぞれの地域で直面している問題について討議したり，情報交換を行ったりする。年次集会は，オラン・アスリの人びととの出会いの場でもある。

半島全土のオラン・アスリに及び、会員数は約一万七〇〇〇人にまで増えている（Nicholas 2002）。幹部メンバーはオラン・アスリ局職員や教師、大卒の会社員など、オラン・アスリ社会のエリートが多く、近年は開発をめぐる諸問題や土地所有権に関する問題などについて政府と交渉するなど、その活動が活発化している。

しかし、オラン・アスリ社会も一枚岩ではなく、ＰＯＡＳＭに加入しない人びとが依然として多くいることも事実である。ＰＯＡＳＭは、オラン・アスリがみずから立ち上げた組織であり、オラン・アスリ局には批判的な組織である。それゆえ、ＰＯＡＳＭへの加入は、オラン・アスリ局に批判的であることの態度表明につながる。オラン・アスリ局に嫌われて、開発援助などを受けられなくなるのではと危惧する人びとはＰＯＡＳＭに警戒感を抱いている。

ＰＯＡＳＭの活動に参加している人びと（とりわけ、幹部メンバー）は、もはや狩猟採集に積極的な意義を見いだすこともなく、ゴム採液などの農業従事者も少ない。実業家など、どちらかといえば、オラン・アスリ社会の上層部に位置している人たちである。そのため、彼らが語る意見は、村レベルの人びとが考えている意見とは乖離している場合もある。たとえば、ＰＯＡＳＭの幹部メンバーの中には、イスラーム教徒やキリスト教徒である人びとも多い。このため、村レベルで問題となるような宗教の話題は、ＰＯＡＳＭの集会の場では慎重に避けられている。こうした宗教問題をタブー視する幹部メンバーの考え方に対して、とりわけ、宗教問題が大問題になっている村の人びとは不満を抱いている。

ＰＯＡＳＭは、自助組織的なＮＧＯなので、自分たちでみずからを助けようとする意志がある人びとに対してさまざまなアドバイスをしたり、現実に援助の手を差し伸べたりしているが、逆に、援助を受けることだけを主眼としている人びとに対しては手厳しい面もある。また、ＰＯＡＳＭの幹部と意見が合わない人びとと、時には対立してしまう場合があったり、さらに、従来の親族関係で対立している側の人びとにはアドバイスをしないなど、問題点もないわけではない。

写真 5–3 村での POASM の会合

1997 年 12 月，POASM の幹部がドリアン・タワール村を訪問したときの様子。中央には，POASM 代表が座り，向かって右横にはドリアン・タワール村のバティンが座っている。幹部によって POASM の設立目的や活動内容などが紹介され，村びととの間で質疑応答がなされた。この後，バティンは，POASM の名誉顧問に就任した。

マレーシアにおいて、サバ・サラワクの先住民が自分たちで立ち上げたNGOと比較すると、POASMは未成熟な部分があるのも事実である。サバ・サラワクの先住民にはキリスト教徒が多く、英語を話すことができる人びとも多い。そのため、サバ・サラワクのNGOは海外とのつながりも強い。その一方で、マレー半島部では、政府がキリスト教の宣教活動を厳しく制限していることもあり、オラン・アスリのキリスト教徒人口は多くはない。言葉もマレー語の習得にとどまっており、英語を流暢に話せる人は少ない。また、これまで政府が（国際NGOを含む）NGOの介入を認めず、オラン・アスリ局がオラン・アスリの保護を独占してきたことも弊害として考えられる。

以上のように、POASMにはさまざまな問題点も存在しているが、以下のような側面では、「新しいコミュニティ」として評価できる。

ここでは、最近の調査で得た情報を紹介してみたい。それは、身分証明書に関わる事柄である。

無免許でバイクなどを運転しているオラン・アスリは、警察がオラン・アスリであることを認知すれば、無免許での運転を許可されることがある。字の読み書きができないので、免許を取ることが難しいという理由からである。こうした場合、これまでは、みずからがオラン・アスリであることを証明する手段は彼らにはなかった。しかし、最近では、POASMのメンバーカードが有効である。つまり、POASMの加入者はオラン・アスリのみであるから、そのカードを所持していることはすなわち、その人がオラン・アスリであることを証明するのである。このような目的のためにPOASMに加入した人もいる。いわゆるIC（身分証明書）では、オラン・アスリであることを証明するのが難しい。なぜなら、名前がマレー人式の場合は、マレー人ムスリムと間違えられるからである。

これは一つの例にすぎないが、私が言いたいのは、きっかけは些細なことであっても、オラン・アスリの人びとはPOASMに加入して、POASMという「新しいコミュニティ」のネットワークを利用してみずからの現実的な問題を解決しようとしていることである。

こうした問題に加えて、大規模開発による土地の収奪や半強制的な移住など、実際のところ、従来の伝統的コミュニティだけでは対応できないような問題に、オラン・アスリの人びとは直面している。半ば隔離された伝統的コミュニティでは、外からの情報も少なく、彼らは政府の権力に対して黙って従う以外にさしたる方策をもたなかった。これは、これまでの伝統的コミュニティが、イギリス植民地時代から続いている統治システムの産物であり、権力の側が統治しやすいシステムとして形成されてきた側面をもつからである。つまり、伝統的コミュニティのリーダーであるバティンは政府内の組織に組み込まれており、リーダーを通じて、政府と縦の関係でつながっていた。このような伝統的コミュニティは、いわば蛸壺のように存在し、コミュニティどうしはあまり関係をもつこと（あるいは、関係をもたされること）が、なかったのである。

こうした伝統的コミュニティに対して、POASMは、オラン・アスリ社会の横の連携を可能にする、ネットワーク型の新しいコミュニティであると考えられる。

ドリアン・タワール村では、若い世代を中心にPOASMの活動に積極的に関わる人びとが増えてきている。彼らは、活動を通じて他地域のオラン・アスリや同世代のオラン・アスリと交流したり情報を交換したりできるところに、メリットを感じているようである。そうしたネットワークは、従来の親族ネットワークと異なり、親族関係や称号タイトルなどの伝統的な人間関係に縛られず、自由に意見を述べ、自由に行動できるという点でも、若い世代にとって魅力のようである。さらに、POASMでは宗教の問題を扱わないため、そういった意味でも、若い世代にとっては壁のない人間関係を構築できる場となっている。村レベルで問題になるような宗教の話題が避けられていることは、お互いの「宗教」にあまり深入りせずに交流できることを意味している。村の若者たちは、他地域のイスラーム教徒やキリスト教徒の若者たちと、いわば宗教の枠を超えた人間関係を構築し、さまざまな交流を行うようになっている。

オラン・アスリの人びとは、こうした新しいコミュニティに参加することで、土地登記やオラン・アスリ保留地の申請方法や政府内の動きなどのさまざまな情報を得て、従来では解決できない問題に対応しようとしたり、自分たちが直面している状況（たとえば、開発やイスラーム化）が他の地域でも存在していることを確認したり、場合によっては、他の地域の人びとへアドバイスをしたりしているのである。POASMの活動が活発化した背景には、都市での就労者が増えたことや、交通手段や通信手段の発達、学校教育によってマレー語を共通言語として使えるようになったことなどが考えられる。(3) POASMを通じて形成されるオラン・アスリ社会の横の連携は、政府による複雑化した統治に対応していくうえで、ある程度の有効性をもっているといえるであろう。

POASMが、今後どのように展開していくのかは、彼らの新しいコミュニティの創造過程を考えていくうえで、注目すべき課題である。

おわりに

以上、ドリアン・タワール村のコミュニティの再編に焦点を当てながら、村の伝統的コミュニティが分断される過程や、新しいコミュニティを創造する過程を述べてきた。移動から定住にともなって生じた生活形態の変化、開発によって生じた生業の変化と経済格差、世界宗教への改宗にともなう伝統的価値観の動揺、外部とのつながりによって生じたアイデンティティの危機、そして、自助組織としてのNGOの出現など、これらが、村のコミュニティの再編に影響を与えてきたといえるであろう。

オラン・アスリ社会では、植民地時代以降の統治プロセスによって形成された従来型の伝統的コミュニティが、外部からのさまざまな介入によって分断されてしまった。その結果、彼らが直面する新たな問題に、一枚岩となって対応することができない状況になった。また、それと同時に、伝統的コミュニティや従来の社会システムに対する人びとの期待感も次第に薄れていった。こうしたことは、外部権力の意図するものであったのかもしれない。

しかしながら、その一方で、外部権力が意図しない事態も起きていた。それこそが、新しいコミュニティの創造である。外部との接合が強まっていく過程で、彼らは開発問題やアイデンティティの危機といったさまざまな問題に直面した。しかし、外部世界との接合は、同時に彼らが問題に立ち向かう契機にもなった。そこにはNGOという新たなネットワーク型コミュニティの出現が大きく影響している。これまで開発の犠牲者となっていた彼らは、今日では、NGOという新しいネットワークの力を借りながら、開発という外部圧力に対抗しようとしているのである。また、外部世界で生活するなかでオラン・アスリのアイデンティティに危機感をもった若者たちは、伝統的コミュニティとは異なる新しいネットワーク型コミュニティを形成しながら、オラン・アスリの新たなアイデンティティを模索している。

POASMなどのNGOは、そのネットワーク型コミュニティの一例であるが、彼らはそうしたコミュニティを一つのオプションとして捉え、現実に直面する問題を解決するために利用しようとしているようにみえる。今日のオラン・アスリ社会では、若い世代を中心に、そうした新しいコミュニティに対する期待感が高まっているし、将来的にも、より高まっていくであろうというのが、私のさしあたっての予測である。

注

（1）バティン（*Batin*）は、オラン・アスリの村落のリーダー（村長）を指す称号である。マレー人村落の場合は、プンフル（*Penghulu*）の称号を用いるのが一般的である。オラン・アスリの村落レベルでのリーダーの称号は、バティンのほかに、マンクゥ（*Mangku*）、ムントゥリ（*Menteri*）、ジェナン（*Jenang*）、ジェクラー（*Jekerah*）、パンリマ（*Panglima*）などがある。しかし、行政制度の中に位置づけられているのはバティンだけである。

（2）サバ州には、カダザン、ドゥスン、ルングス、ムルットなどの先住民が暮らしており、サラワク州には、イバン、プナン、ビダユ、カヤンなどの先住民が暮らしている。

（3）一九九〇年代以降、NGOが国境を越えてグローバルに活動を展開するようになり、そうした世界的潮流のなかで、マレーシアのNGO活動が全般的に活発化していったことも関係しているといえよう（信田 二〇一〇）。

参照文献

〈和文〉

口蔵幸雄（一九九六）『吹矢と精霊』東京大学出版会。
田辺繁治（二〇〇五）「コミュニティ再考 —— 実践と統治の視点から」『社会人類学年報』三一号、一—二九頁。
信田敏宏（二〇〇四）『周縁を生きる人びと —— オラン・アスリの開発とイスラーム化』（京都大学東南アジア研究所 地域研究叢書15）、京都大学学術出版会。
———（二〇一〇）「『市民社会』の到来 ― マレーシア先住民運動への人類学的アプローチ」『国立民族学博物館研究報告』三五巻二号、二六九―二九七頁。

〈欧文〉

Baharon Azhar Raffie'i (1973) Parit Gong: An Orang Asli Community in Transition, Unpublished Ph. D. Dissertation, University of Cambridge.

Dentan, R.K., K. Endicott, A.G. Gomes, and M.B. Hooker (1997) *Malaysia and the Original Peoples: A Case Study of the Impact of Development on Indigenous Peoples,* Boston, Allyn and Bacon.

Dunn, F. L. (1977) Secular Changes in Temuan (Malaysian Orang Asli) Settlement Patterns, Subsistence and Health, *The Malayan Nature Journal* 31(2): 81–92.

Endicott, K. (2003) Indigenous Rights Issues in Malaysia, in B. Dean and J. M. Levi (eds), *At the Risk of Being Heard: Identity, Indigenous Rights, and Postcolonial States*, Ann Arbor, The University of Michigan Press, pp. 142–164.

Evans, I. H. N. (1915) Notes on Various Aboriginal Tribes of Negri Sembilan, *Journal of the Federated Malay States Museums* 6(2): 100–114.

Kathirithamby-Wells, J. (2005) *Nature and Nation: Forests and Development in Peninsular Malaysia*, Honolulu, University of Hawai'i Press.

Leary, J. D. (1995) *Violence and Dream People: The Orang Asli and the Malayan Emergency 1948–1960*, Monograph in International Studies, Southeast Asia Series, Number 95, Athens Center for International Studies, Ohio Univeristy.

Nicholas, C. (2002) Organizing Orang Asli Identity, in G. Benjamin and C. Chou (eds), *Tribal Communities in the Malay World: Historical, Cultural and Social Perspectives*, Singapore, Institute of Southeast Asian Studies, pp. 119–136.

第6章

国家統治の過程とコミュニティ
——タイの国王誕生日と村民スカウト研修の相互行為

高城　玲

はじめに

コミュニティは、人びとや多様な諸力がせめぎ合う過程のなかに存在している。とくに現代において、そうした人びとの具体的行為や諸力とはまったく無関係の閉じられた固定的かつ実体的な全体としてコミュニティを安易に対象化することは不可能だろう。また他方で、所与の固定的で実体的なコミュニティ像を葬り去り、そのつどの個々の行為にまで徹底的に断片化せていく主観主義的な分析では、行為者の視点を越えた関係性や社会的な諸力の編成を十分に捉えきれない危険性が付きまとってしまう。これらの理解では、均質で自己完結的な実体的コミュニティ像か行為者の自由で主観的な行為のみが、前面で強調されることになる。結果として、コミュニティが権力的な非対称的差異をみずから生起させながら、またコミュニティ自身が権力的な作用のただ中に置かれているという視座が捨象されてしまいかねない。

本章では、人びとの行為と国家をはじめとする多様な諸力のただ中にあるコミュニティのあり方に焦点を当てる。そうした権力作用にさらされつつ、みずからも非対称的な関係性を生み出していくコミュニティが、相互行為を通じて再構成されていく過程を記述したい。

ここでいう相互行為とは、主観主義的分析が想定するみずからの意思で自由に選択していくという行為のやりとりのことではない。そうではなくて、人びとが日常生活を生き、他の人と共に在るなかで、自然で当たり前となっているような慣習的、拘束的な行為のやりとりを、ここでいう相互行為として捉えたい。

具体的な事例として、中部タイ農村社会における国王誕生日の儀礼と、国家主導の村民スカウト研修の相互行為を取り上げる。国家や国王とコミュニティとの接合関係、いわば国家統治の過程に焦点を当てることによって、行為の慣習性と拘束性を重視し、権力作用と人びとが生きているコミュニティとの繋がりがより明確に見えてくる場に注意を向けていきたい(1)。

1　問題の背景 ── コミュニティ、相互行為、国家統治

ここではまず、本章に関連する問題の背景を簡潔に整理することで、視角を絞り込んでおきたい。

コミュニティをとくに国民国家やナショナリズムとの関連で、固定的で実体的な像から転換させた点で、まずはB・アンダーソンの「想像の共同体（imagined communities）」（アンダーソン 二〇〇七）の議論に注目する必要があるだろう。そこでは、「出版資本主義」や「共通言語」、「巡礼」などの拡大によって、さまざまな時空間にいる人びとを、

均質な時空間にいる国民という想像された構築物として描き出している。「想像の共同体」論はこの点で大きな意義を有するが、他方でコミュニティ内部の「想像された」均質性が強調されるために、とくに辺境における差異化の動きなど、想像／創造する人びとの具体的な行為や実践を十分に捉えることができなくなる可能性を併せ持つことにもなる。(2) したがって本章の関心からは、想像された解釈としてのコミュニティではなく、実践、相互行為としてのコミュニティという議論を視野に入れる必要性が提起されることになるだろう。(3)

ナショナリズムとの関連で、本章の舞台となるタイの文脈でいえば、村の中での村民スカウトの研修が王室や国家への恭順を喚起することを示したのは、アメリカの人類学者K・ボヴィー（Bowie 1997, 2005）である。ボヴィーは、村民スカウトの研修を「国家的忠誠の儀礼」として捉え、研修を通じて参加者が国家や王室の権力構造を再確認し、ナショナリズムへと収斂していくことを指摘する。そこではいくつかの儀礼的な場面構成も描き出されるが、制度的ナショナリズムを大前提として議論が進められていく。したがって、コミュニティにおける研修の具体的な行為は議論の背景に退いてしまいかねない。そこで本章では、行為の過程という地平に足場を置き、その地平から議論を展開していく。そうすることで、必ずしもナショナリズムだけに単純に収斂するわけではないコミュニティ内部における差異化や多様な動きを捉えることが可能になるといえるだろう。

コミュニティを実践、相互行為という視点から捉えようとすることは、行為の過程に焦点を合わせるということでもある。そこでは、相互行為の過程のなかにあるコミュニティ、つまり絶えざる行為の途上にあるコミュニティの姿がクローズアップされることになるだろう。また、相互行為としてのコミュニティという視点は、行為する身体と、身体を介した場所の共有への注目をともなう。つまり、具体的な身体と行為が集まる場所に焦点を合わせる必要があるということである。そこで本章では、人びとが凝集し、身体を介した相互行為が取り交わされる場所を具体的に対象化していきたい[4]。

コミュニティを実践や相互行為との関連で描き出し、実践コミュニティという場所として対象化したのは、J・レイヴとE・ウェンガーである（レイヴ／ウェンガー 一九九三）。そこでは、ある特定の関心や目的を共有し、参加による持続的な相互行為を繰り返すなかで、知識や技能を獲得していく行為者の集まりを分析している。この議論は、いわば相互行為としてのコミュニティの具体的な場所に焦点を当てた点で重要であるが、他方で、参加によって形成される均質的なアイデンティティを重視するために、コミュニティ内外でせめぎ合う権力作用のあり方への認識が不十分だとも指摘される（田中 二〇〇二：三五二、田辺 二〇〇五：三―四）。

こうして本章では、コミュニティを相互行為という側面から照射しようとするだけではなく、コミュニティにおける相互行為に不可避に働く権力作用という要素を組み込みながら議論する方向性が導き出されることになる[5]。存在の複数性の中で身体を介して共に在り、行為をし合う場所ともなるコミュニティは、不可避的に権力作用にさらされる場所でもある。

また、本章でいう国家統治とは、主に国家やタイの場合の王室などからコミュニティや人びとに対して及ぼされる権力作用一般を指す。ただしそれは、コミュニティが単純に国家に包摂されていく過程のみにはとどまらない。国家統治の中のコミュニティは、コミュニティ自体が相互行為の過程で内部に非対称的な関係を生み出しながら、みずからを再構成していくという、多層的な諸力のせめぎ合う場所となる。いわば、コミュニティを、そうしたある種のアリーナと捉えて分析していく必要があるといえるだろう。ローズが指摘するように、とくに二〇世紀末以降は「コミュニティが何よりも政治権力行使の対象、標的となる」（Rose 1999: 475）のであり、権力が作用する多層的な統治の過程を丁寧に記述することが求められているのである。

以下、本章では、標的として権力作用にさらされながら、国家や多層的な諸力のせめぎ合うコミュニティの具体的な場所と統治の過程を、タイの国王誕生日と村民スカウト研修に集まった人びとによる相互行為の過程として具体的に検討してみたい[6]。

2 国王誕生日の相互行為

(1) 国家儀礼としての国王誕生日

本章で取り上げる調査地は、タイ中部の中央平野上端に位置するナコンサワン県内の農村である（図6-1参照）。

図6-1　タイにおけるナコンサワン県の位置

ナコンサワンは、バンコクから北に約二四〇キロメートル、二つの川が合流し中央平野を貫流するチャオプラヤー川となる起点に位置し、古くから交通の要衝として、米・木材の集積地でもあった。調査村内には、北方から南下してきたピン川が流れており、農業用水の確保が容易で、基本的に米とサトウキビを中心とした比較的豊かな農業地帯となっている。とくに河川流域では、稲作の二期作や三期作が行われることも珍しくない。一九七〇年代頃には大規模な灌漑設備が整備されるなど、早くから国家による開発などが進められてきた、経済的にも比較的恵まれた地域である。

タイでは、毎年十二月五日の国王誕生日、母の日とも呼ばれる八月十二日の王妃誕生日など、大規模な王室関連の国家的儀礼式典が全国的に催される。とくに国王誕生日には、一カ月以上も前から誕生日を讃える肖像画やイルミネーションが街のいたるところに飾られ、テレビ、ラジオ、新聞、雑誌の広告は、慶祝の言葉や国王の写真で満載されることとなる。国王の肖像画や写真には「御繁栄」「聖寿万歳」などといった祝いの言葉が添えられる。

当日は、王室の宗教的儀礼がとり行われる一方、国家政府が主体となる誕生日を祝う祝賀式典が首都バンコクの王宮と王宮前広場で大々的に挙行される。夜に行われる式典には、国会議員や官僚が、勲章をつけた白の詰め襟上着、白の制帽、黒のズボンという正装で列席するほか、ろうそくを手にした万単位の国民が会場周辺を埋め尽くす。

ここで特徴的なのは、式典の様子が、すべてのテレビ局で生中継され、全国に流される点であり、そのテレビ映像に則って、全国の各村落でも同時に国家儀礼が行われていく点である。以下は、一九九七年の国王誕生日の夜における調査村での相互行為の事例である。

(2) 国王誕生日における相互行為(事例1)

会場となる村の集会所には、誕生日当日の数週間ほど前から、村民の手によって国王の全身肖像画が設置される。肖像画のまわりには蛍光灯が張りめぐらされ、普段は暗い夜の村内で、集会所の周りのみが煌々と照らし出されている。肖像画の前には祭壇が置かれ、ろうそくが立てられている。また、肖像画の上辺には五本、肖像画の両脇にも二本、国旗が立てられているほか、集会所の掲揚塔には大きな国旗も掲げられる。肖像画の斜め前、祭壇の横にはテレビが台の上に置かれ、集まった人びとに式典儀礼の中継放送が見えるようになっている。

夕方の六時半頃からテレビ放送が全チャンネルで、バンコクで開かれている儀礼の様子を生中継しはじめ、それは肖像画の横に置かれたテレビに映し出されている。当日は近隣村も含め八〇名近くの村民が集会所の肖像画の前に集まった。

この場の儀礼は、テレビを通して生中継されるバンコクでの儀礼と同時進行で進められる。テレビに映し出される儀礼の様子とアナウンサーの解説に合わせて、進行役を務めるタンボン行政機構[7]の医務委員が同時に進めていく。次の相互行為は、バンコクの会場で当時のチュアン首相が、祭壇のろうそくに点火するのと同時に、村でも祭壇のろうそくに火が灯される場面である（写真6-1参照）。ろうそく点火の時間は、現国王ラーマ九世の九という数字にちなんで、一九時五九分である。


進行役の医務委員が拡声マイクを通してテレビの生中継を解説する。

進行役「今首相がろうそくに火を灯すところです。我々の村では、我々の代表としてDタンボン行政機構議会議長のアパイ氏[8]がろうそくに点火します。」

タンボン行政機構議会議長のアパイが、皆の前に進み出て、一メートルほどの棒の先についたろうそくで、肖像画の前のろうそくに火をつける。

その後、テレビの首相の音声に合わせて、村民がその言葉を復唱する。

首相（テレビの音声）「我々臣すべては」　集まっている村民全員「我々臣すべては」

首相（テレビの音声）「お願い申し上げます」　集まっている村民全員「お願い申し上げます」

首相（テレビの音声）「プミポン・アドゥンヤデート国王が、御繁栄になり」

集まっている村民全員「プミポン・アドゥンヤデート国王が、御繁栄になり」

首相（テレビの音声）「末永く年齢を重ねられることを」
集まっている村民全員「末永く年齢を重ねられることを」
この後、テレビで国王賛歌が流されるとそれに合わせて村民も国王賛歌を皆で唱和し、最後の歌詞「万歳」でいっせいに手を挙げる。その際、猟銃を持ってきた村民が号砲を鳴らす。

まず指摘しておきたいのは、この事例の場所が、村落のコミュニティにおいて村民らが身体的に場を共有しながら、首相の言葉を反復するという相互行為を行う場所となっており、国家からの権力作用にさらされる統治のアリーナ、規律訓練の場所ともなっているという点である。つまりここでは、身体を介した行為を行う集まりの場所が権力作用の対象、標的となっているのである。

一方で、相互行為という点に注目すれば、主役であるはずの国王の身体が不在であることが、この場の相互行為を特徴づけている。多くの村民が集まり、場を共有して誕生日を祝うが、国王が実際には臨席していない。それにもかかわらず、肖像画を国王自身に擬することによって、あたかも国王がそこにいるかのように村民はふるまい、相互行為を行っている。この場は、祝うべき対象の主役である国王自身の生身の身体が不在であり、同時に国王の身体と村民との直接の対面的相互行為も不在となっている。

国王の身体の不在とは対照的に、その肖像画や写真、テレビの電波映像は、擬似的国王として全国津々浦々に至るまで過剰なまでに行き渡っている点も特徴的である。そして、最も注目すべきは、テレビ映像に基づいた行為の反復唱和と模倣という点であろう。村民が、首都で行われている儀礼における一つひとつの行為を、テレビに映し出される通りに模倣していくことによって、地方の一農村の儀礼も進められていく。また、祝いの言葉もバンコクで首相が述べた言葉を一字一句違わず、反復復唱する形で村民全員が同じ言葉を繰り返しているのである。

写真 6–1　調査村の集会所前で行われた国王誕生日の儀礼

国王の肖像画に捧げられたろうそくに点火するタンボン行政機構議会議長（事例 1）。首都バンコクで挙行される国家儀礼がテレビで生中継され，その映像に則って，全国の各村で同時に儀礼が行われていく。

しかも、ここでの行為と言葉の形式は、国家が統制しているものである。全国各地で行われる儀礼の運営手順は、基本的に内務省からの通達に基づくものだという。つまり、全国の各村において、それぞれ同様な相互行為が国家の方向付けと管理の下に繰り広げられている。まさに国家による権力作用の徹底した形となっているといえるだろう。

国家が提示する言葉や行為の範型を、テレビというメディアのテクノロジーが余すところなく映し出していく点は、テレビ・メディアというテクノロジーを介した特徴的な国家統治のあり方ともなっている。地方の末端村落で行われた祝賀儀礼ではあるが、テレビを介することによって、進行のすべてが首都バンコクで行われている式典とまったく同様かつ同時に、行われているのである。いわば、国家や国王による権力作用が、全国的に、かつ、国民一人ひとりの個別的身体に、シャワーのような電波を通して上から降ってくるということもできる(9)。

ただしここでのテレビ電波は、アンダーソンが出版などの事例で示したような、単に遠隔地にまで均質に想像的に行き渡るものとしてのみみなすことはできない。単純に均質に電波が及ぶのではなく、それが相互行為を通してコミュニティに権力作用として及び、アリーナの中の諸力のせめぎ合いを経て、コミュニティ自身も再構成されていくという、過程の一部として捉える必要があるだろう。

この場の相互行為のもう一つの特徴として、掲げられている肖像画の擬似的国王は、ものも言わず動きもしない、という点を確認しておきたい。テレビ電波の国王も一方的で、こちらからの行為には応じない。したがってこの儀礼の場に参加した住民らは、整然と決められた手順と動作をこなしていくだけである。しかしながら、その提示された手順や範型に方向づけられた行為を村民が繰り返す過程では、国王のあり方が、「臣」として「お願い申し上げるべき」対象として差異化されながら形づくられていくのである。こうして、この場は、国王の身体との直接的な相互行為が不在でありながら、肖像画や電波を通じた擬似的国王への行為が一方的に繰り返されることによって、逆に不在である国王の存在感が肥大化し、また国王を徹底的に卓越化していく過程ともなっていくのである。いわば不在の逆説といえるような場所となっているともいえるだろう。

同時に、この場に集まった人びとの間でも差異化が見いだされていく。つまり、行政機構の議長が首相と同じ行為を行う様子が集まった村民らの前で呈示され、議長の先導のもとに住民らの行為が行われていくことによって、コミュニティ内部においても議長と村民との間の非対称性が生み出されていくと考えられる(10)。

こうして、権力作用にさらされ、方向付けられる相互行為を通じて、重層的な非対称的関係性が再確認されながら、コミュニティ自身も再構成されるという国家統治の過程が、浮き彫りになっていくのである。

3 村民スカウト研修の相互行為

(1)ルークスア・チャオバーンという村民スカウト研修の歴史的展開と現在

次に、ルークスア・チャオバーン(*luksu'a chaoban*:タイ語)[11]という村民スカウト組織・運動の研修訓練を取り上げたい。

ルークスア・チャオバーンは、一九七〇年代を中心に活動を活発化させた組織で、当時盛り上がりを見せていた学生、民衆運動に対抗して弾圧を加えるという右派の、反共産主義的性格を強くもっていた。それが、一九九〇年代後半以降になると、反共のみならず、保健衛生などの新たな項目を加味しながら、四泊五日にわたる研修訓練を各農村で頻繁に繰り返すことで、国家から住民への直接的働きかけを再活性化させている(小野沢 一九七七; Bowie 1997; Chayan 1984)。

ルークスア・チャオバーンとはタイ語の字義的には「虎の子(ルークスア)民衆隊(チャオバーン)」を意味するが、世界各地のスカウト運動的性格も併せ持ち、[12]英語では Village Scout(村民スカウト)と呼ばれる。

とくに一九七〇年代には政府や国王が中心となり、財政的にもそれらの支援を受けてこの組織は拡大し、多くの住民を集めた研修を頻繁に開催していた。調査地であるナコンサワン県は全国的にみても、東北部のウドンターニー県に次いで二番目に研修参加者数が多い県である(Bowie 1997: 289–298)。一九九〇年代後半には、調査地郡内で、少なくとも年に一回は研修を行うこととされていた。各村長が中心となって参加者を募り、一回の研修につき二〇〇人ほどが参加する。基本的に一つの村から一〇人ずつの参加者を出すことが望まれる。実際に調査することができた一九九八年四月の研修の例をみると、最年少が十三歳、最高齢が五十八歳で、七三パーセントが十代の参加者、二十代も合わせれば八七パーセントほどにもなる。

主催者は、基本的に郡を単位とする国家の行政機構である。具体的には郡長が主催者となるほか、郡役所の官吏や職員、各村の村長、タンボン行政機構の議員などが、研修の準備、進行を取り仕切る。実際の研修活動を補助し動くのは、ウィッタヤコーン（専門家）と呼ばれる研修指導員で、一回の研修に二〇～三〇人ほどが参加する。彼らの中には、一九七〇年代の活動が盛んな時期に指導員として専門的に養成された経験のある者もいるが、その他は活動に熱心な小学校の教師や小売りの商店主らが事前の講習を経て指導員となっている。しかしあくまでも、プログラムを組み研修を運営するのは、郡長を中心とした郡の官吏やガムナン（タンボンの長）、村長などから成る主催者委員会であり、国家の行政機構が中心となっている。この研修訓練は、まさに国家の権力作用が、多くの住民が集まる場所に集中的に及ぶ結節点ともいえる。

――（2）村民スカウト研修における相互行為

入隊式における誓いの言葉（事例2）

研修は基本的に四泊五日で行われるが、ここではまず、一九九八年四月に調査郡内で行われた研修二日目の朝九時から始められる、入隊儀礼の事例を取り上げたい。

寺院に隣接する小学校の校庭に、幅二〇メートルほどの舞台が作られ、その上には台の上にラーマ六世の銅像と、額に入った現国王の写真、仏像、国旗が置かれている。ラーマ六世（一九一〇～二五年在位）は、ルークスア・チャオバーンの原型となったスアパー（*sư'a pa* 野虎：タイ語）という名の近衛師団を一九一一年に創設した国王である（Greene

1999: 41–44)。舞台の前には、小さな演台が置かれ、それらに向かって参加者二〇〇名ほどが、スカーフの色によって分けられたグループごとに整列させられている。舞台に向かって右側にはテントが二つ張られ、その中には来賓である副知事用のソファーが置かれている。主催者の郡長や官吏、ガムナン、村長などもテントの中に陣取っている。郡長や官吏などはカーキ色の半袖、半ズボン（女性はスカート）、ハイソックス、帽子というルークスア・チャオバーンの制服を身に着けている。また中央の参加者を挟んで向かって左側には、これも制服を身に着けた指導員が、一列に整列して立っている。彼らは、かつてルークスア・チャオバーンの研修を受けたことがあることを証明する深紅のスカーフを首に巻いている。村民によれば、一九七〇年代にはこのスカーフをしていることが、「民族、宗教、国王」[13]を守る良きタイ国民であることの自負ともなっていたという。

まず、来賓の副知事が舞台の上のラーマ六世像の前に進み出て、合掌し経を唱える。その際、副知事のすぐ後ろには郡長が控え、参加者の左側に整列していた指導員が移動し、参加者の前に横一列に並んで、皆で合掌して経を和す。その後、全員が片膝をついて頭を下げる姿勢をとり、ラーマ六世賛歌を歌い、「私たち下僕であるルークスアは、タイ国家、民族を信じ、敬います。……ラーマ六世がルークスアを支援なさり、民族と宗教を愛する心を涵養するよう研修を奨励なさいました」と、ラーマ六世と民族、宗教を称揚する。次に全員が立ち上がり、楽隊の音楽に合わせて現王妃の王妃賛歌を歌う。次の相互行為は、その後にルークスア・チャオバーンの誓いの言葉を述べる場面である。

司会者がマイクを通して号令をかける。

司会者「ルークスア、姿勢を示せ」

来賓、主催者も含めて参加者全員が舞台に向かって右手の人差し指、中指、薬指の三本の指を立てて、こめかみの高さまで上げる。司会が誓いの言葉を短く句切って述べはじめる。

司会「私の名誉にかけて」

その後参加者全員が繰り返す。

参加者「私の名誉にかけて」

司会者「私は、次のことを誓います」

参加者「私は、次のことを誓います」

司会者「第一項」

参加者「第一項」

司会者「私は」

参加者「私は」

司会者「民族、宗教、国王に忠誠を尽くします」

参加者「民族、宗教、国王に忠誠を尽くします」

司会者「第二項」

参加者「第二項」

司会者「私は」

参加者「私は」

司会者「常に他の人を助けます」

参加者「常に他の人を助けます」

司会者「第三項」

参加者「第三項」

司会者「私は」

参加者「私は」

司会者「ルークスアの規則に従って行動します」

参加者「ルークスアの規則に従って行動します」

司会者「手を下ろせ」

参加者、司会者の号令に従って手を下ろす。

この事例では、ウィッタヤコーンの一人が務める司会者の号令の通りに誓いの言葉が述べられていく。その際、全員が三本の指を立てた右手をこめかみの高さに挙げるというまったく同じ姿勢をとっている（写真6-2参照）。三本の指は、ルークスアを象徴する動作で、この三つの誓いを意味し、三本の指を立てることで誓いを遵守するルークス

写真 6-2　ルークスア・チャオバーンの研修訓練

入隊式における三指の敬礼（事例2）。この三指の敬礼は，ルークスアを象徴する身体動作で，三つの誓いを意味する。訓練期間中，参加者は国家の働きかける身体動作と言葉を繰り返し反復，模倣されられていく。

アであることを身体的にも表明することになる。

そしてその後の司会者と参加者とのやりとりは、司会者の発話を参加者が後に続いてまったく同じ言葉を繰り返すというものである。この一字一句違わぬ発話の反復，模倣はまた，全員が同じ身体的な姿勢を模倣してなされている。ここでは言葉そのものの反復のみならず、司会者の直後に反復するために、その語調やイントネーションまでもが似通ってくる。たとえば第一項のところで、司会者が「民族、宗教、国王」という言葉を一つひとつ強調するように区切って発話したのに対して、参加者も同様に区切って唱和している。このような発話の拘束的な反復、模倣と、その型にはまった形式性が大きな特徴となっている。こうして参加者は、このやりとりの中で司会者が代理として代表する国家の働きかける言葉、姿勢を実際に反復、模倣させられながら、その形式性をみずからの身体で経験していくのである。

とくにこの事例で注意すべきは、研修訓練の行為の中で反復、復唱させられる言葉の内容が、「民族、宗教、国王に忠誠を尽く」し「他の人を助ける」という国家の用意した道徳律であり、その内容が埋め込まれたものだったということである。[14]また、形式的な決まり文句や姿勢は、繰り返し反復することによって、参加者の身体に記憶として沈殿していきやすいという点にも注目したい。

ラーマ六世賛歌や王妃賛歌、三指の敬礼で何度も復唱、反復させられることで、「民族、宗教、国王」の重要性が当然のこととして個々の身体に浸透していくのである。研修に参加していた村民が、数日後に他の村民と道端で偶然出会ったとき、研修前は声を掛け合うだけだった挨拶とは異なって、意識せずに思わず三指の敬礼をしてしまったということからも、研修を通じた身体動作への影響が見て取れるだろう。

つまり、この事例では、国家が村民を集めて行為や身体を方向づけ統制していくなかで、コミュニティが道徳的、倫理的な標的としても再構成され、個々の身体にまで作用していく国家統治の過程が生み出されていたと考えられるのである。[15]

アーチくぐり抜けの儀礼（事例3）

次に取り上げるのは、小学校校庭の反対側に移動して一〇時頃から行われる、「アーチくぐり抜けの儀礼」と呼ばれる入隊の儀礼である。校庭には、長さ一五メートル幅三メートルほどの虎がうつぶせになっている人形が設置されている。虎の口は大きく開かれており、しっぽまで人が屈んで通れるほどのアーチ状通路が作られている（写真6-3参照）。

この母虎と呼ばれる人形のアーチ状通路を参加者がくぐり抜けるのが入隊の儀礼であり、くぐり抜けたあかつきに、参加者は初めてルークスア（虎の子）として認められるのである。虎の人形の前に整列させられた参加者二〇〇名ほどは、そこで、制服に身を包んだ指導員代表の説明を聞く。

指導員代表はハンドマイクを手に整列している参加者に説明を始める。

指導員「本日の研修に参加した皆さんは、ガムナンや村長などさまざまな地位や職業を有した方々で、団結して参集しています。しかしながら、地位に関係なく、この研修で色別のグループに分かれて集まったときには、我々は共に力を合わせて仕事に当たらなければなりません。我々は、今回、この母虎のアーチをくぐり抜けることが、霊験あらたかな儀礼であることを知っています。私は、ルークスアのピー・ノーン（*phi nong* キョウダイ：タイ語）[16]の皆さんに、気持ちよくくぐり抜けていただきたいと思います。皆さんが、この母虎のアーチをくぐり抜けたあかつきには、健康になっているでしょうし、また自分の年齢が各自十二歳にまで低くなっていることでしょう。皆さん同年齢、十二歳の友人同士となっているでしょう。どうぞ、皆さん自分の年齢を低くしてください。さあ、適当な時間となりました。ピー・ノーンであるルークスアの皆さん、アーチをくぐり抜ける心づもりをしてください。くぐり抜けて出てきたときに我々は同じ母から生まれた子供同士、ピー・ノーンとなり、ルークスア・チャオバーンとなるのです。以上です」

脇にいた別の指導員が、号令をかける。

別の指導員「全員、（三つの）戒」

参加者全員が、指導員に向かって三指の敬礼をする。

この事例では、参加者全員がその地位や職業を離れ、研修の一参加者として協力すべきことが説かれている。そして、地位や職業を離れるのみならず、この入隊のくぐり抜け儀礼を経た後には、それ以前とはまったく異なった個人になるとされる。ここでは、この儀礼がそれだけ「サクシット（*saksit* 霊験あらたかな、神聖な：タイ語）[17]」の力を帯びたものであるので、儀礼を経た後には、全員の年齢までが十二歳の子供になると強調されるのである。[18]

またこの儀礼の後には、年齢が若返るだけでなく、全員が同じ母虎の腹を通って出てきたピー・ノーン（キョウダイ）

写真 6-3　ルークスア・チャオバーンの研修訓練

入隊式で用いられる虎の人形と参加者（事例3）。この虎の人形は口が大きく開かれており，しっぽまで人が通れるほどのアーチ状通路となっている。訓練に参加する村民は，アーチをくぐり抜けることで，全員が同じ母虎から生まれたルークスア（虎の子）になるとされる。

となる。つまりここでは、さまざまな出自、職業、地位、年齢をもって集まった参加者が、いったんそれらを消し去った別の個として再生させられることとなる。いわば、擬似的なキョウダイとして想像上で再生させられることになるのである[19]。そして、再生した新たな個は、母虎から生まれた同腹のキョウダイ、共に同じルークスア（虎の子）として位置づけられていくのであり、そこには意図して方向づけられた擬似的な個への転換がみられる。

こうして、ルークスアとして新たに年少者として生まれ変わった参加者は、同腹のキョウダイ同士、一致団結して事に当たるべき、また国家の要請する三つの誓いによって、共に善良なる国民となるべき、新たな個へと仕立て上げられていくことになるのである。つまり、研修訓練を受ける前のこの入隊の儀礼で、国家は、それまでに参加者の身にしみ込んでいたハビトゥス的なものを、いったん年少者に擬すことによって、想像上で消し去り忘却させることを意図し、その上に新たな身振りや立ち居ふるまいをみずからの意向のもとに統治しようとしたと考えられる。いわば、想像上の忘却と身体への作用をもくろんだ国家統治の過程が、ここでは具体的な行為として同時に見て取れるといえるだろう。[20][21]

そして、この事例の最後にも再度見られるように、母虎をくぐり抜けルークスアとなった年少の参加者に対して、三指の敬礼という、形式化され統制された立ち居ふるまいが、研修の過程のなかで繰り返して模倣されていく。こうして、生まれ変わったとされる個は、国家によって導かれた形式性の中に、個々の身体動作を介して枠づけられていく行為を反復していくことになるのである。

役員から参加者への質疑（事例4）

「アーチくぐり抜けの儀礼」が終わり、ルークスアとして入隊が認められた後、参加者は校庭から寺院の集会所へと移る。そこでは、ルークスア・チャオバーンの歴史や目的、規則などが県レベルの協会役員から説明され、その後個々の研修指導員によって、重要な規則などの確認が行われる。最後にそこでの質疑応答の相互行為をみてみたい。

寺院集会所の正面には舞台が作られており、今回の研修を示す垂れ幕看板が大きく飾られている。垂れ幕を背にした演台をコの字に取り囲むように三列に整然と簡易椅子が並べられ、そこには色別グループごとの参加者が座っている。この配置によって参加者の視線は、演台で話す協会役員やコの字型の真ん中で説明する指導員に集中し、説明する役員や指導員からは、参加者個々人を個別的に、かつ、一望のもとに見渡せる状況となっている。[22]ただしこの場は、参加者と指導員の両者の間に、具体的な身体を介した対面性が確保されている。

県ルークスア・チャオバーン協会の男性役員が参加者の一人である年輩の女性の手を引いて、コの字型の中央に進み出てくる。そこで男性役員は、女性を皆の方に向かせ、マイクで全員に聞こえるように質疑を行う。次の事例はその際の相互行為である。

協会の役員が、マイクを通して年輩の女性参加者に問いかける。

役員「あなた名前は何」　女性参加者「サムラーンよ」

役員「歳は何歳」　女性参加者「五十三よ」

役員、間髪を入れず早口で、

役員「誰が言った」

参加者の間に笑いが起こる。

役員「十三でしょう」

多少の間の後に女性参加者も笑いながら、

女性参加者「はい、十三です」

役員「結婚はしている?」　女性参加者「しています」

役員、驚いた風を見せながら、

役員「十三で結婚しているの?」

女性参加者、手を口に持っていき笑い声をあげると、役員が続けて、

役員「まだ、結婚してない女の子でしょう?」

女性参加者、まだ笑いながら、

女性参加者「はい、そうです」

まず、この事例の最初で、協会の男性役員が年輩の女性に名前を問いかけている発話に注目したい。そこで使われる二人称は、タイ語で *nu* である。*nu* は本来「ネズミ」を意味するが、子供や比較的若い女の子がへりくだって言う際の自称、一人称を示すだけでなく、年齢の上の者が下の者、とくに年少の女の子に呼びかける際の二人称にも使われる。ここで、役員は相手の女性参加者よりも若く見え、女性参加者はどう見ても年若い女の子には見えないにもかかわらず、役員が女性参加者を指し示した二人称は、年下の若い女の子に対して用いる *nu* であった。年上の年配者にこの二人称を使えば、相手に対して失礼となることも十分ありうる。しかし、後に続く役員の発話を見ればわかることだが、ここでこの呼びかけは故意に使われており、後のやりとりへの伏線となっている。

次の発話で名前を聞かれた女性は即座に答えているが、その最後に使われた語尾は *ca* であった。*ca* は、両者の関係が親しくない場合には、どちらかといえば年齢が上の者が下の者に対して、親近感を呼ぶためにあえて使う比較的くだけた語尾である。つまり、ここで女性は役員よりも自分のほうを年齢が上とみて、そのような語尾を使ったものと考えられる。(23)

そこで役員の二つ目の質問は、相手女性の年齢に向けられる。女性の答えは五十三歳というものであったが、ここでも語尾に年下に対する *ca* が使われており、具体的に五十三歳という年齢を答えたことによって、やはり女性のほうが年上という点を暗に表明している。

それに対して、役員は間髪を入れず早口で「誰が言った」と聞き返しているが、この発話は文字通りの「誰が言った?」という問いではなく、むしろ「誰がそんなこと言った?」、「えっ、本当か?」という聞き返しに近い。ここでは、本人が一番よく知っているはずの個人的な女性参加者自身の年齢に関して、あえて他人である役員が「えっ、誰がそんなこと言った。その年齢は本当か。そんなはずないだろう」という意味合いの聞き返しをしているのである。

即座に間髪を入れずに追求した役員の発話は、そのような奇妙さのゆえに、周りで聞いている他の参加者の笑いを誘っている。

そして笑いがおさまりきらないうちに、役員は「十三でしょう」と、付加疑問文の形で相手の肯定を求めている。これは、前の発話「誰が言った」を受けたもので、「誰がそんなことを言った。そんなはずないだろう。本当は五十三歳ではなくて、十三歳でしょう」と同意を求めているのである。十三歳という数字は、事例3の「アーチくぐり抜けの儀礼」の際の説明をもとにして出てきた数字である。

「アーチくぐり抜けの儀礼」では母虎のアーチをくぐり抜けた後には、全員が同じ母から生まれた同年齢、十二歳の子供（ルークスア）となっていることが説かれていた。したがって、その文脈でいえば、すでに儀礼を経たこの年輩の女性参加者も、十二歳とはいわずとも、それに近い年少者でなければならない。五十三（*hasipsam*）と十三（*sipsam*）は、一桁の数字が同じで発音も重なる部分があるため、年齢を問いただした役員は、言い間違えか聞き間違えをよそおいながら、儀礼の際の説明を女性参加者に想起させ、指導員の説明のとおり、現在は年少者であるべきことに同意を求めているのである。

間髪を入れずに「でしょう」と問いただされた女性参加者も、儀礼で年少者となったことを思い起こし、十三歳というみずからの現在の年齢を受け入れさせられている。ここで、それまで年輩の女性参加者が使っていた *ca* という年少者に対する比較的くだけた語尾は姿を消し、代わって丁寧語の「です（*kha*）」が使われている。つまり女性参加者は十三歳という年齢を受け入れたと同時に、それに見合ったこの場での言葉遣いをしているのである。

次の発話で質問者の役員は、十三歳という年齢を再度確認するために、「結婚はしている？」という新たな質問を投げかけている。それに対して、女性参加者は十三歳として丁寧語 *kha* という語尾で応じながらも、質問内容に関しては、五十三歳である自分に照らし合わせて「しています」と答えてしまっている。すると、役員はこれも間髪を入れずに「十三歳で、結婚しているの？」と驚いた風をよそおって大げさに問いかける。女性が笑いによって、現在の自分が受け入れるべき年齢に思い至るのを見た役員は、「まだ、結婚してない女の子でしょう?」と、だめ押しの確認を相手に求めるのである。ここでも、十三歳という年齢の確認の際と同様に、*chai mai*と付加疑問の形で相手が肯定することを要求しており、実際、女性も次の発話でそれを認めることになっている。

ここで用いられている「女の子(*sao*)」という単語は、「うら若き女の子」といった女性に対するプラスの評価を含意する場合が多い。五十三歳の年輩の女性が「女の子」という呼称で呼びかけられることは、冗談でも悪い気はせず、苦笑いのなかで、新たに生まれ変わった十三歳の女の子としての自分を受け入れていくことにもつながっていく。

そうして生まれ変わった十三歳の女の子は、ただ単に年齢が若返っただけではなく、あくまでもその立ち居ふるまいや身振りを国家の意向のもとに方向づけ、統治しやすくするために想像的に生まれ変わらせられた、まっさらな個とされるのである。この場の具体的な相互行為において、役員は、事例3の「アーチくぐり抜けの儀礼」の際に強調された、参加者全員が年少のまっさらな個、つまり、三つの誓いの言葉を遵守するルークスアとして生まれ変わったということを、再度全員に想起せしめる役割を担っていたといえる。こうして、この場で自己がふるまうべき適切な行為が、質問者の役員とのやりとりを通して、一定の方向に導かれ、統治の対象とされていく。

しかしながら、ここでは次の二点に、とくに着目したい。第一は、この場の相互行為において、思い違いや相手の意図のずれなどによって、事例3の儀礼で生まれ変わったはずの自分の新たな年齢を、女性参加者が意図せずに元の実際の年齢に戻すという修正、変型を加えていたという点である。また第二に、女性参加者は十三歳の未婚の女の子という自己をこの場の応答を通じて受け入れていく一方で、この訓練の場所がルークスアとしてふるまわなければならない特殊な場所だと醒めた目で気づいている五十三歳の自己も、この場に同時に存在しているという点にも着目したい。それは、この場に適切な十三歳としての自分を、笑いという表情を含みながら受け入れている点に見て取れるだろう。

ここでの質疑応答は、あくまでもルークスア・チャオバーン協会の県役員を相手とする統制された相互行為のなかで、彼らによって設定された場で、いわば彼らの主導のもとに進められていった。したがって、質疑の過程で、県役員らによる統制から外れていく一時的な修正や変型が見られたにせよ、あるいは醒めた目で気づきかけた自己がいたにせよ、実際の行為では、指導員や役員の監視のもとに、彼らの示したこの場での「正しい」適切な自己や「十三歳の女の子」へと再度揺り戻し的に修正されていくこととなる。質疑の中で出てくる「誰が（そんなこと）言った」という役員の聞き返しは、「我々指導員が言った『正しい』答えとは違う」ということを含意しており、女性参加者に「正しい」答えへと改めて訂正することを求めているのである。

たしかに、ここで繰り広げられたやりとりは、圧倒的な権力作用の下での相互行為であり、国家を背景とする役員が、参加者の立ち居ふるまいや応答をみずからの意向のもとに導きながら統治しようとした、一つの具体的過程であった。しかし、そうしたなかにあってさえ、他方では、一方的に方向づけられた枠からはみ出す修正や変形という新たな行為の過程、あるいは枠づけられていく自己に気づきかけたもう一人の自己が見いだされた点を、同時に銘記しておく必要があるだろう。

おわりに

本章は、人びとの行為と国家をはじめとする多様な諸力がせめぎ合う過程のなかにあるコミュニティのあり方に焦点を当ててきた。そこでのコミュニティは、相互行為が凝集しせめぎ合う集まりの場所、アリーナともなっていたのである。本章の問いを改めて別言すれば、コミュニティは、行為が凝集する場所において、いかにして権力作用にさらされながら編成されていくのか、ということもできる。そのために、権力作用の中で行為が方向づけられていくという国家統治の過程に着目し、タイの国王誕生日と村民スカウト研修という具体的な場所の中で検討してきたのである。

また、本章で明らかにしようとしたのは、コミュニティを標的とする行為の過程としての国家統治の具体的あり方でもあった。つまり、コミュニティを実体的、均質的なものとして捉えることから離れ、また他方では、想像された解釈としての一枚岩的コミュニティ像をも相対化することで、身体を介した相互行為による諸力のせめぎ合いのなかにあるコミュニティの具体的な統治の過程を記述したのである。

たとえば、国王誕生日の事例で、国王がその場に不在でありながらも逆説的にその存在が徹底的に卓越化されていくという過程、また、議長が集まった村民たちから差異化され、そこに非対称的な関係が生み出されていくという過程が見いだされた。村民スカウト研修の事例でも、反復復唱や模倣の行為を通じて身体に形式性が埋め込まれていく過程、しかも国家などによって導かれた道徳的、倫理的な枠の中に押し込まれていく過程が指摘されたのである。

そこでは、制度やその結果のみが語られ、いわばブラックボックスとして取り残されがちな国家統治を、具体的な時と場所をもった一つの行為の過程として明らかにしたといえる。また、本章では、コミュニティが、国家などの権力作用にさらされ、内部に非対称的な関係性を生み出しながら、みずからも再構成されていく統治の過程のただ中に置かれているという具体的な姿の一端を示したといえるだろう。この点は、具体的な行為の過程を飛び越えて制度的な結果としてのナショナリズム論に収斂していくこれまでの議論では、手薄であった部分でもある。本章では、コミュニティ内部における差異化や多様な動きなど、必ずしもナショナリズムだけに単純に収斂するわけではない微細な側面を捉えることが可能になったといえるだろう。

しかしながら、同時に残された課題も浮かび上がってくる。本章で取り上げた事例は、国家などによる行為の方向づけがあまりにも強烈で、拘束される場面が多く目立ち、最終的に関係性の再生産を帰結する過程となっていた。それが、国王誕生日や研修という場所の一つの特徴であり、そこに権力作用とコミュニティとの関係をより明確に見ようとした意図もあったのだが、より日常的な相互行為が凝集する集まりの場ではどうなるのか、本章では十分に検討されていない。

この点は今後の課題になるが、最後の質疑の事例4に、残された課題を考えるきっかけが見いだせると考えられる。つまり、反復や模倣が繰り返されるなかで、思わず自分の実年齢を答えた参加者の行為は、たとえ一時的なものであったにせよ、強烈な権力作用による行為の方向づけに相反する契機と捉えることも可能だという点である。それは、権力作用のもとで擬似的に生まれ変わらせられた参加者が、相互行為の過程での偶発性によって、はからずも国家からの方向づけを修正、変形してずらした行為とも考えられるのである。また、質疑の最後には、枠づけられていく自分自身に気づきかけたもう一人の自己の萌芽をそこに見いだすこともできたといえる。たしかに、ここから新しい秩序や運動としてのコミュニティを作り上げていく方向に向かったわけではなく、取るに足らない行為や気づきかもしれない。しかしながら、これらの契機は、行為の微細な過程に着目することによって、初めて新たな可能性の芽として見いだしうることでもある。それは、相互行為の過程が持つ可能性と豊穣性と言い換えることもできるだろう。

いかに強烈に方向づけられた行為が反復、模倣され、たとえ結果として再生産にとどまったとしても、それは、あくまで違う場所で、違う時の行為を通じてなされるものだという、経験的な相互行為の地平に開かれたものなのである。当たり前のことだが、相互行為は、具体的なある時の、ある場所での経験的な行為なのであり、時間軸の中で閉じられることなく永続的に続いていくという点を忘れ去ってはならない。

本章の事例4が示唆するように、そうした具体的な場所における行為のやりとりの過程を民族誌的に記述することによって、初めて新たな行為や自己の可能性をつかみ取ることができるのである。つまり、相互行為がもちうる豊饒性、とくに行為の過程ということや、行為が閉じられることなく続いていくという相互行為の時間軸がもちうる豊饒性の中に、行為の方向づけをずらし、攪乱していく契機を見いだしうるのではないかということである。

コミュニティは、権力作用にさらされながら、相互行為を通して生み出されていくが、そこには常に新たな未発の相互行為と新たな社会、自己の可能性が胚胎されてもいる。別言すれば、コミュニティは、統治の過程における相互行為で、数限りない非対称的な関係や社会を生み出して再構成されていくと同時に、隘路ではあるが、日々いたるところでもう一つの関係や社会、自己を生成させる可能性に開かれた地平でもある。コミュニティは、そうした絶えざる相互行為の可能性と豊饒性の中に開かれてあるといえるだろう。

注

(1) 行為の慣習性と拘束性を重視し、研修訓練などの具体的場所を対象化すべき必要性に関しては、タイの相互行為と社会秩序をめぐる人類学的研究史を整理した別稿の中で論じた(高城 二〇〇九)。

(2) この点に関しては、Tanabe (2008: 1-5) を参照。また小田は「共同体の想像の貧困とは、アンダーソンのいうネイションの想像のスタイルによって、すべての共同体を閉じられた均質のものとして想像し、もう一つ別の想像のスタイルによって想像することができないという貧困さであった」(小田 二〇〇〇:四〇)としている。また、本書5章で信田は、マレーシアの辺境におけるオラン・アスリが、新しいコミュニティを創造していく過程を描いている。

(3) この点に関して、コミュニティを社会空間との関連で考えれば、「社会空間の定義は、人間たちの社会的行為または相互行為に帰着する」(今村 二〇〇六:三五)という議論も参照。

(4) 小田は、「日常的実践におけるこのような転換や接合という『もののやりかた』を記述しながら、生活の場において、共同体という概念を脱／再構築することが、文化人類学に求められている」(小田 二〇〇四:二四三—二四四)としている。

(5) 実践に関する人類学的レビューを行ったオートナーも、フーコー、ブルデュー、サーリンズらの議論を踏まえながら、実践、相互行為に作用する権力の問題を重視し、そうした行為が権力にさらされながら遂行されることによって関係性が生み出され、また変動していく具体的過程と場、歴史に着目すべきことを主張する（Ortner 1984, 2006）。また、相互行為を通じて権力を生み出していくコミュニティに関しては、タイの地方選挙を事例に別稿で論じた（高城 二〇〇二; Takagi 1999）。

（6）別稿では、タイでの国家行政末端の統治の現場として、灌漑設備利用に関する研修の相互行為にも着目した。そこではあるべきとされる政治的な「良き」ことがいかに研修の過程で語られているか検討している（高城 二〇一〇）。

（7）タイの地方行政制度は上から順に、県（*cangwat*）、郡（*amphoe*）、行政区（*tambon*）、村（*mu ban*）と訳される。しかし行政区（タンボン）と村（ムー・バーン）の訳にはゆれがあるので、タンボンに関してはできうるかぎりカタカナ表記とする。タンボン行政機構とは、タンボンの議会的な役割を果たす。

（8）本章で使われる人名は、国王や首相の名前を除いて仮名とする。

（9）この点に関してフーコーは、「司牧権力は、個別化を行う権力だということです。……牧者は、全体に目を光らせるとともに、それぞれの羊にも目を光らせなければならない。つまり全的にかつ個別にです」（フーコー 二〇〇七：一五八）としている。

（10）この時の議長の服装は議会用の盛装で、後日、ろうそく点火時の写真を額に飾って村民らに披露していた。なお、相互行為のなかで差異が可視化されていく過程に関しては、タイにおける日常の生活世界である農作業の場を事例に別稿で論じた（高城 二〇一一）。

（11）本章におけるタイ語のローマ字表記は、基本的に Anuman（1963）に従う。

（12）スカウト運動は、もともと二〇世紀初頭にイギリスで構想されたものだが、三指の敬礼やスカウトの誓いなど、ルークスア・チャオバーンが世界のスカウト運動から援用したと思われる点も多い。イギリスのスカウト運動や、その後の日本を含めた世界的な展開に関しては、田中（一九九九）を参照。

（13）「民族（*chat*）、宗教（*satsana*）、国王（*phramahakasat*）」は、タイ国家の中枢をなすものといわれ、国旗にもこの三つを意味する色（赤、白、青）が使われている。石井（一九七五）や末廣（二〇〇九）などを参照。

（14）世界的なスカウト運動における「スカウトの誓い（Scout Oath）」もここで出てくる三項目と重なる部分があり、ルークスア・チャオバーンがそれを援用したことがうかがえるが、「民族、宗教、国王」という部分に関してはタイの独自性が現れている。

（15）道徳的、倫理的コミュニティに関して、ローズは、ネオリベラリズム時代のコミュニティを人びとのエートス、倫理を満載した空間と捉え、またその限りにおいてエートス政治の標的になるとしている（Rose 1999: 476–478）。同様に現代の権力を論じた社会学者の渋谷も、コミュニティに着目し、「〈コミュニティ〉とは何よりも道徳的共同体である」（渋谷 二〇〇三：五一）としてその政治性を問題化している。

(16)ピーが兄、姉、ノーンが弟、妹をそれぞれ意味する。

(17)サクシットとは超自然的な神霊力を意味し、呪術的なことに関わる。

(18)たしかにこの回の研修には、十代の年少者が多く参加しているが、ある指導員の説明によれば、これはその時の参加者の年齢層に関係なく、高齢者の参加が多い場合でも、儀礼の後に十歳前後の年少者に若返ることが強調されるという。この点は、一九七〇年代の研修の事例でも指摘されている(Bowie 1997: 191–192)。

(19)想像された擬似的な親族関係に関しては、タイ人の人類学者タネートが、タイにおける国家と「想像された家族」の関係を論じている。彼は、二〇世紀初頭以来のタイで、擬似的な親族関係や「想像された家族」の表象が国家によって管理され、統治の道具として利用されてきたことを、感情的な側面も重視しながら明らかにしている(Thanes 2008)。

(20)ハビトゥス(habitus)とは、ブルデューによれば「知覚や行為の母胎として機能する」(Bourdieu 1977: 82)もので、社会関係の中で構築される身体化された慣習的な傾向性の集合である。ここでは主に儀礼における想像上の象徴的なレベルで、国家側がそれまで身体にしみ込んでいた慣習を忘却させようとしたのであり、日常を含めたハビトゥスの変容を考えるには、さらなる検討を要する。

(21)記憶と忘却については、アンダーソンが「悲劇を不断に『思い起こし』そして『すでに忘れ去ってしまって』いなければならない。これがやがて国民的系譜を構成する特徴的なからくりとなった」(アンダーソン 二〇〇七:三二八)と指摘している。アンダーソンは、ルナンの議論を引用しながら、新たな国民的系譜へと向かう意識の変化や断絶には、国家のキャンペーンによる特有の忘却がつねにともなわれるとするが、この事例でも、国家側が個人の記憶を消し去り、意図的な断絶を生み出したうえで、新たな生まれ変わった個を創出しようとしていると考えられる。

(22)フーコーは、少数の、あるいはたった一人の者が瞬時にして多くの、あるいはすべてのものを見渡せる施設としてベンサムの構想したパノプティコン(一望監視施設)を重要視する(フーコー 一九七五)。そこでは、監視される側からは中心部が見えない構造になっているために、実際には中心部に監視し見渡す者がいない場合でも、監視の眼差しが存在すると思い込ませることによって、最小のコストで支配が可能になる。ここで、この研修の寺院内の配置と比較すると、たしかに中央の指導員から参加者全員を一望の下に見渡すことができるが、他方、参加者からも指導員の存在をしっかりと確認できる配置となっている点が異なっている。

(23)この研修の他の場所で、この女性は年長者に対して、最初から *ca* ではなく、適切で丁寧な語尾 *kha* を用いている。

参照文献

〈和文〉

アンダーソン、A（二〇〇七）『（定本）想像の共同体――ナショナリズムの起源と流行』（白石隆・白石さや訳）、書籍工房早山。

石井米雄（一九七五）『上座部仏教の政治社会学――国教の構造』創文社。

今村仁司（二〇〇六）「社会空間の概念」西井涼子・田辺繁治編『社会空間の人類学――マテリアリティ・主体・モダニティ』世界思想社、三二―四七頁。

小田　亮（二〇〇〇）「共同体というものをどのように想像するか――『歴史主体論争』への人類学的介入」『日本常民文化紀要』（成城大学大学院文学研究科）二一輯、一三―五六頁。

――（二〇〇四）「共同体という概念の脱／再構築――序にかえて」『文化人類学』六九巻二号、二三六―二四六頁。

小野沢正喜（一九七七）「タイにおけるナショナリズムと村落の変動――Village Scout 運動に関する文化人類学的研究」『比較教育文化研究施設紀要』（九州大学比較教育文化研究施設）二七号、二九―四七頁。

渋谷　望（二〇〇三）『魂の労働――ネオリベラリズムの権力論』青土社。

末廣　昭（二〇〇九）『タイ――中進国の模索』岩波新書。

高城　玲（二〇〇二）「権力を生みだすコミュニティ――中部タイの地方選挙」田辺繁治・松田素二編『日常的実践のエスノグラフィ――語り・コミュニティ・アイデンティティ』世界思想社、一九一―二一二頁。

――（二〇〇九）「タイの人類学的研究からみる相互行為と社会秩序」『国際経営論集』（神奈川大学）三八号、一四一―一五六頁。

――（二〇一〇）「現代タイにおけるグッド・ガバナンスの一断面――相互行為の過程で語られる『良き』統治」『アジアにおけるコーポレート・ガバナンスと文化』神奈川大学国際経営研究所、二七―四八頁。

――（二〇一一）「差異の可視化と相互行為――タイの農作業における集まりの場」『歴史と民俗』（神奈川大学日本常民文化研究所論集）二七号、平凡社、一八五―二一四頁。

田中治彦（一九九九）『少年団運動の成立と展開――英国ボーイスカウトから学校少年団まで』九州大学出版会。

田中雅一（二〇〇二）「主体からエージェントのコミュニティへ――日常的実践への視角」田辺繁治・松田素二編『日常的実践のエスノグラフィ――語り・コミュニティ・アイデンティティ』世界思想社、三三七―三六〇頁。

田辺繁治（二〇〇五）「コミュニティ再考――実践と統治の視点から」『社会人類学年報』三一、一―二九頁。

フーコー、M（一九七五）『監獄の誕生 —— 監視と処罰』（田村俶訳）、新潮社。
———（二〇〇七）『ミシェル・フーコー講義集成七 —— 安全・領土・人口』（高桑和巳訳）、筑摩書房。
レイヴ、J／E・ウェンガー（一九九三）『状況に埋め込まれた学習 —— 正統的周辺参加』（佐伯胖訳）、産業図書。

〈欧文〉

Anuman Rajadhon (1963) General System of Phonetic Transcription of Thai Characters into Roman, in *The Nature and Development of the Thai Language*, Bangkok, Fine Arts Dept., pp. 32–36.

Bourdieu, P. (1977) *Outline of a Theory of Practice*, Cambridge, Cambridge University Press.

Bowie, K. (1997) *Rituals of National Loyalty: An Anthropology of the State and the Village Scout Movement in Thailand*, New York, Colombia University Press.

——— (2005) The State and the Right Wing: The Village Scout Movement in Thailand, in J. Nash (ed.), *Social Movements: An Anthropological Reader*, Oxford, Blackwell Publishing, pp. 46–65.

Chayan Vaddhanaphuti (1984) Cultural and Ideological Reproduction in Rural Northern Thailand, Ph.D. thesis, Stanford University.

Greene, S. (1999) *Absolute Dreams: Thai Government Under RamaVI, 1910–1925*, Bangkok, White Lotus.

Ortner, S. (1984) Theory in Anthropology since the Sixties, *Comparative Studies in Society and History* 26(1): 126–166.

——— (2006) *Anthropology and Social Theory: Culture, Power, and the Acting Subject*, Durham, Duke University Press.

Rose, N. (1999) Inventiveness in Politics, *Economy and Society* 28(3): 467–493.

Takagi, R. (1999) Interaction and Power Relations: A Village Head (*kamnan*) Election in Central Thailand, *Tai Culture* 4(1): 153–168.

Tanabe, S. (2008) Introduction: Imagined and Imagining Communities, in S. Tanabe (ed.), *Imagining Communities in Thailand: Ethnographic Approaches*, Chiang Mai, Mekong Press, pp. 1–19.

Thanes Wongyannava (2008) Policing the Imagined Family and Children in Thailand: From Family Name to Emotional Love, in S. Tanabe (ed.), *Imagining Communities in Thailand: Ethnographic Approaches*, Chiang Mai, Mekong Press, pp. 21–57.

第7章

過疎と高齢化の村の「生の技法」
——三重県Y地区の高齢者を支えるコミュニティ

中村律子

はじめに

近代国家に生きる私たちの暮らしは、生まれてから死ぬまで公的な制度（実定法的な制度）の網の目の中で組み立てられている。戦後の社会保障制度に影響を与えたベヴァリジ報告の中の「ゆりかごから墓場まで」という有名なフレーズが指し示すとおりである。しかし、私たちはその公的な制度をそのまま生きるわけではない。私たち自身もまた家族、親族、友人、コミュニティの関係性の中で、公的な制度を利用したり、制度の網の目をくぐり抜けたりしながら、独自の規範（自然法的な制度）を編み出し、日常を生きていくために生活を組み立てていく。

本章では、現代社会の中に置かれた老いの現実に寄り添いながら暮らしを組み立てる高齢者の立場と、それを支える仕組み（地域共同体・コミュニティ）について、改めて考えてみたいと思う。そういう意味において、本章は公的制度と生活実践とが切り結ぶ現実を理解し、実践的な課題を導き出す試みである。それと同時に、これまで行われてきた社会福祉制度に関する諸研究を、人びとの生活実践の側から再検討する試みでもある。

いうまでもなく、人が生きる場では、それぞれの人が自身を支え、他者を思いやる、気遣う、配慮するといった、人間関係やコミュニティへの関わり方がある。公的な制度の網の目の中で暮らしを立てるときに、それらの制度の中に閉じこめられ、無個性化されているように見えようとも、彼/彼女らには独自の生活世界が自明なものであり、「実践をめぐる新たな社会性と生き方が不断に生成していくことに注目すること」(田辺 二〇〇三：二三)が要請される。またそうした実践は当然のことながら個人的なものにはとどまらず、彼/彼女らを取り巻くさまざまな諸主体との相互作用を通して「コミュニティの慣習を維持、あるいは改変しながら、参加する者にとって多面的な生き方の技法を生み出す」(同書：二四)力をもっている。

これまでも、支配や服従、管理などに対して、権力関係をずらす、適当にある限度で身に合わせていく、あるいは拒否・抵抗するなどの戦略(ド・セルトー)、融通無碍の方法を行使する人間の「生活の便宜」(松田素二)などとして生活実践は論じられてきた。こうした議論における生活実践の場としてのコミュニティは、たとえば「何らかの文化的あるいは本源的特性をもった」集合体から「状況的に構築された集合性」までの幅をもったものとして理解されている。本章が対象としているのも、一見すると本源的な特性をもった静的な小さな共同体であるが、そこで暮らす人びとの間で、また、そこに関わる人びとの間での生活の実践は、実際には集合体そのものが「状況的に構築された集合性」であることを示している。本章では、田辺らの生活実践やコミュニティの概念に依拠しながら、過疎高齢地域に暮らす高齢者たちの小さな営みの集積と、高齢者と制度とを結ぶ専門家たちの日常的実践の生成と創造性を論じ、実践としてのコミュニティの一つの事例を呈示するとともに、高齢者福祉の問題に新たな切り口を提示したいと思う。

二〇一〇年九月現在の全国の高齢化率は二三・一パーセント、過疎化地域の高齢化率は三三・一パーセントである。

現在多くの農山村地域では、一九七〇年代後半から高齢化の急速な進行が始まり、集落人口の減少と高齢化（若者の人口流出、一人暮らし高齢者や高齢者夫婦のみの世帯の増加）、家族の高齢化とケアの問題、集落維持の問題などに対する取り組みが始まっていた。このような過疎化・高齢化が進む地域の中では、高齢者とその生活を支える福祉・医療の専門家たちとが、地域共同体を超えた関係性＝共同性をたえず生成、創造しつづけている。

以下では、まずはコミュニティの中での人びとの暮らしの組み立て方をいくつかのエピソード記述から明らかにし、次いで、それらの人びとと福祉・医療の専門家との関わりを、語りを通して検討する。

1 老いや病いを生きる人びとを支える生活実践とコミュニティ

本章で取り上げる三重県熊野市Y地区は、熊野市の北西部に位置し、奈良県北山村に隣接している。四方を山に囲まれており、かつては林業と谷間のわずかばかりの棚田を中心に生業を営む地域であった。高度経済成長以降の林業の不振と人口の流出により、その山林や棚田も一部しか手入れがされておらず荒れ放題の状況にあり、近年では獣害にも悩まされている。Y地区と熊野市を結ぶ交通機関は、週一日（水曜日の往復二便）のM交通バスしかなく、この路線バスさえも赤字路線のため廃止案が毎年のように持ち上がっている。交通の不便さは、高齢でかつ自家用車を保有していない高齢者の日常生活に深刻な問題を投げかけている。

二〇一〇年九月現在の集落の人口は三二名、二三世帯（高齢単身世帯一三、高齢者夫婦世帯四、息子との同居世帯五、その他の単身世帯一）の小さな集落である。まずは、この小さなコミュニティに暮らす人びとの生活の組み立て方を、互いの関わり方を中心にみてみよう。

―――（1）支え合う生活実践

エピソード1　共生する関係

「Sは小学校にも行かんで。あの人のお母さんが、よく読み書きだけは教えとったんさ。小さいときから、（両親が）あまり外にも出さんかったよね」とY地区の人たちは語る。その両親が死亡し、キョウダイたちも他出してから一人暮らしになった頃、「時々、食べ物や着る物をもって、行とったよ」「隣の人が怖がっての。Sのところは薪で風呂沸かさなならんけ。その火の後始末が大丈夫かというてね。時々、心配で消しに行ったこともあるってよ」と。「でも、今では、ヘルパーさんが来て、ようしてくれるって。Sもようなって、よかったの」などともY地区の人たちは語る。「毎日ホームヘルプサービスを利用し、食事、入浴などの心配がなくなったしね。風呂も、ヘルパーさんが薪で焚いとるが火の始末もきちんとしてくれとるし、心配ないね。風呂には手すりがついとるし、玄関の前の階段は、コンクリートのスロープにして、手すりも設置されとる。弟が大工で、家も（修繕したので）だいぶ良うなったよね」と、介護保険制度を利用するようになりSさんの生活が良くなったとY地区の人たちは安堵している。そして、Sさん自身も「今が一番極楽じゃて」と言っている。（二〇〇三年六月二十一日訪問時）

Sさん（七十代前半、男性、独居）は心身に障がいを抱えているにもかかわらず、長い間、福祉制度とは無縁で、その暮らしは集落の人びとによって支えられてきた。Sさんが福祉制度と無縁だった背景には、公的制度が抱える申請保護の原則の問題があった。「本人」に判断能力が欠如している場合は、家族・親族が、さらには近隣者、地域の民生委員が「本人」と関わりながら、福祉制度利用へとつないでいく。その仕組みによって福祉制度利用が可能なのだが、その仕組みがうまく機能しない場合が多いことも指摘されていた。Sさんの場合がそうだ。両親の死後、唯一のキョウダイ関係が「一方的に」切れていたが、「Y地区の人らは、誰かの親戚じゃてね。濃い親戚、薄い親戚もあって、Sを世話するのは当たり前」と考えるので、福祉制度が利用されなかったともいえる。

しかし、キョウダイ以外の親族による「世話」にも限界があったため、Sさんの生活を見かねた近所に住むTさん・Mさん親子や民生委員は、二〇〇〇年に介護保険制度がスタートするのをきっかけに、「福祉の世話を受けるのは恥だ」と考えていたSさんの弟に、介護保険利用の手続きを進言した。それを聞き入れた弟によって介護認定の申請手続きがとられ、要介護判定ののち、サービス利用が開始されたのである。この時、初めて障害年金受給の手続きなども行われた。こうして、Sさんは、福祉制度利用により「ひとなみの生活」が得られた。その後も、これまで同様に野菜や着る物を持って訪ねる人びととの日常的な関わりは失われていない。

このようにみてくると、障がいを生きるSさんへの家族扶養の限界は、すでに両親の死亡後の一九八〇年代頃から表面化し、極貧状態のSさんの生活を細々と支えていたのは、野菜や衣類を持って尋ねてくる人びとによる近隣関係だったことがわかる。Y地区では一九七〇年代から集落の若者たちの他出が始まるが、集落に残った人びとによる相互扶助関係が維持されてきたため、Sさんの生活はこの集落の人びとによって支えられてきたともいえる。今では介護保険制度を利用しながら「より良く生きる」Sさんの存在は、Y地区の人たちに、過疎高齢化していく地域においても、「障がいをもちながらも一人で生きること」「生まれた地域で共に生きること」が可能であることを認識させている。

エピソード2 「自律的な介護」という選択

Uさんによると、夫Hさんは、この二年近く入浴していないという。入浴しない理由として、「前は危のうなりにも、ちょっと立ってこうでもつかまえてお風呂行きよったんです。でも、（膝を立てて歩いていたので）膝の皮、痛とうなってきて、もう歩けんようになってきて。で、ヘルパーさんに、風呂に入れてもろたんです。その時に、入れ方が悪くて父ちゃんが痛がってにゃ。かわいそうじゃった。それからは、入っていない」。

また、こうも語る。「（移動）入浴サービス、知っとるよ。頼んでないよ。頼めばいいんだよ、ひと月に一遍とか来てくれるって言うんだけど。この人は嫌がるの、お金もかかるしにゃ。風呂に入りとうないと言うもんで。入りたかったら頼めるんじゃよ」「父ちゃんのことを思うて、夏には、何遍かふいて、着替えさせてるよ」「うん。ヘルパーさんは何回でも頼めるよ。（ケアマネジャーは）増やそうかとか言ってくれるけど。増やしゃ増やしおるほどお金がかかるもんでにゃ。で、一回でええことにしてあるんさ」「（ケアマネジャーが）お変わりないですかって言うもんで、はい、今のところは大丈夫って言ってるのさ」と。「本人は、まあ、耳は遠いだけでしっかりしとるもんでさ。それは駄目だと言ったらさ、そのようにせんと。本人は知らんようになったら、こっちゃから適当にできるけど。嫌じゃ、嫌じゃ言うのに、無理にもできんもんにゃ」と。（二〇〇三年七月二十三日訪問時）

夫HさんのUさん夫妻の要介護度は五である。HさんUさん夫妻（ともに八十代前半）の状況を考えても、ヘルパー派遣回数を増やすことや入浴サービス、さらには、デイサービスを利用することが、介護環境をより良いものにすると誰もが考える。しかし、Uさんは、Tさん・Mさん親子や甥のNさんから在宅福祉サービス利用を促されても、「今利用している以上の」福祉サービスの利用を頑なに拒否していた。

Uさんが「今利用している以上の」福祉サービス利用を拒否する背景は、伝統的な家族扶養意識、近代家族観における性別役割分業、互酬関係などから、その背景を説明することは可能であろう。たとえば、Uさんの「リウマチの母さん、おおばあさん、おじいさんにばあちゃん、そして父ちゃんを看るってことは、わしは、こういうふうに生まれ合わせとるじゃろにゃ。女ってのもあるけど。当たり前のことじゃって思うとるよ」という語りは、嫁や妻としての役割、義務、責任などといった伝統的な家族扶養意識に支えられている。

しかし、実はそれだけではないのである。Uさんは、経済的な問題とともに、利用料を払っているにもかかわらず満足できるサービスを受けられなかった経験と苦悩から、サービス利用に対する抵抗感を強め、自己流の介護と最低限の福祉サービスを利用するという自律的選択をしているのである。近隣のTさん・Mさん親子や甥のNさんたちが「福祉サービスを利用したらいいと言っても、自分で抱えこんどるもんで、いくら言ってもどうにもならん」と語るように、近隣のTさん・Mさん親子や甥のNさんたちの助言を聞きながらも、自分で考えて（夫が望む）介護をする、それがUさんにとっては、夫の生を支える技法ともいえるのである。

エピソード3 「サービスの非対称性」の克服

介護保険制度の勉強もようやったよ。新しい制度だったしね、自分が親父の世話せなならんと考えたから。介護保険の申請から介護認定のこと、そして、どんなサービスがどれだけ使えるかってね。最初の頃、こんなこともあってね。病院から退院するときに介護認定を受けた結果、要介護三と判定されてここに戻ってきたんよ。翌年の再認定のとき、訪問調査に来た人から質問されて（調査項目について）親父がすべてできる、と答えたもんで、その人は、確かめもせずに、要介護二と判定したんよ。その時、私がおらんかったんで、そないなことになってね。それで、なんで、パーキンソン病をもっとって、膀胱カテーテルで、食事もトイレも世話が必要な年寄りが、訪問調査のときに「自分でできる」と言うたからって、確かめもせんと、判定したんやって。現状維持ならともかく、なんで、判定が二って、つまり、それは良うなったということでしょう。誰が考えても、そんなことはありえんよねと、その時のケアマネさんでは話にならんので、上の人にかけあったんです。そしたら、その人ら「一度、判定したものは訂正できない。次に来たとき状態が悪くなりましたから判定を変えました、ということにしましょう」と言われたんです。私は、介護保険で何も金儲けをしようとして言うたんじゃないんですよ。おかしいと考えて言ったんですけどね。で、二、三カ月して判定をやり直して要介護三となったんです。その後、パーキンソン病で通院している病院の主治医から「要介護三ってのは、おかしいね」と診断書を書いてもらい、二〇〇三年の四月から要介護度四となったんですよ。（二〇〇三年九月一日訪問時）

父親の介護をするようになったNさん（五十代後半、男性）は介護の方法や介護保険制度の知識を学び、介護保険申請から一連の手続きをすべて行ってきた。上記のように、介護認定をめぐって、行政機関やケアマネジャーと対等に議論を重ねてきている。

Nさんは、我々はサービス「対象者」ではなく、あくまでもサービス「利用者」であるという認識から、介護方法や介護保険制度に関する知識を得るため、Mさんの勧めもあって、Mさんとともに、二〇〇四（平成十六）年三月にホームヘルパー三級の資格を取得している。知識や資格を取得するのは、介護者側が無知や無言では福祉サービスの専門家といわれているサービス提供者とは対等な関係になりえないという経験からなのである。Nさんは、ケアマネジャーや介護保険担当者などが提供する専門サービスを活用しながらも、自身で父親の介護生活を支える技法を獲得し、続けてもいたのである。

——（2）生活世界と日常の実践 —— 開かれた親密圏

Y地区は、「老老介護」地域という呼び名がついてもおかしくないほどに、過疎高齢化が進んでいる。現在は、老いた夫と老いた妻、老いた親と老いた子供、老いたキョウダイ同士、そして、老いたひとり者が暮らす地域なのである。このような地域を、外部からみると「介護問題」を抱えている大勢の人たちが暮らす地域ということになる。しかし、その厳しい現実に、Y地区の人たちは、ただ手をこまねいているわけではない。

それを、Uさん、Nさん、そしてSさんの生き方、その人たちと関わる人たちの語りから、その生き方とその生き方を支える人たちとの中で繰り広げられている日常の生活実践をみてきた。

過疎高齢化していく地域においても、「障がいをもちながらも一人で生きること」ができる可能性を見いだし共生する関係を創造しながらY地区の人びとは暮らしている。そこには「より良く生きる」「共に生きる」ことを実現するため、公的制度を利用し、かつ従来からの「お互い様」といった相互扶助関係に見られるような他者への承認と配慮がある。つまり、Y地区の人びとには、障がいや病いをもつ身体と折り合いをつけながらY地区(の人びと)と関わることによって支えられる暮らしがある。それは、福祉サービスの不信感から夫の望む独自の介護方法を手に入れる技法を身につけたり、親の介護を始めたことによって介護保険制度の知識を学び、より良い介護方法を工夫したり、サービス「対象者」ではなくサービス「利用者」として自分たちが望むサービスを選択したりする、というような創造的で自律的な暮らしでもある。

現在、多くの過疎高齢地域では、「老老介護」の問題や「介護Uターン」を選択する動きが見られるが、独身の壮年男性が仕事を辞めて地方に住む親の介護を担う場合、生活費は親の年金に依存せざるをえない。それはY地区でも例外ではなく、Nさん以外にも三名が親の介護を理由に「Uターン」している。集落の人びとは、「男一人での介護は大変。おかずでも持っていくんよ。何かあったら電話ちょうだい。すぐ行くからねと、言ってるんよ」と、時にはお節介し、時には距離を保ちながら見守っている。男性の介護は、こうした過疎高齢地域だけでなく都会でも多くなってきている。Y地区での実践は、その環境をいかに作り上げるかを教えてくれている。

これまでも、農山村地域では、公的な福祉援助に対する抵抗感や距離感をもつ人も多く、福祉サービスに対する期待度が低いと指摘されてきた。たしかにその傾向は、Y地区の人びとにも現れている。しかし、一人暮らしや夫婦のみといった高齢者世帯の増加によって、従来のように血縁・地縁を中心とした非選択縁による援助機能が期待できない地域は、最もきめ細かい福祉サービスが行き届かなければならない地域でもある。その福祉サービスの隙間に、集落の人びとによる開かれた親密圏があることによって、集落での生や老いは支えられているのも事実である。

もちろんY地区の人びとだけが実践の主体であるわけではない、Y地区を出て暮らす多くの親族や友人との直接間接のコミュニケーションがある。また、次節でみるように、公的な制度・施策とY地区の人びとを媒介する人びとがいる。Y地区の人びととは、それらの人びととの間で創られる実践としてのコミュニティの住民であることによって、日々の生活を組み立てているのである。また、Y地区の人びとの日常的実践は、媒介者たちを通して、時にはY地区の外で暮らす人びとの生を変え、次節でみるように、制度のあり方をも変えさせていくのである。実践としてのコミュニティとは、メンバーシップの固定したある種の本源的な共同体ではなく、こうして開かれた関係性の網の目として、そして絶えず変容するプロセスとして了解し、記述すべきものであることを、私たちは事例を通して理解したのである。

3 高齢者の医療と福祉を支える日常的実践 ―― 過疎高齢地域における制度の媒介者

一九九〇年代の後半から、熊野市は、Y地区において保健・福祉・医療のサービスを地区の高齢者とともに創り上げる試みを始めていた。この節では、高齢者と医療や福祉制度をつなぎ支援する保健・医療・福祉関係者の日常的実践について、以下具体的にみていこう。

──（1）保健師による「個」と「個」をつなぐ空間の創造

Y地区独自の「ほっかほっか教室」の始まり

熊野市全域（二〇地区）では、一九八三年の老人保健法施行とともに、保健福祉サービスの一環として月一回の地区巡回健康相談事業が実施されている。その健康相談事業は、血圧測定、検尿、個別の健康相談が中心である。Y地区のあるI町では、市の健康・長寿課主催のこの健康相談事業への参加利用者が年々減少傾向にあった。Y地区の利用者の減少も目立ってきた。理由としては、移動手段がなく会場まで行きにくいことであった。そのため、市健康・長寿課部内ではY地区での健康相談を中止する方針も検討されたが、A保健師は「Y地区は過疎高齢化問題が深刻になりつつある集落のため、ここで健康相談事業を取り止めたら、見守りのための機会が何もなくなる。とりわけ、冬場のことを考えると、点在して暮らしている状況にあって、高齢者が閉じこもりがちになることが心配だった」ので、冬場だけでも集まる機会として、閉じこもり予防、介護予防のような教室を開いてみようかと考え、K区長に相談した。その結果、二〇〇二（平成十四）年度から二〇〇五（平成十七）年度までの四年間、「ほっかほっか教室」という独自のサービスが実施されることになった。

開始した二〇〇二（平成十四）年度は、初年度でもあったので、実験的に、通常の健康相談事業のほかに、冬場の三カ月（十一月、一月、三月）に限って、閉じこもり予防の観点から、健康相談に来所した高齢者と共に昼食を作り午後二時頃まで過ごすというプログラムを、市健康・長寿課の保健師二名が担当して実行した（写真7-1）。参加者は一〇名程度だった。

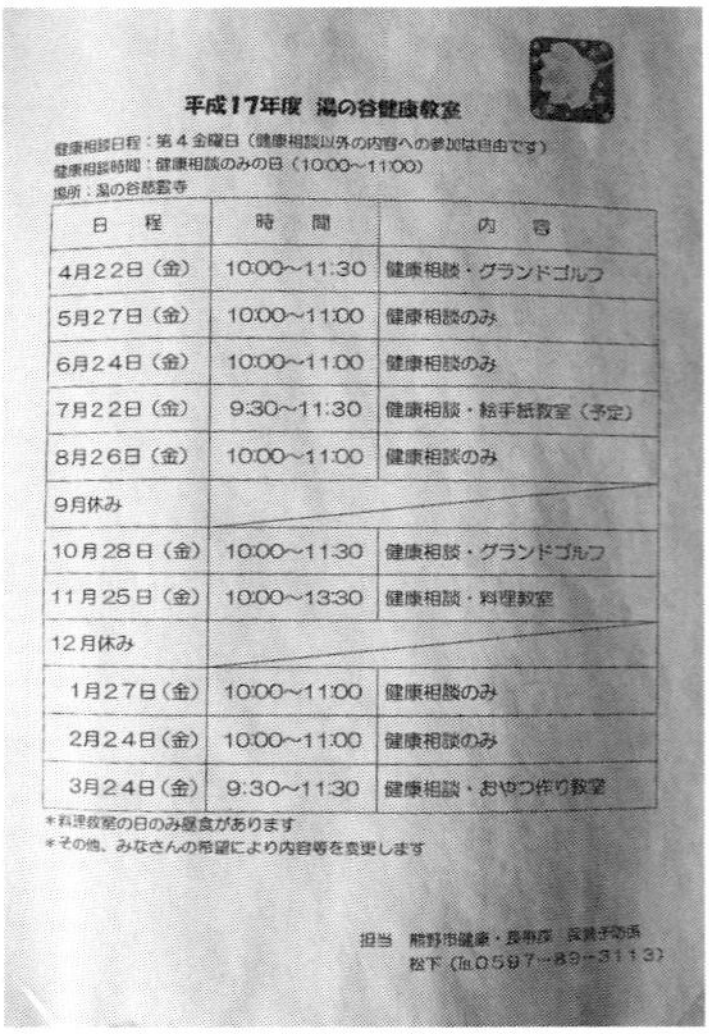

平成17年度　湯の谷健康教室

健康相談日程：第４金曜日（健康相談以外の内容への参加は自由です）
健康相談時間：健康相談のみの日（10:00〜11:00）
場所：湯の谷慈雲寺

日　程	時　間	内　容
4月22日（金）	10:00〜11:30	健康相談・グランドゴルフ
5月27日（金）	10:00〜11:00	健康相談のみ
6月24日（金）	10:00〜11:00	健康相談のみ
7月22日（金）	9:30〜11:30	健康相談・絵手紙教室（予定）
8月26日（金）	10:00〜11:00	健康相談のみ
9月休み		
10月28日（金）	10:00〜11:30	健康相談・グランドゴルフ
11月25日（金）	10:00〜13:30	健康相談・料理教室
12月休み		
1月27日（金）	10:00〜11:00	健康相談のみ
2月24日（金）	10:00〜11:00	健康相談のみ
3月24日（金）	9:30〜11:30	健康相談・おやつ作り教室

＊料理教室の日のみ昼食があります
＊その他、みなさんの希望により内容等を変更します

担当　熊野市健康・長寿課　保健予防係
松下（℡0597−89−3113）

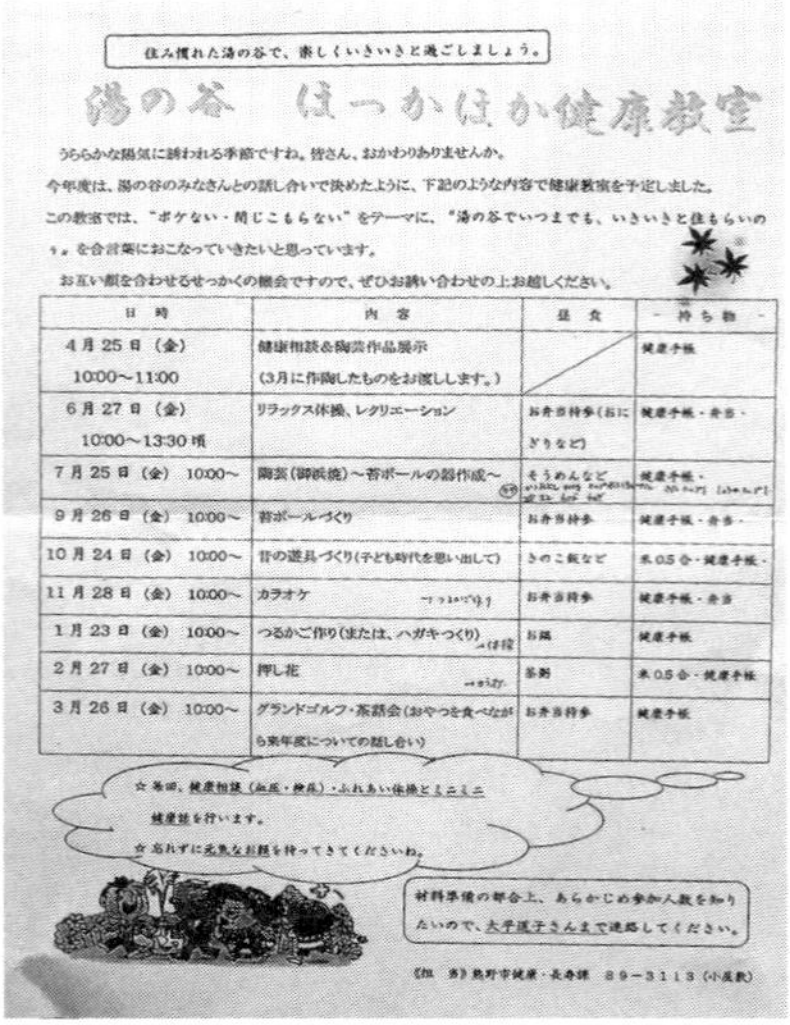

住み慣れた湯の谷で、楽しくいきいきと過ごしましょう。

湯の谷　ほっかほか健康教室

うららかな陽気に誘われる季節ですね。皆さん、おかわりありませんか。
今年度は、湯の谷のみなさんとの話し合いで決めたように、下記のような内容で健康教室を予定しました。
この教室では、"ボケない・閉じこもらない"をテーマに、"湯の谷でいつまでも、いきいきと住もらいの"を合言葉におこなっていきたいと思っています。
お互い顔を合わせるせっかくの機会ですので、ぜひお誘い合わせの上お越しください。

日時	内容	昼食	持ち物
4月25日（金） 10:00〜11:00	健康相談＆陶芸作品展示（3月に作陶したものをお渡しします。）		健康手帳
6月27日（金） 10:00〜13:30頃	リラックス体操、レクリエーション	お弁当持参（おにぎりなど）	健康手帳・弁当・
7月25日（金） 10:00〜	陶芸（御浜焼）〜苔ボールの器作成〜	そうめんなど	健康手帳・
9月26日（金） 10:00〜	苔ボールづくり	お弁当持参	健康手帳・弁当・
10月24日（金） 10:00〜	昔の遊具づくり（子ども時代を思い出して）	きのこ飯など	米0.5合・健康手帳・
11月28日（金） 10:00〜	カラオケ	お弁当持参	健康手帳・弁当
1月23日（金） 10:00〜	つるかご作り（または、ハガキつくり）	[illegible]	健康手帳
2月27日（金） 10:00〜	押し花	茶粥	米0.5合・健康手帳
3月26日（金） 10:00〜	グランドゴルフ・茶話会（おやつを食べながら来年度についての話し合い）	お弁当持参	健康手帳

☆毎回、健康相談（血圧・検尿）・ふれあい体操とミニミニ健康話を行います。
☆忘れずに元気なお顔を持ってきてくださいね。

材料準備の都合上、あらかじめ参加人数を知りたいので、[illegible]さんまで連絡してください。

《担当》熊野市健康・長寿課　89−3113（[illegible]）

写真 7−1　「ほっかほっか教室」の年間スケジュール
（左は 2005 年度，右は 2004 年度）

この三回の活動をもとに二〇〇三（平成十五）年度の計画について再度K区長と相談し、Mさんの協力を得て、四月以降は毎月一回（第四金曜日）開催することになった。また、年度末には、次年度のプログラムを参加者とともに考案していた。介護保険制度の定着化のねらいもあり、担当者も、市健康・長寿課の保健師と「いきがい健康支援室」の職員の二名となった。さらに、Y地区の人に関心と参加を呼びかけるため、健康相談事業を、冬場に皆で集い合い暖まることを意味する「ほっかほっか教室」（以下、「教室」）と名づけた。

内容は、健康相談を中心に、レクリエーション的な内容を取り入れ、参加者全員での昼食作りを併用するというプログラムであった。Y地区の人びとの要望を取り入れ、五月の茶摘み、八月のお盆の時期、そして年末の十二月などは休止としていた。開催場所は、移動を考えて、Y地区の中心部であるG寺の集会場を使用し、参加者は概ね一〇人ぐらい（男性は二名）で、七十〜八十歳代が中心であった。その当時のY地区在住者は三八人であるから、四分の一の人たちが参加していたことになる。このプログラムは、先にみた健康相談事業より大きな成果が見られた。また、この事業運営は、「いきがい健康支援室」(現在は「いきがい健康支援係」)の介護予防支援事業(県からの補助金)に依っていた。とくに年会費も集めておらず、調理・材料代は、すべて事業費より支出されていた。

しかし、この「教室」は、二〇〇五年の介護保険法改正によって介護予防に力点が置かれることになったため、その年度いっぱいで中止された。「教室」はその先駆的な事業であったにもかかわらず、市は「参加者数がこれ以上期待できない」「Y地区だけを特別にはできない」「他の地区ではたまり場が活用されている」との理由から、「月一回の地区巡回健康相談と年三回のたまり場を活用する」という方針を立て、「教室」は「発展的解消」となったのである。その直後の二〇〇六(平成十八)年四月からは、熊野市全域で、二カ月に一回開催される高齢者健康教室「まめな会」(「まめなんかえー」が、方言で「元気ですか」を意味する)が、Y地区でもスタートしている。

コミュニティで生きる人びとから学ぶ保健師たち

この「教室」を運営することによって、A保健師はさまざまなことを学んだという。一つは、Y地区の過疎高齢化が当初考えていたよりも深刻であるとともに、地区独特の問題を抱えており、Y地区独自の保健活動が必要であるということだった。A保健師はY地区を担当するようになって四年になった。二〇〇〇年にスタートした介護保険制度の対象にならない高齢者へのサービスの必要性が指摘され、「いきがい健康支援室」の事業として「教室」はスタートした。

「教室」の発想の原点は、前任者のM保健師が、Y地区のTさんの夫の訪問看護とホームヘルパー同行訪問を実施していた頃に、深刻な過疎高齢化の状況に直面して、定期的な巡回訪問指導のほかに何か提供できないかと考えたことだった。M保健師が考えていたのは「親戚関係のつながりを最も大切にし、互いに気にかけあっている雰囲気があったY地区をモデルにしたミニ・デイサービスみたいなもの」だったそうである。その後M保健師は退職したが、業務を引き継いだA保健師は「福祉の人たちも交えて、そのことを話し合ったんです。Y地区がうまくいけば、もっと高齢化が深刻な地域でもできるかな」と考え検討を始め、現実化した。

過疎高齢地域では、住居が集落内に点在しているため、何かの機会を利用して「とりあえず集まる」きっかけを提供する仲介的な存在としての意義を見いだしたのである。それは、巡回訪問健康相談だけではなく、Y地区ならではのコミュニティの特性を重視した、保健師活動の原点である地域保健活動としての意義であった。健康づくりを押しつけるのではなく、Y地区の人びとと、共に作り上げることの重要性への気づきであった。

第二は、高齢化という厳しい現実の中で、この教室の限界を認識したことである。

みなさん、何らかの病気を抱えていながらも、何かをしたいという思いがあるようです。なので、Y地区ならではの何かを作ったりするといいと思っていたんですが。そういうきっかけづくりというか。あと、またそれを機会に、みんなで出てくるようになってくれたらいいなと、そちらのほうを主に置いて見守りを兼ねてやってきたんです。何か効果があったというよりも、みなさん集まって一緒にご飯を食べて、たあいない話をして、心の張りになっていると。見えられる人数も決まっているので。これはこれで、意味のあるものだと考えています。(二〇〇二年七月三十一日訪問時)

年度末には参加者とともに年間のプログラムも作成するなど、Y地区の人びとの主体性に期待をしていた。しかし、同時に限界も認識させられることになる。それは「もう一〇年早かったら、もっとおもしろいことがやれたけれど、年齢も高いので(やれないのではないか)」「教室に他の地域からボランティアが来てくれれば、もっと何かやれるのに」というように、さらに進む高齢化と人手不足という現実的な問題に対する自分たちの活動の限界である。

現在、Y地区に暮らす一人暮らしの高齢者や高齢者夫婦世帯の安否確認などの見守りシステムとしては、駐在所の警官、市役所の出張所職員、地域包括支援センターの職員による訪問がある。

──(2) 診療所の医師の実践──理想と困難さ

過疎高齢地域の医療システム

過疎高齢化が進む地域では、過疎地域における医療が抱える問題を直視し、人間の尊厳を大切にする地域医療(プライマーリケア)のあり方が模索されている。熊野市の広域医療機関は、組合立病院一カ所、公立の診療所七カ所、歯科診療所四カ所である。また、医療計画については、三重県第三次医療計画や熊野市過疎地域自立促進計画(平成十七―二十一年度)の「医療の確保」で、さまざま対策が講じられてきた。地域医療は、病院や診療所など医療機関で提供される医師や看護師による医療行為が中心である。しかし、その医療機関がないか、あっても地理的問題からそこへ行くための移動手段がないなどの理由から、医療機関での医療行為を受けられない場合もある。医療対策や医療サービスは、医療機関という医療の場を中心に展開されるのが一般的であるが、医療機関を利用しにくいY地区のような過疎高齢地域では、医療の場に限らず、日常生活の場でも医療サービスを展開しようとする動きがある。

I町では一九八六(昭和六十一)年にI診療所が新築され委託診療が開始されていた。このI診療所では、月~土(午前中)の診療所での診療を中心に、毎日午後一時から二時までは、往診を実施している。さらには、診療所に通院できない高齢者などの患者を対象に、「特定地域医療支援システム」が導入され、紀南地域の中核病院である紀南病院と連携がとられている。この「特定地域医療支援システム」というのは、山間部に点在する小集落で、通院が困難な高齢患者とその家族の負担を軽減するために、テレビ電話システムと健康データ端末機器を組み合わせた情報機器の設備により、医療・看護・介護の充実と診療所の効率化を図ることを目的とした事業である。このシステムが、一九九八（平成十）年紀南健康長寿推進協議会の遠隔医療推進モデル事業として開始され、遠隔医療システム「うらら」がY地区にも導入された。

「うらら」というのは、健康情報端末とテレビ電話を患者宅に設置し診療や相談を可能とするシステム全体を指している。モデル事業開始当時はY地区で三件、I町全体では一五件の利用世帯があった。システムを利用するには、ISDN回線を利用するための費用（二八三〇円／月）が必要であるが、利用者の個人負担はない。

健康情報端末機器は、測定操作をすべて音声ガイダンスで行い、脈拍・血圧・心電図・体重・体温・血中酸素濃度を測定する。測定されたデータは、夜間に市役所保健福祉センターのホストコンピュータに自動送信され、診療所では、そこからデータを引き出し、医師がチェックを行う。利用者に対しては、データ入力後の測定値に変化がみられない場合は、変化なしという音声メッセージが流れる。測定値に変化があった場合は、診療所の医師がテレビ電話で様子を確認するというシステムである。

しかし、モデル事業開始当時に利用していたY地区三件の利用者は、モデル事業期間が終了した頃から利用が減少し、現在ではすべての利用者が機器を返上している。「血圧を計る装置は一人ではやりづらい」「停電時にはピーピーうるさく鳴る」「操作が面倒」「毎日データをとっても、何かの変化があるわけではない」というのが主な理由であった。

先進的な医療設備を導入しても、提供する側と受け手側との利益は必ずしも一致しない。むしろ、受け手の、不便さ、面倒さ、自分の状態は自分がよく知っているといった身体感覚は、高度な先端技術や医療機器を導入して医療を提供する側とのズレを生じさせている。この遠隔医療機器の設置は自由であるため、I診療所のC医師は、あえて設置を勧めてはいないという。

訪問診療――戸別訪問診療と集会所での診療

遠隔医療機器の利用を勧めない代わりに、C医師は、I診療所に就任してから戸別の往診とY地区での集会所での訪問診療を実施している。Y地区のように交通の便が不自由な場所では、地域医療の観点から訪問診療が必要と考え、二週に一回の戸別往診のほかに集会所での診療も開始しており、二〇一〇年九月時点で、戸別訪問診療を受けている高齢者は二名である。集会所での訪問診療は第二、第四水曜日の午後一時から午後二時までで、参加者は平均七、八名である。C医師と看護師は、この集会所での診療が終わると二名への戸別訪問診療を行っている。集会所での訪問診療に参加する高齢者たちは「助かるね。安心だね。二週間に一回は先生に血圧計ってもらって、薬も出してもらって」「そんなに（からだ）は変わらんけれども、来てくれるもんで」「何かあったら、すぐ電話して、来てもらえるし」「先生が診てもわからんときは、専門の病院を紹介してくれるし」と評価する。C医師は、「こうした集会所での訪問診療のような形態をとっているのはY地区だけです。I町の中でも、一番交通の便が悪いですしね。診療所まで来られないお年寄りがいるなら、こちらから出向いて行くことが必要で、私がこの診療所に来てからは、ずっとやってきました。それは最低限のことではないかと思っているので、この診療所にいるかぎりは、それはやり続けなければいけないと思っている」という。

C医師は、I診療所で医療に従事するようになって、集落の高齢者の日常の生活から、医療を捉え直すようになったという。

最初にここに来た頃は末期患者を地域で看取るなんてことは考えられなかった。末期なら病院でということがあった。最初は、医師として「いろいろな医療行為をするのは当たり前だろう。何を言っているんだ」と、医師の立場で普通に考えてやっていたんですが、最近は「それはおかしいのではないか」と思って。だから、今まで病院でやったこと、あれはすべておかしいんだと思うようになってきました。本人の自由度の範囲じゃないかと思ったりします。こういうと人権の問題とか、医療権の問題とかいうこともありますが、人間の尊厳の問題と考えるなら、患者本人が嫌なら、たとえば点滴は拒否してもいいのではないかとか、酸素吸入は拒否してもいいのではないかとか、薬とかも別に拒否してもいいのではないか、とも考えています。だから、最近では、いつも本人に「してもいい？　するよ」とか言って、許可を得ているんだけれども。（二〇〇三年十一月二十八日訪問時）

大学病院や市民病院での勤務経験しかなかったC医師は、I診療所に赴任してから、過疎高齢地域で暮らす人びとにとって在宅医療や在宅末期医療は不可避なニーズであることに気づいたという。たしかに、一九九二年の第二次医療法改正により医療提供の場として患者の「居宅」が明記され、在宅医療が動きはじめていた。また、一九九四年には健康保険法も改正され、在宅医療・訪問看護が診療項目に加えられたことから、地域医療や在宅医療が定着しはじめている。しかし在宅では医療機器などに限界があり、病院と在宅では医療そのものに質的な差がある。また、在宅医療や訪問看護は、コスト面でも病院に来てもらうほどは利益が上がらないため、敬遠されがちである。

このような考えは、医師としての専門家からみてのものである。患者の側からみればまた別で、C医師は、患者からみた医療を実践したいと考えるようになったという。その背景には、往診や集落での集団訪問診療を通して、集落の人びとの暮らし方、家庭内の人間関係など日常の生活の場が、患者の健康に何らかの影響を及ぼしていると感じることが多かったからである。C医師の実践は、従来から指摘されてきた専門家支配としての医師―患者関係ではない、新たな医師―患者関係の創造ともいえるのである。

公的医療の限界からNPO法人の設立へ

C医師は、過疎高齢地域で医療を実践するには、医療と福祉の境界、垣根を越えるという認識から出発することが重要だという。先述したこととも関連するが、最期の迎え方、看取られ方として、過疎高齢地域では「どうしても家で死にたい」と希望する人が多い。C医師はI診療所に赴任した当時から、高齢者がどこで最期を迎えているかについてのデータを集めてきた。当時は五割程度の高齢者が自宅死だったのが、最近では、四割程度となっている。全国平均では、自宅死が二割程度という実態からすると、統計的には「恵まれて」いるといえるのかもしれない。しかし、C医師は、自宅での看取りという最期の迎え方を実現するためには、現段階での医療施設条件や環境では限界があると考えるようになった。その限界を克服するために、診療機能も備わった「宅老所」をNPO法人で運営し、医療と福祉の境界を越えることを発想したという。

I町は、一人暮らし、とくに女性の一人暮らしの年寄りが多いんですよね。ここでずーっと住んでいたいと願っていても、身体に何かあったときには、子供の所に引き取られて行ってしまって。なかには、元気だった方が一カ月もしないで亡くなることもあるんですよね。生まれ育った地域や自宅で、病院とつなげていけるような、何か橋渡し的な所、が必要だと思ったんですよね。で、そういう条件が整ったらここにいられるよ、という体制だけはとりたいと思うのです。私は、(ここでは) 医療だけやっていればいいということではないのですよね。医療以外のこと、たとえば生活上の困難さに対しても、情報を知っていれば提供をしていくのが、プライマリーケアで、それが必要だと思ったんです。(二〇〇三年十一月二十八日訪問時)

C医師は、二〇〇二(平成十四)年の秋頃から、患者の家族を中心に地域の人たちに声をかけて、地元で困ってい

写真 7-2　NPO 法人の総会（2004 年 12 月 5 日）と「宅幼老所 F」の風景

ることはないかと、話し合いを重ねてきた。I町には、すでにA・I地区デイサービスセンターが設置されていたため、ミニ・デイサービスよりは夜間の宿泊ができる「宅老所」のほうが、よりI町の地域状況に合っていると考え、全国の多くの宅老所を見学し、開設を検討する勉強会を始めた。その勉強会に定期的に参加していた患者の家族は三〇名くらいで、その中で宅老所の開設に関わってくれた人たちが、現在のスタッフとして運営に参加している。スタッフの多くは、地元の主婦であったが、宅幼老所の開設とともに、ホームヘルパー二級の資格を取得するなど、現在も試行錯誤しながら積極的に運営に携わっている(写真7-2)。

「宅幼老所F」は、開設場所をめぐって市役所との関係がぎくしゃくしたこともあったが、I診療所に隣接する元医師官舎を改築して、二〇〇三年一月二十日に開所している。開設当初は、デイサービス、ナイトケア、移送サービスを実施していた。現在デイサービスの利用者は、平均一四、五名程度である。会員数は一三〇名である。Y地区の六名が会員で、その内の二名は夜間の宿泊を月数回利用している。

――(3) 媒介者と実践としてのコミュニティ

以上の事例は次のようなことを教えてくれる。

第一は、Y地区には、「個」と「個」をつなぐ空間を創造した保健師の実践や地域の実情に合うように「公」のサービスを「共」のサービスに読み替えていく実践が展開されていた。しかし、保健師が中心となりY地区の人たちと創り上げてきた「ほっかほっか教室」は、Y地区だけ特別にはできないなどの制度的な限界から「発展的解消」となった。また、I町のとくに交通問題を抱えている人たちの救いになっていた「宅幼老所F」が提供していた移送サービスの一部は、道路運送法などに抵触するという理由で中止に追い込まれた。これまで住民とともに創られてきた仕組みが、制度的解釈、行政的判断によって崩壊した。この出来事は、公的な制度と日常的な生活実践とを媒介する専門家の重要性とともに、公的な制度の実践者としての専門家がそこで暮らす人びとの生活実践に寄り添うことで得られた経験がフィードバックされる、回路の必要性を教えてくれる。

第二は、Y地区の集落の人びとと関わる保健、福祉や医療の専門家や支援者たちは、こうした地域状況やそこで生活する人びとの生活世界を見据えたうえで、病院や福祉事務所という「専門的な場」から、彼／彼女らの住む地域、居宅という「日常的な場」において、制度化された医療や福祉を、日常生活の枠組みで相対化し、解釈し、個人および個人を取り巻くコミュニティの医療と福祉に読み替えていく実践があったということである。こうした「場」の変化は、近代社会が生み出した「専門職制度」に依拠した従来の医者―患者関係、福祉従事者―利用者関係から、専門職批判、官僚制批判、権威主義批判のなかで形成されてきた「患者（利用者）主体」「自己決定」「インフォームド・コンセント」「エンパワーメント」を重視する動きを具現化しており、場や時間のもつ意味の重要性を改めて認識させられる。「専門家が専門家たる位置を保証している空間」から捉えたものと「集落の人びとが暮らす日常の生活空間」から見えてくるものとには、大きな違いがあるからである。

福祉や医療の公的制度と個人、個人と個人、制度と地域社会をつなぐ関係、そうした日常の生活の場や時間の創造のためには、高齢者たちにどのような働きかけをすれば一番その人の福祉や医療が守られるかという「最善の利益（ベスト・インタレスト）」を追求することがきわめて重要になってくる。しかしながら、Y地区のような過疎高齢地域では、いったん集落の人びととの合意によって作り上げられたこうした実践が、行政の政治的判断で中止を余儀なくされたという重い現実がある。つまり、Y地区の人びとと医療や福祉の専門家などの媒介者によって支えられている開かれた関係性の網の目は、確かに存在するものの、決してその存在基盤は盤石ではない。今、社会の新しいあり方として「新たな公の創造」と「福祉的公共世界」の構築が要請されているが、その理想の実現には大きな限界がある。ことにY地区の出来事では、その限界は公的制度とローカリティのギャップとして現れた。

しかし同時に、Y地区の集落の人びととの事例は、集落での日常的な世話や配慮の時空間を形成する生活実践とそれを支える媒介者とが協働する実践としてのコミュニティの中にこそ、「公」領域で展開される医療や福祉サービスの限界を超える可能性のヒントがあることをも示しているのである。

4 共同体的な生の技法が生成されるコミュニティ

本章では、多くの高齢者たちが、公的制度の網の目の中で、その人が生きる生活世界とコミュニティにおいて生活を組み立てていることに着目しつつ事例をみてきた。それらの事例から次のようなことが理解できるだろう。Y地区で生きる高齢者や集落の人びととの生活実践には、村落や家の内部で生きつづけた共同体的な規範といわれるものを内面化しつつも、よりよく生きるための巧みな創造性があること。とくに要介護高齢者に対してはローカルで個別的な近隣者による緩やかな親密圏が形成されており、それは「自前の」福祉システムともいえるものであったことである。その基底にはY地区のような過疎高齢地域では、米・野菜、みそ・醤油など個人の自給自足性の高さ、水や山の管理、さらには農作業をめぐる共同、冠婚葬祭の助け合いなど、コミュニティと個人との時間と空間の共同、共有という生活の組み立て方があり、不安と葛藤、安定と幸せを共有する生活が展開されてきたこと。さまざまな人と社会とのつながりとその重なりの中で繰り広げられるコミュニティという場が生成、創造されてきたことがある（詳しくは、中村 二〇〇七）。ただ、もちろんそれはY地区の人びとだけで可能になったわけではない。Y地区を出て暮らす多くの親族や友人との直接間接のコミュニケーションがあり、第3節でもみたように公的な制度、施策とY地区の人びとを媒介する人びとがいる。Y地区の人びととは、それらの人びととの間で創られるコミュニティの住民であることによって、日々の暮らしを営んでいるということである。

コミュニティ論を展開させようとすると、個とコミュニティとの関係や、コミュニティの枠組みなどを論じなければならない。しかし本章では、固定的なコミュニティの枠組みからでもなく、バラバラな個人の立場でもなく、そのつど創発的に生成される地域性・共同性・総合性をもつものとしてのコミュニティを捉えてきた。もちろんY地区のような場所では、これまでみてきたように、コミュニティがベースとなって生活が営まれていることは理解しておく必要がある。たとえば、日々の生活を営む場では、さまざまな対立や葛藤が生じるのは常態であり、その対立や葛藤の調整がきわめて重要であり、それらの多くは過去の経験によって蓄積されてきたコミュニティの知恵によってなされるのである。コミュニティは、そうした日々の対立や葛藤を緩衝する場であるとともに、日常生活の戦略や編成などの実践や日々を生きる技法が生成される場でもあった。

しかし、そこで暮らす人びとは、それを取り巻く人びととの協働によって、状況的に新たなコミュニティを生成しつづける人びとでもある。Y地区で個別的な生を可能なかぎり支援しようとするならば、近隣の相互扶助と、公的制度と集落の人びとを結びつける人びとの存在が欠かせない。そこでは、第3節でみた公的な制度・施策とY地区の人びととを媒介する医師や看護師らがそうであったように、制度運用のあり方をも変えさせていく力があるのである。そのため、本章では生きる場としての生の共同性にも着目する立場から、コミュニティの重要性を論述してきた。

本章では、過疎高齢化地域における生を支える技法が生成されるコミュニティで、人は、開かれた関係性とめぐり会うことで、固定化され制度化されたものを絶えず変革させつづけることをみてきた。ここでは、コミュニティを、生活の工夫の集積としての「文化的もしくは本源的なコミュニティ」をベースにしながらも、開かれた関係性の網の目として、そして絶えず変容するプロセスが状況的に展開され、構築されつづける実践としてのコミュニティとして提示した。

本章は、『福祉制度の展開と老人の生活世界に関する福祉人類学的研究』（学位〈博士〉論文、二〇〇七年三月）の一部を、その後の調査研究（平成二十二年度科学研究費補助金　課題番号二一二四二〇三三　研究代表松田素二）により加筆・修正している。

【謝辞】

本研究では、三重県熊野市Y地区において、二〇〇〇（平成十二）年七月から二〇〇六（平成十八）年五月まで集落の方がたにお世話になった。その後も年に数回訪問する機会に恵まれているが、残念ながら、Tさん、Hさんはすでに他界している。Tさん、Hさん、そしてMさんなど、本章で記述させていただいた方がたには、貴重なお話や歓待、さらには多大な励ましとご協力をいただいた。記してお礼申し上げたい。

参照文献 ――――

〈和文〉

齋藤純一（二〇〇〇）『公共性』岩波書店。

齋藤純一編（二〇〇三）『親密圏のポリティックス』ナカニシ出版。

田辺繁治（二〇〇二）「再帰的人類学における実践の概念 ―― ブルデューのハビトゥスをめぐり、その彼方へ ――」『国立民族学博物館報告』二六巻四号、五三三―五七三頁。

――――（二〇〇三）『生き方の人類学　実践とは何か』講談社現代新書。

――――（二〇〇六）「ケアの社会空間」西井凉子他編『社会空間の人類学』世界思想社、三七二―三九四頁。

――――（二〇〇八）『ケアのコミュニティ　北タイのエイズ自助グループが切りひらくもの』岩波書店。

――――（二〇一〇）『「生」の人類学』岩波書店。

成田龍一ほか（二〇〇〇）『故郷の喪失と再生』青弓社。

成沢　光（一九九一）「近代日本の社会秩序」東京大学社会学研究所編『現代日本社会4歴史的前提』東京大学出版会、七七―一四〇頁。

西川長夫（一九九八）『国民国家論の射程　あるいは〈国民〉という怪物について』柏書房。

牟田和恵（二〇〇六）『ジェンダー家族を超えて　近現代の生／性の政治とフェミニズム』新曜社。


〈欧文〉

de Certeau, M. (1980) *Art de faire*, Paris, Union Generale d'Editions（山田登世子訳〈一九八七〉『日常的実践のポイエティーク』国文社）.
Freidson, E. (1970) *Professional Dominauce: The Social Structure of Medical Care*, New York, Atherton Press（進藤雄三・宝月誠訳〈一九九二〉『医療と専門家支配』恒星社厚生閣）.
Foucault, M. (1981) *Omnes et singulatim: vers une critique de la raison politique*, Salt Lake City, University of Utah Press（北山晴一・山本哲士訳〈一九九三〉『全体的なものと個的なもの』三文社）.
Lave, J. and E. Wenger (1991) *Situated Learning; Legitimata Peripheral Participation*, Cambridge, Cambridge University Press（佐伯胖訳〈一九九三〉『状況に埋め込まれた学習』産業図書）.
Thompson, P., C. Itzin and M. Abendstern (1990) *I Don't Feel Old: The Experience of Later Life*, Oxford, Oxford University Press.

第3部

社会運動のコミュニティ

第8章

情動のコミュニティ
——北タイ・エイズ自助グループの事例から

田辺繁治

はじめに——触発と抵抗としてのコミュニティ

私は拙著『「生」の人類学』(二〇一〇年)の第7章「苦しみと生の可能態」において、北タイの霊媒カルトとエイズ自助グループというまったく異質な集合における、治療、世話、介護などに焦点を当てながら、身体を媒介とした相互行為とそこに生まれる共同性が、それらの「コミュニティ」を構成する実践の重要な特性であると考えた(田辺二〇一〇:一一六—一三六)。この章では、その議論を発展させながら、個人がみずからの力能や活動力(自発性)を増大させるために、他者と直接的に、つまり身体的にコンタクトし共同していくところにコミュニティの根源的な過程があることを論じたい。ここではコミュニティを、単に個人主義的な実践の積み重ねによって形成される集合として捉えるのではなく、欲望する主体の直接的、身体的な実践によって展開する共同性であると考えていきたい(1)。

ここで考えようとするコミュニティとは、すでに構成された秩序を意味するのではない。それは人びとが偶然に出会い、互いに触発し合いながら実践が繰り広げられる集合的で動態的な領域である。人びとが触発し合う場面、つまり互いに情動を及ぼし、影響を及ぼす場面を民族誌的に捉えようとする場合、G・ドゥルーズが主張するスピノザ的な「力＝力能 potentia」つまり「存在そのものの力」の概念はきわめて示唆的である。力は何かを生み出す活動の原理であるだけでなく、外から作用する力を受けて身体や精神が変化すること、つまり「変様＝触発 affectio, affection」の原理でもある。一つは変化をもたらす活動的で産出的な力であり、もう一つは触発され感応する力である（ドゥルーズ 一九九一：八八―八九；ハート 一九九六a：一五五）。

こうした双方向的な力の作用は、G・ベイトソンによるバリ島民の民族誌の中でみごと描き出されている（ベイトソン 二〇〇〇：一七二―一九八）。個体（身体）と他の個体、あるいは外的な力との出会いで注目すべきことは、互いに触発、感応し、互いの身体や精神に変様が現れ、その効果として喜びや愛、あるいは逆に悲しみや憎悪などの「情動（感情）affectus, affect」が生じることである。したがって他者との出会いが喜びや愛などの肯定的な情動を生み出す場合には、そこには新たに自発的な活動力を増大させることが可能となる。言い換えれば、出会いを通して自分と他者が変様し「盛り上がる」ことによって共同性の地平が広がるのである。この章は、そうしたコミュニティの姿を北タイのエイズ自助グループの二〇年にわたる闘争のなかにたどってみたい。

この章のもう一つの課題は、コミュニティを「生権力 bio-power」の作用との関係で考えることである。圧倒的な勢力や巨大なシステムの前で人びとは生の困難や危機に直面するが、そうした局面においてこそ、人類学や社会科学はコミュニティという集合の意味とその力能について考えなければならないだろう。今日の社会科学的理論は生の全体性を捉えようとする新たな展開を見せているが、(2) コミュニティという集合を照射するためには、生権力が、主権権力を超えたより幅広い権力作用を展開するなかで、人びとの生をめぐる日常的実践を微細に捕捉していることに注目しなければならない。

モダニティにおいては、生権力は科学、技術、保健医療を含む多くの領域で知識と言説を生産しながら、個人の生をくまなく包囲していく。そこに存在するコミュニティに焦点を当てる場合、生権力の精緻なテクノロジーのもとに生が標的として捉えられる過程を考える必要があるだろう。生権力によって個人の生とその実践は、しばしばコミュニティを通して従属的に方向づけられるが、また同時に生権力に対する生の抵抗と創造が展開する可能性が現れるのも、このコミュニティにおいてである。ここでは「生きている」という事実が人と人の間で反響し合いながら政治の中心となるような生政治的状況が顕在化する場所として、北タイのHIV感染者・エイズ患者たちのコミュニティについて考えてみよう。

1　情動のコミュニティ

ここで取り上げるHIV感染者・エイズ患者のコミュニティとは、古くからしばしば社会科学で論じられてきたような、何らかの文化的あるいは本源的な特性をもったコミュニティではない。それは感染者や患者らが生存の危機に直面し、排除・差別と闘いながら治療と健康維持の可能性を追求してきた、状況的に構築された集合性を指している。それは知識や技能などが個々人によって獲得され、またそれにともなって集合的な共同性が形成されるという点で、J・レイヴとE・ウェンガーによって提起された〈実践コミュニティ the community of practice〉として記述されうるだろう（レイヴ／ウェンガー 一九九三）[3]。

しかし他方、感染者・患者のグループやコミュニティを〈実践コミュニティ〉として捉えるには困難もある。とくにウェンガー個人の著作（Wenger 1998）に典型的に見られるように、言語的コミュニケーションによる共同や交渉を通した自律的で個人主義的な主体化が強調される。(4) したがってそこでは、身体やイメージを媒介とするコミュニケーションの役割は減じ、むしろ発話や討議といった側面が特権化されるようになる。ウェンガーの〈実践コミュニティ〉概念では、参加する個人と他者や物体が影響し触発し合うことで自分以外の外部の力と結合しながら活動力を展開する道は、示されないままである。そこで私は、〈実践コミュニティ〉概念に底流している社会的実践の考えを継承しながらも、ネオリベラルなコミュニティ像とは異なった、人びとの情動、感応力によって共同するところに形成される感染者・患者たちのコミュニティを考えていこう。

ここではまず、コミュニティを媒介にして主体がいかに構成されるかという問題を、ＨＩＶ・エイズの蔓延という危機的な状況の中で捉えてみたい。北タイのエイズ感染爆発は多くの人びとにとって、これまで経験したことのない希有な危機であった。それは、これまでの家族、性、病気などについての慣習的な実践や道徳についての自明性が失われ、人びとに、みずからを変えていくことを迫る危機であった。この危機は同時に、彼らの間の情動や思考を活性化させ、みずからの周りに生じている共通の問題に対処しようとする一連の欲望と行為が生まれる条件でもあった。

これまでの慣習的な実践によって解決できない場面に直面して、人びとはＪ・ハーバーマスが言う言説資源による討議、あるいはＡ・ギデンズが言うような専門家システムだけに依存するのではない（ギデンズ 二〇〇五）。そこで私は、これまで、むしろ変動する状況で共有されるべき生命や生活の意味を問い、さらに新しいタイプの共同的な関係性を作り上げようとする局面に注目してきた。そうした実践のメディアあるいは資源となるのは、過去についての記憶、さまざまな儀礼、共同的な活動、美的感覚と判断などに見られるような、自分たちの生に対する解釈学的知である（田辺 二〇〇二、二〇〇六）。だが、それは言説と概念による討議ではない。人びとが直面する事態への新たな解釈や共同性は、彼らが直接的に出会うことによって生まれるのであり、それが変動への対応を可能にしていくのである。

さらにこの章では、そうした生についての問い直しの作業には、個々人の間の情動的であると同時に、共同的な関係性がともなっていることに注目していきたい。そうした関係が集積するコミュニティを、ここでは〈情動のコミュニティ the community of affectus〉と呼んでおこう。

自分たちに降りかかった感染や発症について、人びとはその意味を繰り返し問い直す。〈情動のコミュニティ〉においては、こうした問い直しは、人びとの日常の対面的場面での共感的、情動的な関係の中で、互いに触発し触発され合いながら進行する。そこには自己や他者の生への強い関心がともなっている。公共圏が人びとの「間」にある共通の問題への関心によって成立するのに対し、〈情動のコミュニティ〉は具体的な個々の他者の〈身体―生―生命〉への配慮や関心によって維持される。[5] そうした生の関係性は、公共的なものを支える合理的、ビオス的な力ではなく、情動から生まれる活動力と触発される力によって支えられている（ハート 一九九六a：二三六）。つまり情動的な関係性が、個体と個体の間の共同作業の展開を可能とし、そこに力能が生まれるのである。

この〈情動のコミュニティ〉の関係性を、家族や親族などに見られるようなドメスティックな領域の親密性のみに還元してしまうことは誤りであろう。たとえば、生の困難をかかえ差別や排除に曝されてきた人びとの間には、その苦境を打開するために形成される多様な結合形態や共同的な集合をしばしば認めることができる。〈情動のコミュニティ〉に見られる関係性は、スピノザが情動の本性と定義したように（スピノザ 二〇〇七）、生の根源的レベルにおいて、人間身体やその他の物体を含む個体と個体が、触発し合うことによって生まれてくる力能（活動能力）の増加あるいは減少と関わっているのである。[6]

自助グループのような〈情動のコミュニティ〉は、しばしば共同的で触発＝情動的な関係を基盤として形成されるが、他者の生への配慮、あるいは他者性を相互に触発し受容する関係性を形作ることによって、それはある種の力能を獲得する。この力能は強制的な権力や暴力とは違って、スピノザが「神の力＝力能 potentia」と呼ぶことによって

「神の権力potestas」から区別したものにあたり、人間の才能や徳もそこに含まれる。[7]〈情動のコミュニティ〉は、情動と共同の高まりを通して力能を蓄えることで外的な世界につながっていく可能性をもつのである。次のセクションでは、こうした共同性と情動的な関係性を通した力能の展開を、北タイのエイズ自助グループの事例を中心に考えていこう。

2　自助グループ／ネットワーク（一九九〇年代）

タイにおけるエイズ対策は一九九〇年代初頭から、近代的な保健政策のリスクマネージメントのもとで展開してきた。古典的な疫学的調査に支えられたエイズ予防のリスクマネージメントの最大の目標は、大多数の非感染の国民を感染リスクから遠ざけることであった。国民への感染防止を主要目標とする政策は、コンドーム使用の奨励を中心とした売春の制度的規制、国民へのセーフセックス・キャンペーンとして政府系メディア（テレビなど）を駆使しながら大々的に展開した。他方それに対して、すでに感染した者、すでにエイズを発症した者たちへの治療や救済は、ほとんど無視されたままであった。

感染者や患者は最初から予防政策の対象ではなく、「ハイリスク集団」として対象化されたことにより、彼らの活動は、必然的に政府のエイズ対策の領域の外側において展開することになった。一九九〇年代初頭から、感染者たちはチェンマイの街にあふれ出ていた。彼／彼女らの多くは、農村から出て来た農民や、都市に住む市場商人、物売りや下層労働者たちであった。当時、彼／彼女らは、いまだに自分たちが感染した病気についてほとんど知識をもたず、同じような症状を訴える人びとの間で治療法や健康維持、養生について情報を交換しながら、次第にグループとして市内の数カ所に集まるようになった。それはさながらドゥルーズとガタリが描くような、異質な個体の集合としての「群れ」あるいは多様体であった（ドゥルーズ／ガタリ 一九九四：二七六―二七八）。「ハイリスク集団」として排除されたこれらの人びとは、都市の中で個別的、偶然的な出会いを重ねながら、互いの苦悩を語り合い情報を交換する、相互扶助的なネットワークを構成するようになったのである。

このような共同性（相互扶助）のネットワークは、標準化された情報によって構築するシステムではない。彼らのネットワークでは、感染者や患者の病態、不安の特異性、彼らの苦悩や欲望の様態、排除や差別に対する政治的欲求などがその中で同質的なものに還元されないまま自由に流れ、交換されていく（田辺 二〇〇八）。またこうしたネットワークは、言説による討議だけが特権的な位置を占めるのではなく、むしろE・バリバールが「情動的コミュニケーション communication affective」と呼ぶような、情動、身体やイメージ（形象）などをメディアとする幅広いコミュニケーション過程を含むことにも注目すべきだろう（バリバール 一九八七：一六五; Balibar 1997: 90; 浅野 二〇〇六：二七二）。

一九九四年頃には、これらの偶然的な出会いと集まりは活動的な感染者・患者たちを中心として、新たな感染者への援助、治療環境の改善、相互扶助や社会的差別・排除の撤廃などを目的とする多数の「自助グループ」（klum phu tit chuea ＝感染者グループ）というコミュニティとして組織されていった。それは〈情動のコミュニティ〉であり、活動的なリーダーを中心とするそれらの自助グループがネットワークの節点となったのである。

これらの自助グループとは、グループ内部のカウンセリング、定期的あるいはインフォーマルなミーティングを通して自分たちのライフストーリーを語り合う場である。そこには、自分たちの病気の苦痛や苦悩、家族や人間関係の破綻、差別や排除の経験などを語る機会がある。そこに語る者とそれを聞き分ける者がいて、両者の間に触発的な相互行為が展開されることこそは、これらの〈情動のコミュニティ〉としての自助グループの最大の機能である。多くの過酷な排除を体験してきた彼／彼女らの経験はしばしば断片化され記憶として接合できなくなる場合があるが、自助グループは自己の歴史を取り戻し、記憶として表象することを可能とする場でもある(8)。

したがって、自助グループは安心して打ち明けられる他者の存在を前提とする空間、つまり共同的かつ情動的な空間といえるだろう。そこでは、まず自己と他者との間が触発＝情動的な関係性として形づくられる。しかし自助グループは個々人が互いに触発し合って力を蓄積する情動的な関係性であるばかりではなく、これまで出会ったこともない他人たちと生の苦悩を理解し合い、共同して活動し、そうした関係性を持続し拡大しようとする。

一九九〇年代半ばにおいて、感染者たちの偶然の出会いは無定形のネットワークを作り上げ、そこから個別的で多様な活動を組織する自助グループが出現していった。さらにそれらの自助グループは、行政、病院、医療従事者、NGO、知識人など外部に働きかけ、新たな力能を展開するために公的なネットワークを形成していった。一九九六年には保健省やNGO、国際機関からの支援を受けて、公的な「感染者ネットワーク」を発足させ、二〇〇〇年には二〇〇以上のグループがそこに参加していた。

この感染者ネットワーク構築の目的は、各地の感染者、患者の治療および社会的受容を関係する政府機関との協力体制のもとに促進することであった。こうしたネットワークは一面で、HIV感染者・エイズ患者というハイリスク集団を「隔離」しながら、彼／彼女らの自己責任による自己管理を促すものと考えられる。しかし同時に、それは治療や養生に関わる体験や情報の交換の場であるとともに、行政当局や病院などに対して治療の諸条件の改善や感染者・患者差別の撤廃を要求する政治的主張の場にもなっている。

このようにして、ネットワークは、感染者たちにとって、いわば生権力が作用する場であるとともに、感染者たちが共同的、触発的な関係性をその中で築きながら、みずからの主張を展開する場ともなっている。つまり「生権力のネットワーク」と「抵抗のネットワーク」は、互いに重層する動的な組み合わせ、すなわち「アセンブレッジ

写真 8-1　語り合う場としての自助グループ（2003 年）

写真 8-2　感染者たちのネットワーク活動（1998 年）

そうした自助グループの力能は、二〇〇〇年代における新たな治療体制の確立にともなって大きな危機に晒される。〈情動のコミュニティ〉自身を持続的に変革していく可能性をもったのである。しかし次のセクションでみるように、権力のネットワーク」の中に位置するとともに、他方、そのアセンブレッジの中で政治的な力能を増大させ、またその assemblage/agencement」を構成しているのである。[9] そうした意味で自助グループという〈情動のコミュニティ〉は「生

3　抗レトロウィルス剤治療の導入（二〇〇〇年代）

タイ国保健省による保健医療政策の大きな転換は、新感染者数が減少に転じエイズ感染抑制が達成されたと判断した二〇〇三年頃から顕著となった。この政策転換は、エイズにとどまらず、がん、感染症やその他の高死亡率の病気に対する新たな予防医療体制の確立に向かっていった。この予防医療体制においては、医療費支出削減のための安価な伝統医療や生薬利用などの奨励、あるいはエアロビックスなどの健康法の普及など、国民による予防への自発的な取り組みの促進が重要な戦略となる。そうした保健医療システムは国民全体の生を直接的に支配するのではなく、国民個々人に自己責任による自己規律化を通した健康維持・管理を促すことであった。それは個人が自己管理しながら「健康」を創造する主体になっていくことを意味するものであり、いわば保健医療の領域におけるネオリベラルな統治の展開として捉えることができるだろう。

そうした保健医療システムの転換にともなって、エイズ対策にも新たな展開が現れる。それは抗レトロウィルス剤（ARV）治療の世界的規模での拡大に関連している。二〇〇三年以降、「グローバル・ファンド」[10]およびその他の国際援助機関からの援助によって、エイズ流行国の国別クォータに従って抗レトロウィルス剤の無料頒布が開始された。

タイの場合は、ARVを無料で服用することが認定された感染者・患者は当時約二〇万人であり、全国の推定全感染者数の五分の一に相当する（International HIV/AIDS Alliance 2006）。

それにともなって国内のエイズ対策に関わる保健医療システムは整備され、感染者・患者の認定が保健省組織（病院と保健所）によって系統的に行われるようになった。そこではまず、HIV感染者やエイズ患者に対してCD4値（免疫を調整するCD4陽性リンパ球の数）を基準とした病状の判定が導入された。さらにこれまでの投薬にともなう副作用、アレルギー、合併症などの問診を経てARVが処方され、その服用に関わる厳格な規則や健康維持法などの説明が感染者たちに対して行われる。こうしたARV治療は資金提供先である「グローバル・ファンド」の要求する条件に従って、県・郡の病院、あるいは行政村の保健所に設置された「持続的ケアセンター」(CCC: Centres for Continuum Care）において行われるようになった（International HIV/AIDS Alliance 2006）[(11)]。

ARV治療の拡大は、これまでの感染者や患者たち、とくに自助グループやネットワークに参加していた人びとの間で実践されてきた多様なホーリスティック・ケアからの離脱を促進した。つまり、心身状態についての感染者自身の自己診断からCD4値という客観的数値による臨床的診断へ、また個人による民間医療を含む多様なケアの選択から薬剤の厳格な服用規則の遵守という、近代医療中心の規律化への道を整備することになった。ARV治療は、たしかに多くの感染者や患者たちの予後の改善をもたらし、仕事への復帰の可能性や家族を扶養していく能力を拡大した。しかし他方、服用者たちの間では、性行動や性的指向性の変化、体型変化、体内脂肪の移動などの副作用がしばしば報告され、また仕事への復帰によって過労から病状を悪化させるなど深刻な問題が噴出しつつある。

さらに感染者認定とARV治療の拡大は、これまでの自助グループを媒介とした治療や健康管理から、個人としての感染者・患者への治療サービスへの移行を意味している。各自助グループのメンバーの多くも持続的ケアセンターでの治療を受けるようになり、これまで活動と学習の中心であったグループ内カウンセリングや定期的なミーティングへの参加とその意義は著しく減少した。それにともなって自助グループやネットワークへの参加と活動は減少しつつあり、国家の保健医療システムへの依存と治療や健康管理の個人化が進行することになったのである。

このようにしてARV体制の展開とともに、ほとんどの感染者たちはエイズ治療の個人化と、関連する健康の自己規律化に導かれてきた。では、ARV体制のもとに置かれた感染者たちは個人化された消費者にとどまりつづけているのだろうか？　研究の現段階では十分なデータが蓄積されていないため、この問題に正面から答えることは難しい。しかしARV体制がARV剤の投与を基本とする高度に管理された医療であることによって、投与される側の感染者／患者とARV剤そのものとの関係、つまり彼／彼女らの生と薬剤というモノとの関係において、多様な問題が発生することに注意を払わなければならないだろう。たとえば二〇〇六年には、ARVなどの高価な新薬の輸入を促進するようなタイ政府とアメリカ政府とのFTA（自由貿易協定）締結に対して、数万人の感染者たちによる反対闘争が展開したことが注目される。この場合には、ARV体制のもとで個人化された感染者たちが、「持続的ケアセンター」という近代的医療システムとの融合のもとに全国的に展開するアセンブレッジを通して、新たな形の共同的な「抵抗」が勃発したと考えられる。つまり近代的医療システムと感染者たちとの組み合わせによって構成されるアセンブレッジの中には、抵抗への力能を認めることが可能である。

他方、ARV体制の中のマジョリティの感染者たちと対照的に、二〇〇〇年代に入って今や少数派となったいくつかの自助グループは、ARV体制の医療的合理性とその規律的実践に抵抗する別個の道筋を形づくりつつある。生権力による包囲が強まるなかで、周縁に位置する同性愛感染者や国境地帯のエスニック・マイノリティなどは、ARV体制を含む国家の医療システムから排除されてきた。自助グループの新たな政治的活動は、それらのマイノリティに対する治療を拡大することに向けられ、新たな出会いの組織化や触発＝情動的な関係性が模索されている。こうした自助グループの感染者たちにとって、多様なマイノリティとの出会いと連携は、瞑想、ホーリスティック・ケア、生

写真 8—3　チェンマイにおけるFTA反対デモ（2006年，ウィトゥーン・ブアデーン氏撮影）

タイ政府とアメリカ政府とのFTA（自由貿易協定）締結に対して，感染者たちの巨大なデモが勃発した。感染者たちの治療はARV体制のもとで徹底的に個人化されてきたが，この闘争では彼らの抵抗への共同性と力能が眼に見える形をとって広範に展開された。

薬復興などとともに、自分たちの力能を増大させ、新たな自己の倫理を形づくろうとする実践の重要な部分を構成しているのである。

4　統治テクノロジーとネットワーク

これまで取り上げてきた北タイのエイズ自助グループとそのネットワークは、ＨＩＶ感染の拡大にともなって展開した生権力の再編過程のなかで考えなければならないだろう。その際の分析上の焦点は、モダニティに特有な生権力のテクノロジーとコミュニティの関係に置かれる。

人間個人と同時に、それらの集合の全体に対し権力が作用する様態は、「統治性 gouvernementalité/governmentality」という概念で捉えられる。後期フーコー的概念である「統治性」とは端的に、人びとの「行為を導くこと」であり、一定の許容可能な範囲（自由）のなかでのマネージメントを意味する（フーコー 二〇〇〇、二〇〇一：二〇）。統治性はきわめて広範な社会的領域での活動を指し、自己の自己に対する関係から、制度やコミュニティにおける管理や指導、さらに政治的主権の行使までをも含んでいる。統治性はもちろん権力を行使することによって正統的な政治・経済的な従属を課すことであるが、より重要な機能は個人あるいは自助グループやその他のコミュニティのような集団の実践を方向づけること、つまり人びとの実践を許容可能な範囲の中に構造化することにほかならない（フーコー 二〇〇一：二五一二六、Gordon 1991: 2-3）。

したがって統治性とは、人びととの慣習的行為、つまり実践の様式に対して介入し、それを変化させようとすることだといってよい。人の行為をある許容された範囲内に導くことが統治性であるとすれば、その目的は人びとが自発的に規定された自由の中で行為するような枠組みを設けることにほかならない。一般的に、コミュニティの実践がハビトゥスを基礎として生まれてくるとするならば、統治性とは知識と権力の作用によって旧いハビトゥスを排除しながら新たなハビトゥスという枠組みを人びとの間に植え付けることでもある（ブルデュー 一九九三：一五一一六）。

このように考えていくならば、統治性とは単純な主権権力の行使といった問題ではなく、ある政治的合理性のもとにあって、いかに権力を効果的に作用させるかというテクノロジーの問題として考える必要に迫られる。とくにモダニティにおける統治性を民族誌的に考える場合には、権力が単純に強制力として抑圧的に働き介入するのではなく、さまざまな専門家たちが社会問題を特定の統治的プログラムへと「翻訳 translate」し、それをめぐって官僚制、エージェンシー、コミュニティや個人などがネットワーク化されるという、権力のテクノロジー機能に注目しなければならないだろう（ラトゥール 一九九九、Rose and Miller 1992: 183-184）。

さて、こうした統治テクノロジーが展開するなかで、自助グループを含むコミュニティはいかなる位置を占めるだろうか。一般的には、専門家およびその知識（たとえば、医療機関、医療従事者とエイズ予防に関する知識）がネットワークを通して人びとの実践を導き、その方向を構造化していくといえるが、重要な点はそれによって人びとが、みずから進んでそうした実践の方向性に協調していくことである。

すでに述べたような二〇〇〇年代以降の北タイの病院内のCCCを拠点とするARV体制の確立は、そうした新たなタイプの統治性の展開を如実に示すものであろう。これまで国家によって行政的に構築されてきた「コミュニティ」と呼ばれる集合はもとより、一九九〇年代以来の自助グループでさえも、主体の側からの協調と参加を導き出すための統治テクノロジーの標的になっていく。新しいタイプの統治性のもとで自助グループなどのコミュニティも統治性のネットワークの中の結節点として再編成され、個人はそれを通して自己規制や自己管理の技法を身につけていく。自己規制のメカニズムはこうした統治テクノロジーのもとで作用することになり、「コミュニティ」という枠組みの中の個人は、もはや権力の単なる統治対象ではなく、権力の一部となって主体化されるのである。

5 自己への配慮

タイでは中産階級を基盤とする健康志向、健康の自己責任による自己管理の普及は、二〇〇〇年代初頭から急速に展開した。

健康市場に参入する小規模な生産者、販売会社、NGOおよび消費者たちは、市場を通してある種の健康神話のネットワークを構成しながら、病気、災害や失業についての社会的リスクを個々人の自己責任として引き受ける方向に導かれる。そうした行動へかき立てるのは国家の外にある市場のアナーキーで自由な選択や吸引力だけではなく、健康や幸福を経済的なものに還元し、その原理によって自己への配慮と自己管理を植えつける国家を中心とする複雑な統治テクノロジーの効果にほかならない。M・フーコーらが指摘するように、統治性の分析は「エコノミー（市場）の権力」ではなく「権力のエコノミー」に焦点を当てなければならないのである（フーコー二〇〇一：一二）[12]。

こうした「権力のエコノミー」の視点は、生権力によって自律的な自己管理する主体が構築される過程を浮き彫りにするばかりでなく、生権力の作用に対して主体が抵抗する過程をも照射する。「自己への配慮」やケアは後期フーコーの主要テーマであり、そこには〈生権力―コミュニティ―自己〉との関係が交錯する組み合わせ、アセンブレッジが浮かび上がってくる。このアセンブレッジでは、統治テクノロジーによって、自己管理し自己規律化する主体が構成される一方、それに抵抗する、生そのもの（ゾーエ）に根ざす自己への関わりが芽生えてくる。健康市場のネットワークが人びとの「自己への配慮」やケアを促進し、自律的でフレキシブルな自己管理する主体を作り上げるとすれば、同じ「自己への配慮」であってもより能動的な自己への関わり方の可能性を考えることができるだろう。それはドゥルーズによれば、フーコーが古代ギリシャ人の中に見いだした権力関係から離脱した自己の統治にほかならない。すなわち、外部から降りかかる権力をみずからの中に折り曲げることによって内面的な力を生み出すような自己の統治である（ドゥルーズ 一九八七：一五七―一五九）。ドゥルーズはこの過程を「力は、他の力と関係しながら、自身のうえに自身を折り畳む」と表現している（ドゥルーズ 一九八七：一六八）。

北タイのエイズ自助グループは、健康市場のネットワークによって構成される統治性に直面しながら、能動的な「自己への配慮」とケアへの道を開いていった例であろう。一九九〇年代中頃から活発化した北タイ自助グループは、家族、自分たちの住む村、病院や医療従事者などからの社会的差別や排除を経験するなかで、より有効な治療法、健康管理や養生法を追求していった。それらの技法はきわめて多岐にわたり、近代医療による抗レトロウィルス剤の投与から伝統医療としての「タイ医療」、地方の「民間医療」、仏教瞑想、催眠術、食養生に至るまで、きわめて多様である。感染者や患者たちは何らかの形で病院での近代医療の治療を受けているが、エイズに対する個々人の取り組みは独特であり、近代医療以外の治療や養生法についての試行錯誤を繰り返しながら自分にふさわしい自己の技法を獲得していく。

そこで注目したいのは、それらのケアの諸技法は今日では大々的に商品化されて手近に存在するが、それらは自助グループの中で試行錯誤され編み出されていくことである。しかしそれらの諸技法はグループのメンバーの間で一様に取り入れられるのではなく、個々人の病状、生活上の便宜やスタイルに従って選びとられていく。こうして各人によって選択された治療法や健康管理、養生法は、たしかに個人に専有化されたものであるが、それは決してその個人の発明のようなものではない。フーコーが示唆するように、それらの技法は自助グループのメンバーたちが育ってきた元の村や地域のコミュニティの中から発見されたものである（フーコー 二〇〇二）。

これらの自助グループの日常的実践の束は、ビオス的な政治が、政治ではない「統治」に取って代わるような不分明地帯における抵抗の様態を物語っている。生権力の複雑なテクノロジーによる統治性が包囲するなかで、なぜその統治性のもとで抵抗が発生するのであろうか？　生権力の展開がもたらすこの不分明地帯としての統治性について、フーコーは次のように言う。そもそも統治の概念には自己が自己に関わり統治していく関係性を含むものであるから、個々の主体は自己の統治によって能動的に自己を創り上げ、権力の支配に対して闘い、抵抗し、あるいは交渉していくことが可能であると（フーコー 二〇〇二：二三二―二三四、Dean 1996）。しかし〈情動のコミュニティ〉の概念に即して考えるならば、自己の統治は孤立した個体によって可能となるのではない。自己と他者が出会うことで繰り広げられる情動的、触発的なコンタクトが新たな活動力と共同性を生み出し、そこにおいて初めて自己の統治の可能性が生まれるのである。

感染者たちは自助グループにおける活動を通して、新たな自己の発見に到達する場合が見られる。彼／彼女らは、グループ内のカウンセリング、家庭訪問、あるいは個人的な瞑想やその他のホーリスティック・ケアなどを経て、長期にわたる憂うつ状態と苦痛からの回復を経験するという。そうしたなかで、彼／彼女らは、しばしば新たな人生を開始する感覚、すなわち「再生 koet mai/reincarnation」と呼ばれる決定的な転換によって新たな自己の内面性を創り上げることになる。このような自己の内面性を創り上げ、自己が自己を統治していくことは、生権力の作用によって主体に植え付けられる自己管理ではなく、新たに生の情動的、触発的な地平に帰還して自己の内面性を創りあげ「内在的な力 immanent power」を発現させることであろう。

それは、生の力能を強調するドゥルーズやA・ネグリが主張する「主体化 subjectivation」と深く関係する（ドゥルーズ 一九八七：一六六：ネグリ 一九九九：九五）。つまり「主体化」とはモダニティの生権力のもとにある燃えかすや幻影ではなく、新たに立返った生のもとに、みずからを統治することによって「抵抗点」を形成することにほかならな

い。(13)

しかしここで注意しなければならないことは、フーコーからドゥルーズ、ネグリに至る生への帰還、そこにおける「自己への配慮」や新たな「主体化」といった一連の議論の系譜についてである。すなわち彼らは、西洋キリスト教的な主体概念、とくに神の前で個人を徹底的に個別化するような主体の概念に対して、まったく別の道筋を考え出そうとしているのである。私が検討してきた北タイのエイズ自助グループに見られる「再生」およびそこに構築される新たな「自己」の内面性は、生の「内在的な力」にほかならないが、それは、西洋的な主体概念とはまったく違った土壌から生まれてきたことに、注目すべきであろう。

おわりに

この章は、北タイのエイズ自助グループの二〇年にわたる活動と闘争を振り返りながら、生権力の拡大とそれに抵抗する情動的、触発的な生について考えてきた。今日の北タイのエイズ自助グループの事例で示そうとしたのは、モダニティにおける生権力が人びとの生を包囲していくなかで、統治テクノロジーによって新たな不分明地帯が形成され、そこに、みずから進んで自己管理し自己規律化する主体が構成される局面である。しかし他方、この不分明地帯は、異質な個人が情動的、触発的に交流することで共同性を築きながらも、多様なままで自己を統治することによって、生の力能を増大させ、生権力に抵抗する場でもある。

ここでエイズ自助グループの事例を通して論じたコミュニティとは、共同性と情動的、触発的な相互行為によって構成される〈情動のコミュニティ〉である。それは言説を通した討議によって作り上げられるものではなく、むしろ、みずからの慣習的実践を見直しながら、変動する状況の中で共有されるべき生の意味を問い、情動の働きによって、みずからと他者を変様させながら新たな関係性を形作るようなコミュニティである。そこに見られるのは、すでに前もって構成されている秩序へと包含されることではなく、多様で異質な個々人の力を最大限の地点まで展開させるような社会的出会いの出現である。そこには、「出会いの組織化」によって誕生するスピノザ的な新しい政治の可能性を垣間見ることができるだろう（ハート 一九九六a：二二〇―二二一；一九九六b：二八四）。一般的にコミュニティと呼ぶべき人間の集合は同質的、静態的なものではありえない。私たちの時代にとくに顕著となってきた〈情動のコミュニティ〉というコミュニティの特性（および力能）は、エイズ自助グループの事例で検討したように、異質な人びとが多様な形と方向で、みずからのハビトゥスを変化させながら新たな共同性を構成すること、つまり「組織化」することによって外部の権力に抵抗し、働きかけ、交渉するなかから生まれてくるのである。

統治テクノロジーは、コミュニティを媒介として権力の一部となった主体、すなわち自己が権力となって自己規制するフレキシブルな個人を創り上げる。他方、〈情動のコミュニティ〉は、そうした統治に抗して自己の生を統治する個人を創り上げる場となる可能性ももっている。「自己への配慮」という自己統治は、外部からの権力作用によって自己管理へと導かれるのではなく、自己の欲望と生を肯定し享受することによって現在の自己を取り巻く環境を変え、自己を創り変えていくことである。

〈情動のコミュニティ〉のもつ力能は二つのベクトルへと収斂してくる。一つは個人が自己の統治によって力能を増大させるベクトルであり、もう一つは個人が他の個人と触発し合いながら情動的に共同性を構成することで力能を蓄積するベクトルである。こうした二つのベクトルに沿った力能は、外部のさまざまな制度、組織、知識などと接合しながら、生権力が展開する綿密な統治テクノロジーに対する抵抗の可能性を生み出すであろう。この章は、そうした生権力による統治性の拡大と、自己統治による抵抗との関係を照射することによって、コミュニティの情動的な構成局面を提示したのである。

【謝辞】
この章は、国立民族学博物館共同研究会「東アジア・東南アジア地域におけるコミュニティの政治人類学」（二〇一〇年一月三十～三十一日）、第三回大阪大学超域人類学ワークショップ「ゾーエとビオスの人類学：病いをめぐるコミュニティ／ハイブリッドの動態から」（二〇一〇年五月二十二日）、第2回京都大学GCOE研究会「コミュニティと親密圏・公共圏」（二〇一〇年十一月十日）、国立民族学博物館共同研究会「サファリングとケアの人類学的研究」（二〇一一年五月七日）、東京外国語大学アジア・アフリカ言語文化研究所基幹研究「人類学におけるミクロ－マクロ系の連関」セミナー（二〇一一年十月八日）などでの発表に基づき改稿したものである。上記の機会にコメントしていただいた方がたに感謝申しあげます。

注

（1）モダニティにおけるコミュニティ形成が、さまざまな形をとる個人主義の展開と強く関係していることはしばしば論じられてきた。コミュニティの構成要因が文化的、伝統的、本源的な価値や構造から個人の実践、関与、運動などに大きくシフトしてきたことで、もはや個人対コミュニティといった従来の社会理論の対立図式は非現実的なものとなった。そうしたなかでコミュニティのもつ集合的実体の形成とさまざまな個人主義との関係は十分に検討されるべき課題である。こうした問題の整理には、さしあたり（デランティ二〇〇六：一五三―一八〇）が有用である。

（2）B・マリノフスキーの生の全体性への志向は、ある集団の人びとの特徴ある生き方としてのビオスを記述するばかりではなく、人びとの生物的生命に関わる感情、情動、性と生殖など、「生きている」というゾーエ的事実を全体性として捉えようとするものだった（田辺二〇一〇）。しかしマリノフスキーの生の人類学は、生物的生命およびその活動と、人びとの文化的な生き方と実践が「機能的」に結びつくことによって生の全体性が維持されるという、機能主義的なものであった。その機能主義は必ずしも、モダニティにおける複雑な生の全体性、とりわけ生のすべての局面が標的となる生政治的な局面へのアプローチとして有効であるとはいえない。

（3）〈実践コミュニティ〉概念の核心においては、人びとの認知活動は心、身体、活動の場を通して社会的に構成されると考える（レイヴ一九九五：一一）。こうした活動が最も明瞭に観察される場所がコミュニティであり、人びとはそこへの参加を通して自分の役割、周囲の人びとや資源（道具）との関係を調整、変化させ、またそこへの帰属的アイデンティティを形成していく（レイヴ／ウェンガー一九九三）。

（4）ウェンガーの主張するネットワークによる組織化、そこに結びつけられるフレキシビリティや脱中心性などの概念は、ポスト・フォーディズム的な自己規制の中で追求される（Wenger 1998）。したがってウェンガーらの〈実践コミュニティ〉概念は、近代的な自律的主体を作り出す手法、つまり主体化において、フレキシブルでポスト・フォーディズム的な自己の創出に向かっているともいえる（フレイザー二〇〇三）。

（5）公共圏との対比で考えるならば、そのような関係性（この場合、親密圏）は具体的で人称性をもった他者との間の「間人格的」な交流のなかで、その他者への生命や身体への配慮やケアをメディアとしてつなぎとめられる（齋藤二〇〇〇：九二―九三）。

（6）スピノザの「情動 affectus」の概念は『エティカ』第三部「感情の起源と本性について」において定義されるが、そのうちの定義三は「情動」が身体を刺激して、その力を増大あるいは減少させることを明示している。その定義は以下のごとくである。「感情［情動］とは、身体そのものの活動力を増大させたり減少させたり、あるいは促したりまた抑えたりするような身体の変様であると同時に、そのような変様の観念でもあると、私は理解する。」（スピノザ二〇〇七：一七六）。なお「情動」はしばしば「感情」とも訳され、畠中尚志訳（『エチカ』岩波文庫）においても後者である。しかし「情動」は、心理学的な「感情 emotion」とは異なる力の効果であることに注意すべきである。

（7）『エティカ』第一部「神について」の定理三四、三五に現れるこの区分（スピノザ二〇〇七：六七）については、（ドゥルーズ一九九四：一八四―一九六）を参照。また詳細な議論は（ネグリ二〇〇八：四一九―四四〇）を参照。「神の力」とは、「神即自然」すなわち自然は同時に神であり、人間の徳でもあるというスピノザ独特の思考に基づいている。こうした力能が具体的なコミュニティにおいて、いかに増大し、持続し、あるいは衰退するかは、民族誌的に検証すべき課題である。

（8）自助グループの中ではしばしば個人の過去の体験について語り合うが、それらはある種の社会的記憶としてグループ内に定着する。想起された出来事が接合され、整理されることによって社会的記憶として表象され伝達可能になる過程については、（Tanabe and Keyes 2002: 4–6）を参照。

(9)ドゥルーズとF・ガタリによって提起された〝agencement〟とは、異質な勢力、制度、集団、個人(身体)、物体や自然の偶然的な組み合わせによる動的な編成である。それを構成する部分はそれぞれの一定の自律性をもち、そこでは全体的統一性や秩序ではなく、個人や個体を含む部分がもつ潜在的力能(capacity)が大きな役割を果たす。ここでは〝agencement〟の英訳語の一つである「アセンブレッジ assemblage」を用いる。「アセンブレッジ」のオリジナルな概念については、(ドゥルーズ/ガタリ 一九九四)を参照。すでにこの概念は人類学、社会学などの社会科学で広く用いられている。ドゥルーズ・ガタリ以後の社会科学の領域での理論的展開については、さしあたり(DeLanda 2006)を参照。

(10)「世界エイズ・結核・マラリア対策基金 Global Fund to Fight AIDS, Tuberculosis, and Malaria」。略称はGFATMG。

(11)チェンマイのエイズ関連NGOである「エイズ・ネット AIDSNet」によれば、二〇〇六年時点で、北タイの六県の病院、保健所に設置された持続的ケアセンターは五九カ所に達する。これらのセンターの運営に関わる資金のほとんどは国外の援助機関からもたらされていた。感染者は匿名でセンターにおける治療を受けることが可能であり、また自助グループなどの組織に参加する必要もなくなる(田辺二〇〇八)。

(12)ネオリベラルな統治テクノロジーは、社会的なるものの市場への解体ではなく、フレキシビリティ、エンパワーメント、自己規制といった一連の社会的関係性の創出として理解しなければならない。一九七〇年代後半に始まるフーコーによる第二次大戦後の西ドイツのオルド学派(The Ordo-liberals)と、アメリカのシカゴ学派(The Chicago School)という、二つのネオリベラリズムの比較研究は、そうした社会的関係性の変容を照射している(フーコー 二〇〇八、参照)。

(13)ネグリによれば、「主体のなかにはなお大きな生産性が残っているのである。この臨界点において、主体は主体自身の中に帰還し、そこにみずからの生命的原理を見いだす」(ネグリ 一九九九:五九)。ここでネグリは明らかに後期フーコーの到達点を念頭に置きながら、主体の隷属的な構築から翻って、主体の力能に対する積極的な評価へ向かっている。

参照文献

〈和文〉

浅野俊哉(二〇〇六)『スピノザ —— 共同性のポリティクス』洛北出版。

ギデンズ、A(二〇〇五〈一九九一〉)『モダニティと自己アイデンティティ —— 後期近代における自己と社会』(秋吉美都・安藤太郎・筒井淳也訳)、ハーベスト社。

齋藤純一（二〇〇〇）『公共性』（思考のフロンティア）岩波書店。

スピノザ、B（二〇〇七〈一六七五〉）『エティカ』（工藤喜作・斉藤博訳）、中公クラシックス。

田辺繁治（二〇〇二）『生き方の人類学――実践とは何か』講談社現代新書。

――（二〇〇六）「アイデンティティはモダニティの彼方に――北タイの霊媒カルトと美的再帰性」竹沢尚一郎編『宗教とモダニティ』世界思想社、二二一―二四七頁。

――（二〇〇八）『ケアのコミュニティ――北タイのエイズ自助グループが切り開いたもの』岩波書店。

――（二〇一〇）『「生」の人類学』岩波書店。

デランティ、G（二〇〇六〈二〇〇三〉）『コミュニティ――グローバル化と社会理論の変容』（山之内靖・伊藤茂訳）、NTT出版。

ドゥルーズ、G（一九八七〈一九八六〉）『フーコー』（宇野邦一訳）、河出書房新社。

――（一九九一〈一九六八〉）『スピノザと表現の問題』（工藤喜作・小柴康子・小谷晴勇訳）、法政大学出版局。

――（一九九四〈一九八一〉）『スピノザ――実践の哲学』（鈴木雅大訳）、平凡社。

ドゥルーズ、G／F・ガタリ（一九九四〈一九八〇〉）『千のプラトー――資本主義と分裂症』（宇野邦一ほか訳）、河出書房新社。

ネグリ、A（一九九九〈一九九七〉）『構成的権力――近代のオルタナティヴ』（杉村晶昭・斉藤悦則訳）、以文社。

――（二〇〇八〈一九八一〉）『野生のアノマリー――スピノザにおける力能と権力』（杉村昌昭・信友建志訳）、作品社。

ハート、M（一九九六ａ〈一九九三〉）『ドゥルーズの哲学』（田代真・井上摂・浅野俊哉・暮沢剛巳訳）、法政大学出版局。

――（一九九六ｂ〈一九九五〉）「スピノザの民主主義」（浅野俊哉訳）、『現代思想（総特集スピノザ）』一九九六年十一月臨時増刊号、二七八―二八五頁。

バリバール、E（一九八七〈一九八五〉）「スピノザ――大衆の恐怖」（水島一憲訳）、『現代思想（特集スピノザ）』一九八七年九月号、一五二―一七一頁。

フーコー、M（二〇〇〇〈一九七八〉）「統治性」、小林康夫編『ミシェル・フーコー思考集成Ⅶ』筑摩書房、二四六―二七二頁。

――（二〇〇一〈一九八二〉）「主体と権力」、西永良成編『ミシェル・フーコー思考集成Ⅸ』筑摩書房、一〇―三二頁。

――（二〇〇二〈一九八四〉）「自由の実践としての自己への配慮」石田英敬編『ミシェル・フーコー思考集成Ⅹ』筑摩書房、二一八―二四六頁。

――（二〇〇八〈二〇〇四〉）『生政治の誕生　ミシェル・フーコー講義集成８』（慎改康之訳）、筑摩書房。

ブルデュー、P（一九九三〈一九七七〉）『資本主義のハビトゥス ― アルジェリアの矛盾』（原山哲訳）、藤原書店。

フレイザー、N（二〇〇三〈二〇〇三〉）「規律訓練からフレキシビリゼーションへ?」（高橋明史訳）、『現代思想（総特集フーコー）』二〇〇三年十二月臨時増刊号、二六―三九頁。

ベイトソン、G（二〇〇〇〈一九七二〉）「バリ ― 定常型社会の価値体系」『精神の生態学　改訂版』（佐藤良明訳）、新思索社、一七二―一九八頁。

ラトゥール、B（一九九九〈一九八七〉）『科学が作られているとき ― 人類学的考察』（川崎勝・高田紀代志訳）、産業図書。

レイヴ、J（一九九五〈一九八八〉）『日常生活の認知行動 ― ひとは日常生活でどう計算し、実践するか』（無藤隆ほか訳）、新曜社。

レイヴ、J／E・ウェンガー（一九九三〈一九九一〉）『状況に埋め込まれた学習 ― 正統的周辺参加』（佐伯胖訳）、産業図書。

〈欧文〉

Balibar, E. (1997) *La crainte des masses: politique et philosophie avant et après Marx*, Paris, Galilée.

Dean, M. (1996) Foucault, Government and the Enfolding of Authority, in A. Barry, T. Osborne and N. Rose (eds), *Foucault and Political Reason*, London, Routledge, pp. 209–230.

DeLanda, M. (2006) *A New Philosophy of Society: Assemblage Theory and Social Complexity*, London, Continuum.

Gordon, C. (1991) Governmental Rationality: An Introduction, in G. Burchell, C. Gordon and P. Miller (eds), *The Foucault Effect: Studies in Governmentality*, Hemel Hempstead, Harvester Wheatsheaf, pp.1–51.

International HIV/AIDS Alliance (2006) *Positive People's Groups: The Story of People Living with HIV Mobilizing to Improve their Lives in Upper Northern Thailand*, London, International HIV/AIDS Alliance.

Rose, N. and P. Miller (1992) Political Power beyond the State: Problematics of Government, *British Journal of Sociology* 43(2): 173–205.

Tanabe, S. (2008) Introduction: Imagined and Imagining Communities, in S. Tanabe (ed.), *Imagining Communities in Thailand: Ethnographic Approaches*, Chiang Mai, Mekong Press, pp. 1–19.

Tanabe, S. and C.F. Keyes (2002) Introduction, in S. Tanabe and C.F. Keyes (eds), *Cultural Crisis and Social Memory: Modernity and Identity in Thailand and Laos*, London, Routledge, pp.1–39.

Wenger, E. (1998) *Communities of Practice: Learning, Meaning, and Identity*, Cambridge, Cambridge University Press.

第9章

動員のプロセスとしてのコミュニティ、あるいは「生成する」コミュニティ

——南タイのイスラーム復興運動

西井涼子

はじめに

デランティは、一九世紀をコミュニティの世紀、二〇世紀をコミュニティの危機、そして、二〇世紀末から二一世紀にかけてをコミュニティの復活の時代と論じた。最後の二〇世紀末から二一世紀にかけては、グローバリゼーションが生活に浸透するなかで人びとに不安が生じ、その不安をつなぎとめる帰属意識の拠りどころとしてコミュニティへの関心が高まっているとする（デランティ 二〇〇六）。こうしたアイデンティティの問題解決の拠りどころとしてのコミュニティの復活という議論は、バウマンにも共通して見られる（バウマン 二〇〇一）。しかし、はたして、ここで論じられるコミュニティとは、いかなる実体をもったものであろうか。それはアパドゥライの言う、「近隣」といった実質的な関係と区別される、ある特定の形式を具えた意図的活動によって生産され、ある種の物質的効果を生み出

す、感情の構造といったものであろうか（アパデュライ二〇〇四：三二四―三二五）。

本章では、二〇世紀後半から二一世紀にかけて南タイで盛んになっているダッワ（daʿwa）[1]と呼ばれる運動の広がりと、それに関わる人びとの経験に焦点を当てて、南タイの村落におけるミクロな関係からコミュニティを再考したい。そこでは、居住し、実質的な相互交渉をもつ村落内の関係性において、ダッワという運動が個と個をつなぐネットワークとして広がり、身体運動として展開している。運動の考察においては、ネットワークの実態がいかなる関係性を保ちつつ新たな局面へと拓いていくのかが焦点となる。そこからは錯綜しつつも、アイデンティティの拠りどころとしての想像のコミュニティの復活といった抽象的な議論では捉えきれない、身体としての存在から立ち上がる関係性を、個々の生の経験に立ち返って議論することから、コミュニティを再考することになる。

南タイの調査村でダッワと呼ばれるイスラーム復興運動の一つ、ジャマー・タブリーグ運動は、一九三〇年代にインドにおいて、西洋との対峙において始まった。一九六〇年代にはタイに紹介され、都市部に居住する南アジア系ムスリムを介して広がった[2]。南タイの調査村においても、一九九〇年代以降、村のモスクを訪れるダッワのグループが見られるようになり、二〇〇〇年には、村でもダッワの活動に従事する人びとが現れはじめた。その変化は、それまで酒のみムスリムだった人びとが、打って変わってイスラーム実践を熱心に行い、モスクに集う姿に顕著に現れる。

1 調査村概況

タイは約六〇〇〇万人の総人口のうち九四パーセント以上を仏教徒が占めている。ムスリムは、そうした仏教徒が大多数を占めるタイにあって最大のマイノリティであり、二〇〇〇年のセンサスでは人口約二八〇万人、総人口の約四・六パーセントを占める。ムスリム人口の四分の三余りが南タイに居住し、なかでも南部国境県と呼ばれるマレーシアとの国境に近い四つの県（パタニ・ヤラー・ナラティワート・サトゥーン）では、ムスリム人口が県人口の六割から八割以上を占める。この四県のムスリムも、母語および歴史的・政治的な経緯の違いで、大まかに二つに分けて考える必要がある。一つは、東海岸を中心としたパタニ・ヤラー・ナラティワートの三県のマレー語を話すムスリムであり、もう一つが西海岸サトゥーン県の仏教徒と同じ南タイ方言を話すムスリムである。

現在のバンコクを中心としたタイ国家の視点からは周縁とみえる東海岸は、歴史的にはイスラームの中心であり、ムスリムの分離独立運動もここを中心として起こっている。一方、西海岸のムスリムは、言語のみならずタイ政府に対する政治的態度も異なっている。彼らは東海岸とは対照的に、政治的に問題のない、タイ政府にとっても模範的なムスリムであるタイ国民であるとみなされてきた。

西海岸サトゥーン県に位置する調査村は、ムスリムと仏教徒がほぼ半数ずつの割合で混住しており、村内でのムスリムと仏教徒の通婚率は約二〇パーセントにのぼる。よって、ムスリムと仏教徒が親族関係にあるケースも多々ある。初めて調査に入った一九八〇年代後半から約二〇年の間に、村のムスリムの状況も徐々に変化しつつあることを感じる。初めての調査時には、ムスリムは酒飲みが多く、M村の酒の売り上げは五つの村から成る区においても群を抜いていた。その当時は、ムスリムと仏教徒が車座になって一緒に杯を交わしている姿をよく見かけたものである。しかし、二〇〇〇年くらいからは、家の表での酒盛りは見られなくなる。依然として家の裏では酒を飲むムスリムはいても、公然と酒盛りをすることは差し控えられるようになった。また、かつてはほとんどベールをつけることのなかった女性も、村から外に出るときには、頭に布をまいたり、ベールをかぶったりするようになった。

イスラーム教育についても、一九九〇年代の初めまでは村では定期的には行われておらず、子供にイスラーム教育を行うために村外から呼んできた先生も、子供が学びに来なくなるので、やがては先生も来なくなる、ということを繰り返していた。それには、イスラーム教育に熱心ではない親の態度も関係していよう。しかし、こうした状況は徐々に変わりはじめる。一九九〇年代末には、村の女性との婚姻により村外から村に移住してきた熱心なイスラーム教師が、村のモスクで土曜日と日曜日にイスラーム教育を定期的に行いはじめた。二〇〇九年現在では一年生から六年生まで四五人の生徒が授業を受けるまでになっている。

2 ダッワ運動

(1) ダッワ運動概要 ── タブリーギー・ジャマーアト

世界規模で起こるイスラーム復興現象は、タイにおいてもさまざまな形で影響を見せている。ダッワ(daʻwa)はアラビア語で「イスラームへの呼びかけ」を意味し、ムスリムの非ムスリムへの布教を意味したが、イスラーム復興運動では、従来は非ムスリムを対象とするダッワが、イスラーム社会内部での教宣活動として展開されるようになった(小杉 二〇〇二:五八九─五九〇)。マレーシアにおいてはダッワはマレー語で dakwa と表記され、「信仰への呼びかけ」「伝道」を意味し、一九七〇年代以降のイスラーム主義運動の総称として用いられる(鳥居 二〇〇二:六〇一)。タイではダッワは、ほとんどがタブリーギー・ジャマーアト Tablighi Jamaʻat(ウルドゥー語)もしくはジャマーア・アッ=タブリーグ(アラビア語)を指す。Tabligh は「目的地に着く」「到着する」「ものを手に入れる」など、啓示のコミュニケーションを指す。現在の用語では Tabligh と Daʻwa は互換的に用いられるという(Maud 2002a: xxi)。タイの調査地では、タブリーグの活動に出ることをタイ語で「ork daʻwa ダッワへ出る」という。

筆者の調査村で見られるイスラーム復興現象にも、直接にはダッワ運動の影響が顕著にみられるが、より正確にいうと、ムスリムが日常生活においてよりイスラーム的生活を送るようになるという「イスラーム覚醒」という現象の上に展開した、社会文化的現象としてのイスラーム復興運動として位置づけることができよう（大塚 一九九五）。

タブ[3]リーギー・ジャマーアト（以下、タブリーグ）は、もともとは一九二六年にデリーの南メワート（Mewat）で、マウラナ・モハンマド・イリヤース Mawlana Muhammad Ilyas（一八八五～一九四四）によって開始されたとされている（開始の時期には諸説あり）。当時、メワートのムスリムは名のみのムスリムと描写され、ヒンドゥー教徒のシュディー（浄化）運動によって、ヒンドゥー教徒への改宗にさらされていたことに呼応している。マウラナ・イリヤースは、これらの人びとにイスラームの基本的な信仰を教授すべく、タブリーグのための部隊（ジャマーアト）を結成した。通常一〇名以上を一チームとして基本的な信仰概念の学習と理解、ムスリム同胞への敬愛、人びと自身の中での無償布教員の組織化などについて実践の必要性を説いた（Maud 2002a: xxxvi; 2002b: 9–12; 大石 二〇〇二：六一三）。

一九三二年に三度目のメッカ巡礼から戻り、本格的な活動を開始したとされている。当初は一九四〇年までは一五〇人ほどで活動していたが、彼の一人息子の二代目代表（amir）、Mawlana Muhammad Yusuf Kndahalawi（一九一七～六五）の時に、トランスナショナル活動へと展開し、一九九五年の彼の死の時には、九〇カ国以上に広がっていた。さらに、三代目の代表はイリヤースの姉妹の息子 Mawlana Inamul Hasan（一九一八～九五）が務めたが、一九九六年から一人の人物が代表を務めることを止め、複数によるカウンセル制へと移行した。南アジアの数百万人がこれに関わるようになり、パキスタンには、四八センターがある。ラホールの近くのライウンドには、毎年一〇〇万近い人が集まり、メッカに次ぐ第二のハッジとも呼ばれる（Afmad 1991: 510）。

(2) ダッワの理念

ダッワは「ムスリムのスンナへの復帰」という究極目標をかかげている。スンナとはイスラーム的生活様式で、その理想は預言者ムハンマドの生活である。よって、そこではムハンマドの言行を記録したハディースが重視される。イスラームの信仰の中心である六信五行の中でも日常生活の中で守られるべきより微細な既定がなされる。タブリーグの中心的なテキストはコーランを除くと、"Tablighi Nasib"(英訳)で、理念と実践を体系的に整理した注釈書である。Nasib は本来喜捨(zakat：アラビア語)の対象となる資産(の総額)と訳される(中澤 一九八九：八一)。この Nasib はハディースに依存する割合が非常に高く、ムハンマドの逸話に最も多くの紙数をさいている。タイでは「篤信の価値(khun kha khong aman)」がその翻訳で、ダッワに出る人は皆この本を持っているという[4]。

筆者がインタビューした、パキスタンで学んだというマオラナ・サアードは、ダッワについて次のように説明する。なるべく多くすべきこととして、⑴ダッワに出ること、⑵勉強すること、⑶宗教の実践に対する忠誠、⑷助け合い、尊敬し合うこと。なるべく少なくすべきことは、⑴飲食、⑵休息、⑶モスクから出ること、⑷内容のないことを話すこと。絶対に禁止することとして、⑴(他人に)請うこと(アッラーのみから請う)、⑵望むこと、⑶おべっかをいうこと、⑷他人のものを許可なく取ること。なるべく離れているべきこととして、⑴政治の話をすること、⑵争うこと、⑶贅沢すること、⑷色で人を分けることを挙げる(二〇〇七年九月二十五日インタビュー)。

ダッワは、家族関係にも影響を及ぼす。本章4節「ダッワの経験」で取り上げるダッワのリーダーであるト・イマム・ポンは「ダッワに出る人は宗教を真摯にとるので、子供や妻の服装も放っておかない」と言う。彼の妻は、結婚してから夫とダッワに出て変わったという。それまでは南タイの普通の女性のように、顔を覆うことはなかったけれど、結婚してからは外出時には目だけ出して顔を覆うようになったという。ダッワに夫婦で熱心な場合には、妻は日常生活においてもベールを着用して顔を覆う。しかし、夫のみが熱心な場合には、妻は、宗教実践に熱心ではない他のムスリム女性のように、村ではベールをかぶらない人も多い。女性は、夫もしくは兄弟といった親族の男性と一緒でなければ、ダッワには出ることができない。ほとんどのダッワは、男性のみで構成される。しかし、女性を含んだダッワも組織することは可能である。妻にダッワの理念を理解させ家族生活もダッワの理念に沿って行いたい場合には、妻の教化のため、ダッワに連れ出す必要がある。

⑶ダッワの方法の特徴

タブリーグが、なぜトランスナショナルな運動となったのかについて、マウドは次の二点を挙げている。

⑴ パーソナル・リフォーム（個人の改革）として身体的な移動、旅行を採用し、ローカルからナショナル、トランスナショナルへと拡大していく。

⑵ そのイデオロギーの正当性を求める手段として、トランスナショナリズムを採用した。運動がよりトランスナショナルになるほど、そのイデオロギーは普遍的なものとして認められることになる（Maud 2000a: xvi）。

ここでは旅行は、個人のセルフの内側の、日常空間から宗教空間への移動と、セルフの外側の異なる時空間を作り出す移動の二つの側面を併せ持つ。ここでいうイデオロギーとは、直接政治的な行動を促すものではない。タブリーグは政治問題に関わることには慎重な姿勢をとっている（南タイの紛争においても、タブリーグのメンバーはこの点を強調する）。

タブリーグのコスモロジーに個人が改宗することは同時に世界の変容を意味する。新しい世界は信仰者のセルフの最も深く内的な部分に打ち立てられるという（Maud 2000a: xvi）。つまり、個人の実践を通じて、個人の世界観・内面を変容し、ひいてはその生活態度全般、生き方そのもののイスラーム的方向への変容を目指す。

実際には、月に三日、年に四〇日もしくは四カ月の期間シュロ(5)（shuro）と呼ばれるリーダーのもと、ジャマーアトという一〇人前後のグループを作り、各地のモスクを訪問する。一つのモスクに三日間滞在しては、そこでの学習と、その村びとの家を訪問して活動への呼びかけを行う。米などの自炊道具を持参してモスクで煮炊きし、宿泊する。ダッワに出ている期間は、参加者はモスク外の世俗世界から完全に「隔離」される。そこでは、モスク内での規律の完全なる遵守が求められる（中澤 一九八九：八四）。

ダッワのグループがどのように一日を過ごすのかを、二〇〇七年十月一日にM村モスクに滞在中した、ソンクラーから来た一行の一日からみてみよう。彼らは一七人のグループで、四〇日のダッワの途中であった。

03：00	起床、朝食
05：00	礼拝、話し合い。
07：00	学習
11：00	休息
12：30	礼拝
13：00	昼食、休息
15：30〜18：00	礼拝。その後、村びとを訪問し、礼拝に誘う
18：15	食事
18：30	礼拝、宗教の講話
19：30	礼拝、休息

写真 9-1　M村モスクで昼食をとるダッワの一行
盆を囲んで手づかみで食べる（2007年10月）。

21：00　礼拝、休息
22：00　就寝

四〇日のダッワでは、同じモスクに三日滞在し、この繰り返しで一日一日を過ごす。

礼拝と学習、そして訪問という一日の構成となっている。M村モスクのケースは、通常の一日五回とされている礼拝に加えて、夜更けの礼拝を追加で行ったケースである。中澤が観察したマレーシアのケダー州のケース（一九八八年）は、通常一日五回の礼拝に四回の追加の礼拝を行い、全部で九回の礼拝を行っている（中澤 一九八九：八五）。ダッワは、礼拝に始まり、礼拝に終わる、礼拝は、ムスリムの生活の基本的構成要素であり、とくに集団礼拝は重視されるという。中澤は、午後の村びとの訪問（ziarah）の重要性に注目して、礼拝を個人内向的な行為とするなら、訪問は最も社会外向的な活動であり、タブリーグは、この両者のバランスの上で理念・知識を宗教的実践の場で行使することで「伝道」を進めているとする（中澤 一九八九：八七）。

モスクでの食事は、当番が回り持ちで食事を作り、個別の皿で食べるのではなく、盆の真ん中に飯を盛り、おかずを載せて、一つの盆を数人で囲んで手で食べる（写真9-1）。タイの日常では、通常は個々が皿に飯を盛り、カレーなどは、別の器についであるものをスプーンなどでその飯にかけて食べる。手で食べることは少なく、ほとんどの人がスプーンとフィークを使って食べる。よって、このように同じ盆から手で食べるという食べ方は、モスクでの集団生活における共同性の重視を端的に表しているといえよう。前述のM村のダッワのこの日のメニューは、パパイヤのカレー・魚のフライ・コーヒーゼリー・なつめであった。

四〇日以上のダッワに出る場合、南タイでは、まずヤラーの本部に赴いて、そこで日程を登録してから出かける必要がある。最後にまたヤラー本部に立ち寄って帰宅する、というコースになる。ソンクラーのこのグループは、ナラティワート一五日、サトゥーン二五日のダッワの予定であった。

ダッワの組織は、ルースな特徴をもつとされている。ヒエラルキカルな構造をもつが、ルースで一時的だ。アミールやシュロといったリーダーに率いられているが、シュロは個々のツアーのリーダーでもあり、同じメンバーでもツアーごとにリーダーが代わることもある。パーソナルな関係に基づいて集団として働くことを好む。しかし、比較的継続しているのは、ローカルで異なっているレベルごとの階層化された組織である。また、こうしたルースさを含んだ組織化を可能としているのは、その運動が基本的にセルフ・ファイナンスであることである。ツアー参加者はすべて自分でその費用をまかなう必要があり、リーダーであるアミールにも給料はない。

3　タイにおけるダッワ運動

(1) タイにおけるダッワ運動の導入

タイにダッワを導入したのは、一九六六年、ビルマとの国境、タ—ク県メーソッドのハジ・ユソフ・カーンであるという(Chitmuat 1988: 239)。この情報は、筆者自身のチェンマイでのインタビューとも一致している(タイへの導入の契機については、南タイでは詳細にはわからなかった)。

北タイは、大きく分けてインド、パキスタン・バングラデシュ系のムスリム・コミュニティと、雲南から移住してきた中国系のムスリム・コミュニティがある(本書第3章木村論文を参照)。ダッワは、ハジ・ユソフ自身がインド系のムスリムでもあり、まずは南アジア系ムスリムの間に広がり、やがて中国系のムスリムの間にも広まった。また都市から農村へと広がったと思われる。

彼は二〇〇〇年に亡くなっている。彼がダッワを熱心に広めることになったきっかけとして、あるエピソードが語られている。チェンマイ在住のハジ・ユソフ・カーンを直接知っているというインド系ムスリムは、次のように語った。「ハジ・ユソフは、影響力(ithiphon)のある人だった。ハジ・ユソフの息子が麻薬に手を出し麻薬中毒になったときに、四カ月のダッワに出した。四カ月後に、息子はすっかりいい人間になっていた。それに感銘を受けたハジ・ユソフは、それから多くのムスリムを動員して北タイ中にダッワを広めたのだ」。

二〇〇七年のチェンマイにおける筆者の調査によると、チェンマイのムスリム・コミュニティ(ワット・ケートナ)では、三〇年ほど前は八〇パーセントもの人が参加していたほどだったというが、今はほとんど行っていない。その

表 9–1　M村のダッワの継続年数

年数（年）	10	6	5	4	2	1	
人数（人）	1	3	2	2	2	2	合計 12

理由については、サウジアラビアなど中東で勉強した人たちが帰ってきて、「正しくない」「地獄に落ちる」などと言うので、怖れてやめる人も出て、大きなうねりになっていた運動に亀裂が入ったという。

北タイに比べ、サトゥーン県の村落では、ダッワの広がりは二〇年近く遅れて始まっている。南タイの筆者の調査村には、一九九〇年代になってからダッワの来訪が目立つようになり、頻繁に訪れるようになったのは、二〇〇〇年前後からである。ダッワのグループは裾が足首まである独特の南アジア風の長い上着を着ており、彼らは、先に述べたように、午後に村びとを訪問するために村内を散策するので、すぐにダッワのグループがモスクに滞在していることがわかる。

村びとで初めてダッワに出かけた人は、二五年前に一人、その一回限りで、その後は十数年前に南タイのスラータニに出かけたという人が二人いる。しかし、いずれも物見遊山で一回限り行ったたことがあるというもので、現在につながる継続的なダッワの活動に参加しはじめたのは、いずれもここ数年のことである（二〇〇七年調査）。現在のダッワの参加者の継続年数は、表9-1のとおりである。

タイでこれほどダッワ運動が広がった理由として、タイ政府の放任主義な対応を挙げるムスリムもいる。イスラームを国教とするマレーシアでは、逆に、イスラームの運動に対してより厳しい規制がかけられている。

写真 9-2　M 村モスクに滞在中のダッワの一行
午後になると，ダッワに参加する M 村ムスリムとともに村のムスリムの家を訪問する（2007 年 10 月）。

写真 9-3　村を散策するダッワの一行

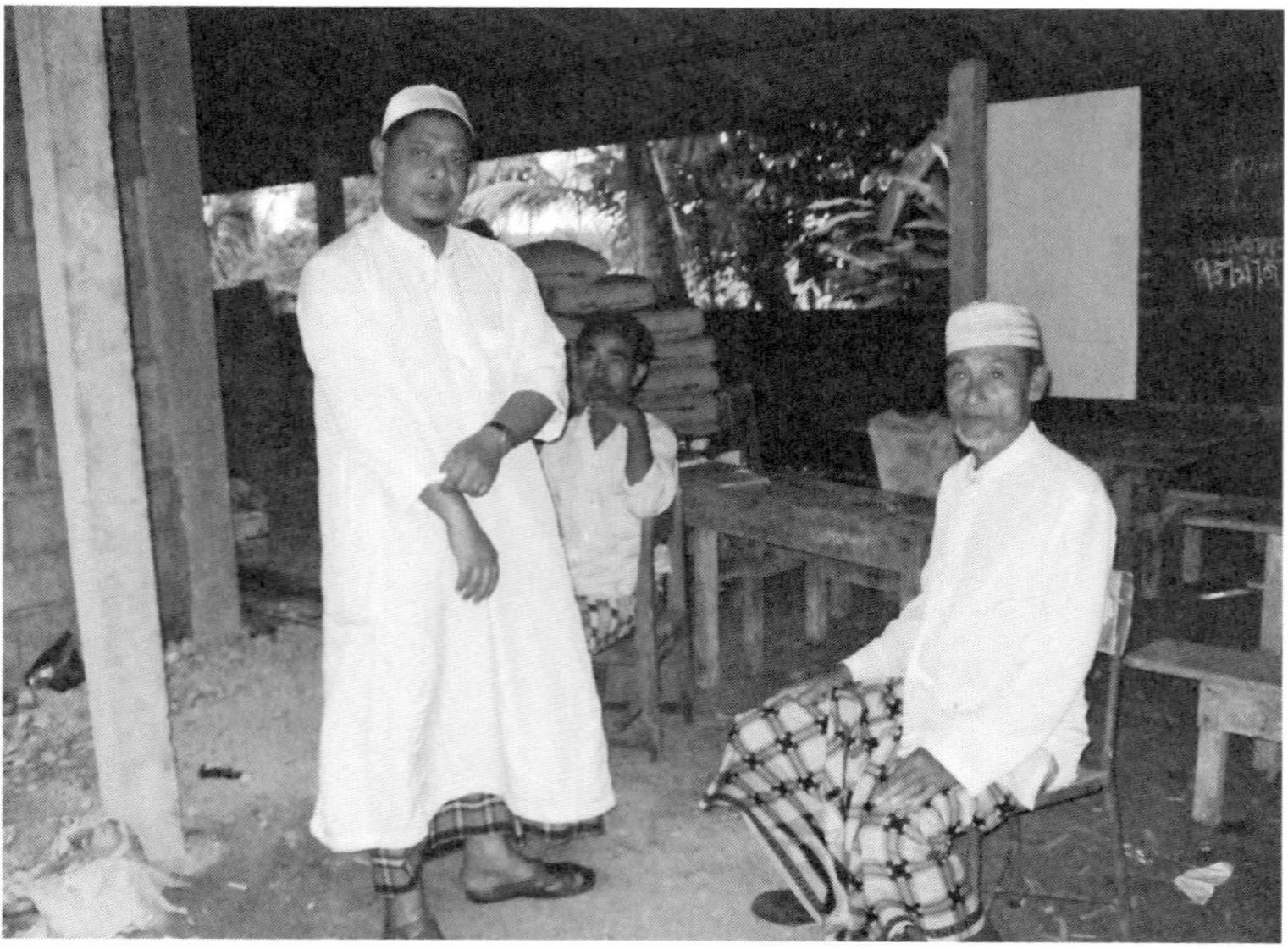

写真 9-4　M 村モスクで談笑するダッワの一行と M 村のムスリム

（2）ダッワの組織構成

ダッワの組織	マハラ（村のモスク）—ハルコ（郡レベル）—県マラカス（県レベル）—全国マラカス（国レベル：バンコクとヤラー）

最小単位はマハラ（mahalla）と呼ばれ、村のモスクがその単位をなす。各マハラのリーダーは、シュロ（shuro）という。調査村の場合、会議がモスクで毎日開かれ、シュロは毎週ダッワ参加メンバーの中で交替で回し、「週ごとのシュロ」（shuro sapda）と呼ぶ。

ハルコ（harko）はサトウーン県北部の調査村のある郡の場合、六つのマハラが集まったもので、ハルコの週ごとの会議に、マハラから週のリーダーが参加する。ハルコのリーダーが何人であるのかは、インタビューによっても確定できなかった。リーダーと名指される人の間でも二人、八人、一二人と異なっており、リーダー名は重なっているが、県レベルの会議に行く人は、そのうち一人であった。

ハルコの上のレベルが県マラカス[6]（markaz cangwat）で、そこでは毎週金曜日の夜に会議が開かれ、それぞれのハルコからリーダーが出席しなければならないという。ハルコのリーダーによれば、サトゥーン県には二一のハルコがあるということであった。サトゥーン県のマラカスの集まりには、二〇〇〇人以上も集うことがあるという。県のマラカスのリーダーは一〇人から一二人であるという。国レベルのマラカス（markaz prathet）はタイのダッワのヒエラルキーの最上位であり、バンコク（ミンブリ）とヤラーの二カ所である。そこでは二カ月に一度会議が開かれ、バンコクとヤラーで交替で開催される。県のマラカスのリーダーは、その会議に参加しなくてはならない。一五人のリーダーが参加しており、そのうち、四人が全国マラカスのリーダーとなっている。二〇〇七年現在は、メーソッド、バ

表 9-2　M 村のダッワの経験者

年齢（歳）	10 代	20 代	30 代	40 代	50 代	60 代	70 代	
人数（人）	2	4	7	1	4	2	4	合計 24

表 9-3　2007 年 9 月時点での M 村のダッワ参加者

年齢（歳）	10 代	20 代	30 代	40 代	50 代	60 代	70 代	
人数（人）	2	2	3	0	2	2	1	合計 12

ンコク（ミンブリ）、ナラティワート、ソンクラーの代表が全国マラカスのリーダーである。四〇日以上のダッワの活動は、全国マラカスに登録しなければならない。会議では、どこの県マラカスから四〇日もしくは四カ月のダッワがいくつ出るかが報告される。

（3）M村におけるダッワ参加状況

二〇〇七年の調査時におけるダッワの経験者は表9-2のとおりである（二〇〇七年九月）。

こうしたダッワの経験者が現在でも定期的にダッワに出ているとは限らない。実際に、ダッワに少なくとも一年以内に出たことのある者は、このうち半数の一二人である。

村における十歳以上のムスリム男性は一三一人であったので、そのうち二四人、二〇パーセント弱の十歳以上のムスリム男性がダッワ経験者ということであった。

また、現在でもダッワに出ているもの一二人の年齢構成は、表9-3のとおりである。すべての年齢に散らばっていることが見て取れる。十代前半の二人の参加者は、共に父親に連れられてダッワに参加するようになった。

(4) ダッワの拡大の特徴

3(2)の組織構成の節で、ハルコ(harko)は調査地では「六つのマハラが集まったもの」と説明したが、このことからも、すべてのモスクにダッワの拠点となるマハラがあるわけではないことがわかる。サトゥーン県T郡の場合、モスク数一二のうち六カ所のモスクのみにダッワの拠点がある。区内では、四つのモスクのうち、ハルコがあるのはM村のみである。現在活発に活動しているM村のダッワ参加者のほとんどがここ数年の参加である。

それに比べ、M村から最も近いところに位置するT町にはモスクが二カ所あり、そのうちモスク1では、継続的参加者はやはり一二名であるが、多くは一〇年以上の経歴をもち、一番古い人で一八年である。この一八年の経歴をもつ人が現在の郡レベルのリーダーであり、モスクのイマムでもある。T町のもう一カ所のモスク2の参加者は六人であるが、いずれも一〇~一九年と参加経歴は古い。T町にまず、ダッワ運動が入り、そこからダッワ運動が広がっていったと思われる。しかし、モスク1でもモスク2でも新たな参加者はほとんどいない。モスク2の参加者六人中五人が一〇年以上、一人が七年であった。

こうしたことから、ダッワの参加者が、人のネットワークによって飛び火的に広がっていく様子が見て取れる。まず、初期にダッワ運動を熱心にやっていた所、つまり初めに運動の火がついた所は、すでにその火は燃え尽きつつあり、その火が飛び火して新しく燃え広がった所はその火に勢いがあると、T町モスク1のリーダーのト・イマム・ダーアンは評した(二〇〇七年九月二十六日インタビュー)。M村もほとんどのメンバーが数年以内の参加者であり、この新しい燎原の一つといえよう。

ト・イマム・ダーアンは、その拡大方法を次のように説明する。「M村は昔は何もなかった。我々が入って努力したら変わった。変化することができたら他のモスクに移る。彼らが自分でできるようになったら自分でさせる。そして近くの別のモスク（の宣教）について責任をもたせる」。

こうしたダッワ運動の広がり方の特徴は、人から人へと、それぞれの人生における自己の変容をともなって展開するところにみられる。ト・イマム・ダーアンは「ダッワの目的は自分を鍛錬することである。他の人を鍛錬することではない。洗濯するときも、布をきれいにするのが目的だが、それを洗う手もきれいになる。自分を利する。他の人もそれにより利益がある」というように、ダッワ運動は、他者への宣教そのものが目的ではなく、あくまで自分のために行う実践であることが強調される。こうした運動に没頭することは、その人の価値観、関係性、実践など、すべての面における変容を意味するのである。次節では、参加者がどのようにダッワ運動によって自己の変容をとげているのかを、いくつかのタイプに分けてみてみたい。

4　ダッワの経験

――(1) ダッワの経験のタイプ

ダッワの参加者には、ダッワに没頭することによって、これまでの人生における価値感や世界観をまるごと変えてしまうことになった人びとがいる一方で、これまでの日常生活を大きく変えることなくダッワに参加している人もいる。ダッワについてインタビューすると、前者の没頭型の参加者について必ず出てくる批判は、妻子が食べるものがないのに、自分一人がダッワに出てお祈り三昧、これでいったい功徳が得られるだろうか、といったものだ。ダッワは基本的に、その費用はすべて自分でまかなわなければならない。よって、たとえば四〇日や四カ月といった長期のダッワでは、かなりまとまった費用を準備する必要がある。海外までダッワに出るとなると、さらに高額な費用がかかる。よって、ダッワに出るときに、すでに子供が成長して余裕がある年齢である場合は、さほど問題がないように思われるが、子供がまだ小さいと家族が困ることもある。ダッワ参加者には、実質的な引退者が必ずしも多いわけではないが、やはり長期のダッワに出ることができる人には、引退者が多い傾向がみられる。

M村の場合を例にとって、表9-3をより詳しくみてみると、このうち、六十歳代以上の三人が引退組みである。そのほかは、M村のほとんどの村びとと同じ漁業従事者である。引退組は、みな四〇日もしくは四カ月のダッワに出ている。五十歳代の一人は、事故により、体が不自由になり働けなくなった人だ。彼は親族がお金を出すことで、四〇日のダッワに出ることが可能となった。しかし、三十歳代以下では、三十歳代の二人の兄弟が四〇日に一回出ているのみ、その他は三日だけのダッワである。しかし、長期のダッワに出るかどうかということが、必ずしもダッワへの関わり方の指標になるわけではない。

ダッワへの関わり方を、ダッワを中心にすべての生活が回るほど没頭しているタイプを没頭型、イスラームの勉強のためといった便宜的な参加の仕方をしているタイプを便宜型とでも名づけておこう。M村においては、没頭型六人(七十代一人、六十代一人、三十代二人、二十代二人)、便宜型四人(六十代一人、五十代二人、三十代一人)、その他二人(十代二人)と分けられる。その他の二人は、父親に連れられてダッワに出た十五歳の男子二人であるが、この二人は父親に従って没頭型へと進んでいく可能性が高い。

では、それぞれが、どのようにダッワに関わっているのかを、その語りからみてみよう。それぞれの語りは、M村ムスリムのみでなく、T郡内全域のダッワ参加者のインタビューから抜粋したものである。

没頭型

四〇日ダッワに出たことのある三十歳代の参加者は、「ダッワは麻薬のようだ。入ると抜け出せない」という。ダッワの教えをみずから内面化しつつ、それによって逆にダッワに沿った生き方をせざるをえないことになる、という受動性が前面に出ている。その中でも、指導者、先導者としてダッワに関わっている修行者のようなト・イマム・ポンと、離婚後の孤独な生活のなかでダッワに関わるようになったト・クルーとス・サンの事例を挙げたい。

〔修行者〕

ト・イマム・ポン（三十七歳）、T郡P村、ダッワ歴二五年（二〇〇七年九月二十六日インタビュー）

ダッワを率いるリーダーには、ダッワの実践が人生の指針となっているような禁欲的生活を送っている人びとが多い。ト・イマム・ポンもその一人である。トラン県出身の彼が、初めてダッワに出たのは、十二歳の時だったという。彼の母方の伯父がイマムで、ダッワに彼を連れていった。礼拝の重要性を説くダッワの教えに従って金曜日には礼拝をするために学校を休むなどのように、彼の生活を規定するほどダッワは彼の生き方の中心となっていった。

彼は「何百万バーツ出されてもダッワをやめない」と言いきり、次のように語った。

「できる人（khon keng）」はいても、「いい人（khon dii）」を探すのが難しい。でも一つ忘れている。価値ということを。われわれの人生の価値とは善きことだ。この世界の発展は、時間との競争、職業での競争、と競争に満ちている。魂のために時間を割《さ》くことができないまでになっている。定年になるまで。その時には魂に関することは遅すぎる。人に価値があるかどうかはモノ（watthu）によらない。行為による。信仰による。心による。モノには力（amnat）はない。威力（ithiphon）はない。モノへの欲望が人を変える。だから宗教は教える。――アッラーのみが力をもつ。作られたものを信じるのではなく、アッラーを信じるようにとダッワではまず教える。

ダッワは人を変える行いだ。悪い人はよい人に、良い人はさらに良い人に。一つの目は人のいいところを見る。もう一つの目は自分の悪いところを見る。すると、どういう社会の中でもやっていける。しかし、人間は自分のいいところは見て、人の悪いところを見たがる。だから問題が起こる。人間は美しいものに迷い、正しいことを忘れる。

ダッワの目的は自分の感情を統御することであるという。彼は、モノにとらわれない生き方を追求する。その時に、人もモノの一部であると考え、人の思惑からも自由になる。修道者のような生活を送る。月に三日間ダッワに出ることは、人生の設計の中に規則性をもたせ、時間を正しく配分することができるようになるという。

彼は二十一歳で結婚して、この村に移住してきたときにイマムになった。約二〇〇世帯にモスクは一つである。彼が移住した当初、ここのムスリムは酒を飲み、賭け事をして乱れていた。初めてモスクに礼拝に行って驚いた。金曜日の礼拝に人が集まらないどころか、年に二回しかないムスリムの祭にも、モスクには十数世帯の人しか来ていなかった。ダッワは性格を変える。辛抱強く話し、礼拝に誘う。時には、ひどい言葉を返す人もいるが、忍耐する。そして忘れる。人のいいところを見る。心を鍛えるという。ダッワは、心を強健にするという。彼は、まるで修行者のような、モノにとらわれず、みずからを律す生き方で、人を感化する。今や、彼の村のモスクは、金曜日にも入りきれないほど人がいっぱいになるという。

〔新しい人生〕

ト・クルー(六十二歳)、M村、ダッワ歴五年(二〇〇七年九月二十八日インタビュー)

ト・クルー(イスラームの先生)というのは、ダッワに出はじめてから、最近つけられたあだ名である。以前から彼は、インタビューに行っても、常に背筋を伸ばした礼儀正しい態度で、筆者にも敬語を使って話していた。彼は村はずれの岬の先端部分に住んでいたので、あまり日常的に接する機会はなかった。そのせいもあってか、筆者は彼に対しては、通常村びとを呼ぶときのようなあだ名ではなく、K氏（nai K）と思わず本名で呼んでしまう人だった。その彼が、泥酔して帰宅し、ドアを蹴破って入ったり、家庭では、妻が料理を作るのが遅いと、鍋の水を妻の頭からかけたりしていたという。そうした家庭状況にあったことに、一九八八～八九年のはじめの調査当時私は気づかなかった。

彼は言う。エビの仕掛け網漁（pohngphang）で、当たりがよく収入は有り余るほどで、酒を買って飲んだ。一日一〇〇〇バーツの収入があり使い切れない。友達が「薬草酒（yaa dorn）でも飲もう」と誘う、それがやがては薬草酒ではなく、（酒の）ビンになってくる。ついに四十八歳の時に離婚し、別々の家に住むようになった。仕掛け網漁は、水揚げした後、漁商に売る前にエビを大きさ別に仕分けるなどの処理に人の手が必要である。その手伝いがなくなり、離婚して二、三カ月で魚の罠漁に変えた。収入はそれでも一日三〇〇～四〇〇バーツあったという。その罠漁には、のちに熱心なダッワのメンバーとなる三十代のバン・ロ、バン・ラ兄弟と一緒に出たという。

ト・クルーは「本当にひどかった。酒を飲んだら。妻が悪かったわけではない。自分が悪かった。でも、アッラーはまだ僕をまだ可哀相に思ってくれた。こっちの方向に来させてくれた。先に死なせるのではなく、もう一度やり直す機会を与えてくれた」と言う。

彼が、初めてダッワに出たのは五十歳を過ぎていた。約五年前のことである。「その頃、僕はあまり宗教がなかった。モスクにも月に一、二回行くくらいだった。誘われてヤラーに行ったのがダッワに出る始まりだった。ダッワでは、宗教的行いをすべきということが明確である。実践しなくてはならない」。彼は「僕だって、（初めは）行きたくなかった。今までやったことがないし困難だと思った」と、それほど乗り気でもなく、漁を共にする仲間に誘われてダッワに行きはじめた。

ところが、彼にはイスラームの基礎的な素養があった。十二歳から数年間勉強したことがあり、ダッワで基礎から始めると二、三カ月で、あっという間に読めるようになった。ダッワに出ることになった背景には、妻と別れ孤独だったことがある。彼はダッワに出て、酒もやめ、モスクには必ず毎日行き、宗教的な素養もあったことから、モスクの三役の一つビランも務めるようになった(二〇一〇年にはイマムに選出された)。その彼の変貌ぶりとあまりの熱心さから、ダッワを始めてからは、村びとは彼を「ト・クルー(イスラームの先生)」と呼ぶようになった。

モスクで行っていたインタビュー時にそばにいた村びととの会話は、彼の語ったことを裏づける。

村びと(七十歳代のムスリム男性)は、「もう誰も相手にしなかった。今頃(午後)はもう酔っ払っていた。踵《きびす》を返して戻ってきた。良いことをするように」

ト・クルー「アッラーが機会をくれた」

村びと「アッラーが心を開いてくれた。良いことをするように機会をくれた。良いことをして、悪いことを捨て、良い人になるように」

このように、彼はダッワに出ることによって、新たな人生を手に入れたといえる。ただ、残念なことに、アッラーは妻との仲は元に戻してくれないという。いくら話しても、何百回話しても、元妻は「もういやだ(mai ao laeo)」と言う。すぐ近くに住んでいるが、もう夫婦ではない。うんざりだと言われた。アッラーはこのことに関しては、別れたら、別れたままにさせておくのだ、という。

便宜型

〔勉強の機会〕

ヤーコープ（三十九歳）、M村、ダッワ歴六年（二〇〇七年十月二日インタビュー）

ヤーコープは、すでに六年間ダッワに従事しているが、三日間のダッワにしか出たことがない。エビの仕掛け網漁に従事しており、良い夫、良い父親である。私をインタビューに他村に連れていってくれたときにも、妻が洗濯中だからと、まだ二歳くらいの娘をバイクに乗せて一緒に連れていった。もともと彼の祖父は四代前のM村のイマムであり、村では二人目のハッジで、メッカに出かけてそこで亡くなっている。その祖父も父親も、そして彼自身も、酒飲みムスリムが多い村にあって酒は一切口にしない。ヤーコープは、イスラーム教育こそ受けていないものの、金曜礼拝は欠かさず、まじめに宗教実践を行っている。

彼に、なぜダッワに出たのかと尋ねた。彼は、「宗教を勉強したことがなかった。成人教育（swksa phuyai）のようなもの。ダッワに誘ったリーダーのハミッド・シットが、かつては自分と同じようにアラビア語も読めなかったのに、読めるようになっていた。これはいい（dii dii）とダッワに出た。月に三日だからそれほど負担にならない。宗教学校に行ったりすると一年二年とかかる」と、もっぱらイスラームの勉強を効率よくするための参加であると説明する。

このタイプは、M村と同じ区ではあるが、別の村に住む、貧しい夫婦二人暮らしの老人のケースが挙げられる。その村では、ほかにはダッワに出る人がいない。彼は、川沿いの家が三年ほど前の津波で壊れて、公金の援助で建築中だという、まだ窓の入っていない家に住んでいた。お金があるときに、少しずつ造っている。

彼は、他村からきた熱心なダッワの参加者の誘いにのって、三日間のダッワに一度だけ参加した。これまで機会がなくてイスラームの勉強ができなかったが、ダッワは「成人教育」みたいだ、とヤーコープと同じ言葉で説明した。さらにダッワに出て祈念する（niyat）と、いつもは二〇〇〇バーツしか獲れないのに、三〇〇〇バーツの蟹が獲れた、アッラーがくださったのだと、日常で起こった幸運をダッワと結びつけて解釈していた。

ダッワの参加の契機を夢で説明する言説にしばしば出合った。そこに、ダッワという経験を人生において遭遇した賜物、偶然ととる構えが見て取れる。彼らにとってダッワの経験を端的に示す夢の語りをみておきたい。

――（2）ダッワ運動参加の契機――夢

ハミッド・シット（三十九歳）、T郡T村、ダッワ歴一二年（二〇〇七年九月二十四日インタビュー）

ハミッド・シットは、M村のムスリムたちをダッワに引き込む端緒となった人物である。M村でダッワの参加者に誰と行ったのかと尋ねると、必ず彼の名前が挙がった。ヤーコープに連れていってもらって初めてハミッド・シットを訪問したときに、なぜ筆者がダッワの調査をしているのかについて、つきつめて訊かれた。調査の目的は何かということに対して、「東南アジアのムスリムを調査している」という理由だけでは十分ではなかった。「日本にはムスリムが少ない。イスラームのこと、ムスリムの生活のことを紹介したい。また世界で起こっている紛争は宗教が原因で起こっているわけではないことを示したい」と、調査の目的を説明すると、「世界の平和のためか」ということで、ようやく納得してインタビューに応じてくれた。

彼はもともとは、M村の酒飲みムスリムたちの飲み友達だった。賭け事をやり、ボクサーでもあった。その彼を、ト・イマム・ポン（没頭型の修行者の事例参照）はダッワに連れていったという。彼はもとは「人生の使い方がわからなかった」と自分を評する。「人間として十全（sombun）になるために、アッラーのために犠牲を払う」という。ダッワに三日間出ているうちに変わりはじめた。そして四〇日のダッワに出た。それからは、友人が誘いにくると、今度は彼が逆に友人を宗教へと誘うようになった。悪いことをするよう誘うことから、良いことをするよう誘うようになった。彼の友人の多くが酒を飲むのをやめ、宗教を実践するようになったという。

ハミッド・シットがダッワに行きはじめたのは、一二年前にさかのぼる。その頃、神への信仰はあったが、実践はしてなかった。結婚して二、三年が経った頃のことだ。ダッワは、実践したい、人を助けたいといった気持ちを起こさせる。人を変えるという。結婚当初は酒を飲んでは借金し、それは何十万バーツになった。酒飲み友達の多いM村にも酒を飲みに来ていたという。二十七歳の頃で、闘鶏、賭け事ばかりしていた。そんな時に夢を見た。

マラカット・ヤラーを見た。僕を誘った人も見えた。心の中に入ってきて、すぐに受け取った。家まで来た。ちょうど闘鶏に水をやろうとしていたところだった。この人は前に見たことがあると思った。光がさして見上げるとダッワの服を着て立っていた。神が選んだ。正しい道に導くように。イスラームは、本当のところ平和はイスラームの中にある。仏教徒はかつて歴史の勉強をしたこともあるだろうけれど。クラビーから四カ月のダッワで出てきていた人だ。（中略）初めは、三日ダッワに出た。T町に行き、そこからヤラーのマラカットに行った。一晩。ヤラーのマラカットは夢で見たとおりだった。まだ建築中だった。夢でも建築中だった。そのあと、家に帰ってきてから、座って神に思いをはせていた。そしてある感情が湧いてきた。まるで頭の中で回っているような。預言者ムハンマドが僕を訪問しているという感じがした。見えないけど、感じた。毛が逆立った。見えないけど、預言者ムハンマドが訪ねてきたことを知っていた。彼が僕のそばに座っていることを知っていた。見えない。内側の状態だ。

この話を筆者に語っているときも、感情が高ぶったのか、ハミッド・シットは鳥肌が立っていた。彼は、ちょうど、ゴムの採取から帰ってきたばかりで、長靴をはき、汚れた格好をしていて、「こんな格好をしていて、そういうふうに話すのはあまりそぐわないだろう」と言いながら、「服装と中身は別のことだ。そのあと、夢で預言者を見た」と、彼は続けた。

僕を訪問し、僕を連れて昔のイスラームの歴史を見せた。イスラームはどのようにしてきたか。クルアーンの中の名前、ハディースの中の言葉、すべての状況が見えた。ちょうど神がイスラームとは何かを理解させるように。イスラームとは何か。彼は二つの種類のことを命じた。

(1)　イスラームを信じること。本当のことを愛する。イスラームは、アッラーが発展させた宗教だ。

(2)　他の問題を、宗教の実践に近づけるな、われわれをイスラームから出すものに。

もし、ダッワが村に入ると、どこでも平和になる。世界中がダッワであれば平和だ。イスラームは不思議だ。外は見えるけど、中は見えない。僕は外は見えるけど、我々の心、体の中は見えない。本当の歴史ではイスラームは世界中の人類を含んでしていた。人類全部が同じ心だった。ダッワは本当のところ心を一つにする。平和をもたらすのだ。

インタビューの間、編んだ敷物をかけて遮蔽した部屋の隙間から、こちらを見ている眼がちらっと見えた。その後、妻は目だけ出してすべて顔を覆ったベールをかぶって子供の世話をするために隣の部屋から出てきた。目しか見えないと少し怖い感じがした。ハミッド・シットが二十七歳の時に十四歳の彼女が親戚の所に来ていたところで一目ぼれし、彼女の実家のクラビーまで追いかけて行ったという。彼女はとても美人だという。彼女は仏教徒だったが通婚によりイスラームに改宗した。そして今では、夫以外の男性の前ではベールをかぶっている。インタビュー中も夫や親族ではないヤーコープが一緒だったため、顔はベールで覆ったままだった。最後にお礼を言って去ろうとしたときに、部屋の中で立って、ヤーコープには見えないように、私にベールを脱いで顔を見せてくれた。確かに美しかった。

アリー（二十七歳）、M村、ダッワ歴二年（二〇〇七年九月二十七日インタビュー）

アリーはパッタルン県出身の元仏教徒で、寺で三年間僧の付き人をしていたこともある。中学三年を終えたとき両親が離婚したため、寺に預けられた。結婚を契機にムスリムになった。しかし、礼拝は金曜日のみで、一日五回の礼拝もしていなかった。酒やビールは仏教徒のときから飲んでなかった。タバコもすってなかった。仏教徒としては宗教の枠の中にいたという。

なぜダッワに出ようと思ったのかについて尋ねると、夢の話をした。

断食のときに、ダッワに誘われてだいたい一〇日経った頃、（断食月の）二十九日目の夜に夢を見た。その日のまだ夢を見る前に（つまり寝る前に）、船着場で、水が噴出しているのを見た。エビの養殖池で、緑の噴水を。これは本当に見たことで、大きな音がした、ブックパップ、ブックパップと。ちょうど水が沸騰するような音だ。岬の先の方で、モスクから帰ってくるときに見た。次の日はラヨ（イスラームの大祭）という日。見たら怖かった。見たことがなかったから。精霊（phi）に化かされたと、走って家に帰ってきた。そしてスー・チョック（近所に住むムスリム女性）に会った。そして「お化けがでた」と話した。家に帰って寝た。その夜夢をみた。一人で歩いていた。暗かった。何も見えなかった。そして後ろをみた、暗かった。横を見ても暗かった。しばらくして、光が前からさしてきた。白い美しい光。そしてクルアーンを読む声が聞こえた。アラビア語で。礼拝をするときのように。そして前に板がだいたい五枚見えた。その光に沿って。これをダッワの人に話した。すると、アッラーが徴（idayat）を与えてくれた、導きをくれた。もし後ろを振り返ると暗い。右を見ても左を身ても暗い。だから前に歩いていかなければならない。コーランの声は光は導きを、来世での成就を与えてくれた。確信した、これまで見たことがないもの、緑の噴水を見たこと。アッラーは断食のときには徴を見せてくれる。元には戻れないと確信した。前に進むしかない。元に戻って仏教徒になること、他の宗教になることはできないと。二年前のことで、これを見てからそのままダッワに出た。

ハミッド・シットもアリーも、熱心にダッワ運動に関わり、毎日モスクに集い、ダッワを中心に生活が回っている。彼らの夢からの啓示、啓示の受容、ダッワへの没頭というプロセスは、ダッワの没頭型に至る一つの典型を示しているといえよう。

結論――ダッワ運動は新しいコミュニティの生成か

松田は、『文化人類学』の二〇〇九年の特集「ネオベラルの時代と人類学的営為」の中で、ネオリベラリズムによるグローバル化状況で、文化人類学者がフィールド社会で直面する現実について次のように述べている。「フィールド社会で生活をともにする人々が国家権力によって理不尽に迫害されたり、彼らの社会が全体社会のなかでより周辺化されていく現実であったり、彼らが生きていく上で必要としていた社会関係や文化的実践が否定され切断されていく過程であった」。ネオリベラル体制の中で、自由な市場と自立した個人の間にあるべき中間集団やカテゴリー、グルーピングが力をそがれ、個人と市場が直結する「自由な社会」が構築されつつあるという(松田二〇〇九:二六四)。

そうしたなかで、グローバル化の支配に対するローカルな抵抗という図式は、現代ではローカル性そのものがグローバルシステムの作用であることから、有効ではないという。また、多様性と異質性、流動性と異種混淆性を対置することも、ポストモダン的アイデンティティ統治にこそネオリベラルな統治性は力を発揮することから、有効でないない。では、どのような方向性がありうるのか、松田は共同性を再創造するための手立てを模索することを挙げる（同書）[7]。

その際の共同体とはどのようなものであろうか。田辺のコミュニティの定義は、その新しいコミュニティを考察するにあたって出発点となる。「コミュニティとは、いかなる意味でのモデルからも演繹されるべき対象ではなく、親族、友人や近隣など、あるいは外部世界の他者との日常的あるいは偶然的出会いや出来事が織りなしていく『状況』の産物である」とする。コミュニティを状況的かつ歴史的な社会空間であるとみる（田辺二〇〇五：四）。これは、あくまで具体の関係性から離れることなくコミュニティを捉えていこうとする方向性である。

小田は、田辺のコミュニティ概念を、既存のコミュニティ概念とつなごうとする試みを行っている。既存の一九世紀社会学的な「人格的な親密さや相互扶助をともなう道徳的・情緒的紐帯といった全面的な関係による凝集体としての共同体を、「閉じていながら開かれている共同体」として脱構築しようとする。それは、「共同体」対「市民社会」の対立を、閉じた領域に対する誰でもアクセスできる公共空間といった対立項で捉えるのではなく、コードの転換によって空間を複数的なものにしていくような開かれた場として考えるのである（小田二〇〇四）[8]。

こうしたネオリベラルなグローバル化状況では、メルッチの運動論に見られるような、コミュニティとは構築されるもの、実際の動員のプロセスのなかで構築されるものであるという、過程としてのコミュニティの捉え方が有効であるように思われる。メルッチの行為者は、自然および社会に同時に帰属している人間である。自然は外的な圧力に抵抗するもの、社会化に対抗するものと措定され「自然発生性」が称揚されるときに、アイデンティティに対する人間的欲求、社会的な欲求を蹂躙し隠蔽してしまうという。「社会はルールとコードという手段によって、つまり自然的人間のエネルギーの情報を転換することによって、自然の『限界』を設定する」と、自由で流動的なポストモダン的主体からなるコミュニティ概念には疑義を唱える（メルッチ 一九九七：一四七―一四八）。

自由と拘束の両義性という問題は、ギデンズの再帰的コミュニティにおいては、個人をあらゆることに選択を行わなければならない主体として位置づけることで、回避される。ギデンズは後期モダニティの特徴を、(9) 合理性神話への懐疑、科学技術の両義性に対する認識にあるとする。そこでの個人は、増大する「自己監視」と「自己統制」の中で構成され、より自己再帰的になっている。社会的宿命としての自由の中で、不安や不確実性が増大し、個人はあらゆる事柄について選択を行わなければならない、と述べる（ギデンズ 二〇〇五、一一―三七）。

このようなモダニティにおける自己反省的な特徴は、スコット・ラッシュによっても、共同体の特徴として挙げられる。再帰的共同体の特徴を、共同体の中に「投げ込まれる」のではなく、「みずからを」共同体の中に「投げ入れる」ところにみている。そして、新たな共同体は、単に再帰性の強まりだけでなく、同時に偶然性の実質的な増大を再帰性と背中合わせにもっている。それは「基盤を欠いた基盤」としての再帰的共同体が必然的にもつことになる性質である（ラッシュ 一九九七：二九四・三〇六）。

ここで、本章で扱ってきたダッワ運動が、こうしたモダニティにおける新しいコミュニティといえるのかどうかについて考えてみたい。この運動が、なぜトランスナショナルな運動となったのかについて、先にマウドが挙げた次の二つの特徴を記した（**2**（3））。

(1) パーソナル・リフォーム（個人の改革）として身体的な移動、旅行という方法を用いる。

(2) そのイデオロギーの正当性を求める方法にトランスナショナリズムを採用した。

ダッワは、個人の実践を通じて、個人の世界観・内面を変容し、ひいてはその生活態度全般、生き方そのもののイスラーム的方向への変容を目指す。その運動の活力は、グローバルな運動の広がりそのものに求められる。

こうしたことからは、一見、モダニティの多様な進路の中から、みずから反省して選択し、そのことによって偶然性と背中合わせのコミュニティを生成していくという特徴が、まさにあてはまるように思われる。しかし、本章でみたように、個々の人びとの経験からダッワ運動をみていくと、そこには、夢によってダッワ参入への動機づけを語るように、みずから選択するというよりも受動的にその運命を受け入れる態度、偶然性というよりは必然としての関係性の受容が、特色として浮かび上がる。グローバルな広がりをもつ運動そのものの活力は、こうした個々の人びとの運命的な受動性の態度に、むしろ彩られているといえよう。それは、伝統的な「人格的な親密さや相互扶助をともなう道徳的・情緒的紐帯といった全面的な関係による凝集体」としての共同体が、その契機を「必然」と、あえて取り上げることもなかったのに対し、むしろ、選択した結果を「必然」として受け入れる態度にこそ、その新しさがあるといえるのではないだろうか。つまり、その特徴は、選択できる多様性ではなく、それを選び取らなくてはならなかった必然のほうにある。

もっとも、ダッワ運動は、こうした「必然性」に導かれている参加者ばかりではない。学習の便宜のために、これまでの日常生活を大きく変えることなく、一時的に参加しているもの、一回は行ってみたけど、後は行っていないというもの、何年も前に行って、また気が向くと参加するといったものなど、そのメンバーシップは流動的で、参加・非参加の境界領域が曖昧な部分を含む。しかし、村内でダッワ運動に積極的に関わり、運動の核となっているメンバーは、比較的明確に同定できる。彼らは、毎日モスクに集まって顔を合わせる。二〇〇七年九月の時点でダッワのメンバーとして名前が挙がったのは一二名であったが、毎日モスクに集まるのはこのうち数名である。

通婚により、村に住むようになったイスラーム教師のヤットは、ダッワに対してアンビバラントな態度をとっている。十数年ほど前に彼が村に住むようになって初めて、M村の子供たちは、土日にモスクでイスラームを勉強できるようになった。彼は村からバイクで二〇分ほどの政府の小学校で、正規の教員としてイスラーム教育を行っている。

こうしたダッワに対する態度は、ヤラー県にあるイスラーム大学の大学長であるイスマエル・ルトフィーや、中東でイスラーム教育を受けたチェンマイのイスラーム知識人などに、共通している。共通した批判は、預言者ムハンマドの言葉と行為を、現代においてもそのまま踏襲してなぞるという硬直性に向けられる。水の飲み方一つとっても「指を離して小指はコップの下に、そして三回口に含んで吐いてから飲む」(ダッワのリーダー、イマム・ダーアンの言葉)[10]というようにダッワの方法を守るといった、行為の様式を重視する。ヤットは言う。「実践することはいい。しかし、ダッワは自分のことばかりだ。自分を鍛錬する。妻や子供を捨てておいてダッワばかりするというのは問題だ。妻や子供、ひいては兄弟や社会のことを考えなければならない。(手の指を一本出し)ダッワは一本の道だけ行く。しかし、イスラームの指導者は、経済、政治などいろいろな面を見なければならない」と手を広げて五本の指を一本ずつ指しながら言った(二〇一〇年一月二日インタビュー[11])。

新しいコミュニティを、もしポストモダン的な不確実性、不安定、自己選択に特徴づけられた「浮遊する孤独な個人」から成るコミュニティとするると、ダッワ運動はそれにあたらないであろう。しかし、ここでのコミュニティを「動員のプロセスとしてのコミュニティ」とするならば、そして社会的相互作用の形態を、アイデンティティというよりも、生き方の問題へ、多くの選択肢の中で人生の目的を求める多様な関わり方を内包した運動とみるならば、それは「新しいコミュニティ」ということもできよう。むしろ、それは、大杉の言う生活世界の多様性を許容するグローバルな共存のあり方としての「非同一性による共同性」に近いかもしれない(大杉 二〇〇一:二九八)。それは、一九世紀社会学的な伝統的コミュニティの定義としての、共に暮らすことから自然に派生する紐帯に基づく閉じた集団ではないことは確かである。それは、あえて「必然」として受容し、これまでの人生を再帰的に捉え返し自己を投入していく人びとを運動の核とした多様な関係性から成るコミュニティであり、さらにそれぞれのローカルにおいて異なる形で関わっているグローバルに広がる運動であるという意味で、現代の状況において出現した「新しいコミュニテイ」であるといえるかもしれない。しかし、そこに関わる人は、やはり自己の生活の中で、生きる手立てや生活基盤に拘束されつつ生きる目標を懸命に模索する人間である。ここには、拘束から自由な「新しい個人」ではなく、拘束の中で「受動的に」選択を行う個人、そうした個人がつながることで「生成されるコミュニティ」が見られる。

ここで「生成」とはドゥルーズ哲学の中心概念であるフランス語の devenir「なる」のもつ含意を反響させつつ用いている。それは、従来のように「出来事」を過去・現在・未来の連続した因果関係で捉えるのではなく、箭内の言葉を借りれば「外的な歴史的条件を背景としながらも、むしろそうした条件から横にそれつつ、新しいものを創造すること」に出来事の本質をみる（箭内 二〇〇二：二二五）。そこでは、「すでに構成された形態」から脱して「構成してゆく力」が生成する出来事を捉えようとする（同書：二二八—二二九）。そうした意味で、ダッワ運動は、濃淡をもつさまざまな流れの力が働くなかで、出来事としての「生成するコミュニティ」の姿を浮かび上がらせているといえよう。

注

（1）タイ語のローマ字表記は（西井 二〇〇一：八—九）による。なお、タイ語とその他の言語について、表記上は区別しないが、タイ語以外の場合は文中において当該の言語を記す。

（2）ここでの「イスラーム復興」とは、大塚に従って、西欧近代が二〇世紀のムスリム社会に及ぼした影響を受けて、みずからのアイデンティティの根拠としてイスラームを重視する社会・文化的な現象をさして用いる。それは、イスラームをみずからの政治的イデオロギーとして選択し、それに基づく改革運動を行おうとする人びとの政治イデオロギーや運動をさす「イスラーム主義」とは区別して用いられる（大塚 二〇〇四：一〇—一五）。

（3）マウラナとは師の意味。

(4)このほか「ダッワの手引き(khu mu da'wa)」という簡略本もダッワの必携本である。
(5)中澤は、マレーシア、ケダーの事例として、ダブリーグの参加者は「週一日、月三日、年四〇日、生涯四カ月」の期間モスクで生活し、自己教化と布教に専念することを原則としているという(中澤 一九八九:八三)。
(6)ケダーの例では、マラカスをダッワに出ること、missionという意味で用いているという(中澤 一九八九:一〇四)。
(7)これは、また真島が中間集団へ着目する視点と同様の現在性の人類学の課題をさぐる方向と一致している。自由と拘束の二項対立がポストモダンの思潮の流れの中で失効させられ、個人と社会の間の集団を「中間集団」として、自律と拘束の「二価値主体」他者性の痕跡に貫かれた主体を考察の対象にすえる試みも、モダニティにおけるコミュニティ論の系譜に連ねることができよう。
(8)そこでの個人は、均質な代替可能な個人ではなく、代替不可能な個人からなる関係性をさすものと捉える。
(9)ギデンズは、モダニティの特徴を、時間と空間の分離、脱埋め込み(脱文脈化─社会関係がローカルな文脈から取り出される)、再帰性(reflexivity)(社会活動の大部分が、新しい情報や知識によって絶えず修正されている)にみた。彼は、自由で流動的・異種混淆的なポストモダン的な個人や、ナンシーやブランショのような、喪失の経験としてのみ位置づけられるコミュニティの概念ではなく、封建制後のヨーロッパにおいて初めて成立し、二〇世紀に世界史的衝撃をもたらすようになった制度および行動様式としてのモダニティの継続としての後期モダニティを提唱する。
(10)これで、東海岸のテロリストがダッワの服装をしていても、正しい飲み方ができなかったので、偽者だと見破られたという。
(11)ヤットは、三年ほど前にインタビューしたときと同じ意見を保っているが、二〇〇七年以降に一度三日間のダッワに出たという。二〇一〇年のインタビュー時に、はじめはモスクでダッワのメンバーの前でインタビューを行った。そこでは、ダッワが実践を行うことはいいと述べた。そして、モスクから出て二人になったときには、以前と同じ意見であることがわかった。ダッワのメンバーの前だから、こうしたダッワへの肯定的評価を述べたということはいえるが、しかし実際にダッワに出ることで、その肯定的な側面を認めたこともまた事実であろう。

参照文献────

〈和文〉

アパドュライ、A(二〇〇四)『さまよえる近代──グローバル化の文化研究』(門田健一訳)、平凡社。

小田 亮(二〇〇四)「共同体という概念の脱構築──序にかえて」『文化人類学』六九─二、二三六─二四六頁。

大石高志（二〇〇二）「タブリーギー・ジャマーアト」大塚和夫ほか編『岩波イスラーム辞典』岩波書店、六一三頁。

大杉高司（二〇〇一）「非同一性による共同性へ／において」杉島敬志編『人類学的実践の再構築』世界思想社、二七一―二九六頁。

大塚和夫（一九九五）「イスラーム復興と『近代』」田辺繁治編『アジアにおける宗教の再生――宗教的経験のポリティクス』京都大学学術出版会、四一二―四二二頁。

――――（二〇〇四）『イスラーム主義とは何か』岩波新書。

小河久志（二〇〇八）「南タイ・ムスリム村落におけるイスラーム復興の現在――開発と『平等性』をめぐる村びとの対応」『東南アジア研究』四五―四、五三九―五五八頁。

ギデンズ、A（二〇〇五〈一九九一〉）『モダニティと自己アイデンティティ――後期近代における自己と社会』ハーベスト社。

ケペル、G（一九九二〈一九九一〉）『宗教の復習』晶文社。

小杉泰（二〇〇二）「ダァワ」大塚和夫ほか編『岩波イスラーム辞典』岩波書店、五八九―五九〇頁。

田辺繁治（一九九五）「アジアにおける宗教の再生――宗教経験のポリティクス」田辺繁治編『アジアにおける宗教の再生――宗教的経験のポリティクス』京都大学学術出版会、三―二九頁。

――――（二〇〇五）「コミュニティ再考――実践と統治の視点から」『社会人類学年報』三一、一―二九頁。

――――（二〇〇八）『ケアのコミュニティ――北タイのエイズ自助グループが切り開くもの』岩波書店。

デランティ、G（二〇〇六）『コミュニティ――グローバル化と社会理論の変容』NTT出版。

鳥居　高（二〇〇二）「ダクワ運動」『岩波イスラーム辞典』大塚和夫ほか編岩波書店、六〇一頁。

中澤正樹（一九八九）「Jemaah Tabligh――マレー・イスラム原理主義運動試論」『マレーシア社会論集　1』東京外国語大学アジア・アフリカ言語文化研究所、七三―一〇六頁。

西井凉子（二〇〇一）『死をめぐる実践宗教――南タイのムスリム・仏教徒関係へのパースペクティヴ』世界思想社。

ハーベィ、D（二〇〇七）『ネオリベラリズムとは何か』青土社。

バウマン、Z（二〇〇一〈二〇〇〇〉）『リキッド・モダニティ　液状化する社会』大月書店。

メルッチ、A（一九九七）『現代に生きる遊牧民――新しい公共空間の創出に向けて』岩波書店。

箭内　匡（二〇〇二）「アイデンティティの識別不能地帯で――現代マプーチェにおける「生成」の民族誌」田辺繁治・松田素二編『日常的実践のエスノグラフィ――語り・コミュニティ・アイデンティティ』世界思想社、二一四―二三四頁。

ラッシュ、S（一九九七）「再帰性とその分身――構造、美的原理、共同体」『再帰的近代化――近現代における政治、伝統、美的原理』而立書房、二〇五―三一五頁。

〈欧文〉

Afmad, M. (1991) Islamic Fundamentalism in South Asia: The Jama'at-Islam and the Tablighi Jama'at of South Asia, in M. E. Marty and R. S. Appleby (eds), *Fundamentalisms Observed*, Chicago, University of Chicago Press, pp. 457–530.

Gaborieau, M. (2000) The Transformation of Tablighi Jama'at into a Transnational Movement, in M.K. Masud (ed.), *Travellers in Faith: Studies of the Tablighi Jama'at as a Transnational Movement for Faith Renewal*, Leiden, Brill, pp. 121–138.

Giddens, A. (1991) *Modernity and Self-Identity: Self and Society in the Late Modern Age*, Cambridge, Polity Press.

Masud, M.K. (2000a) Introduction, in M.K. Masud (ed.), *Travellers in Faith: Studies of the Tablighi Jama'at as a Transnational Movement for Faith Renewal*, Leiden, Brill, pp. viii–lx.

——— (2000b) The Growth and Development of the Tablighi Jama'at in India, in M.K. Masud (ed.), *Travellers in Faith: Studies of the Tablighi Jama'at as a Transnational Movement for Faith Renewal*, Leiden, Brill, pp. 3–43.

Nagata, J. (1980) The New Fundamentalism: Islam in Contemporary Malaysia, *Asian Thought and Society* vol. 5: 128–141.

Scupin, R. (1980) The Politics of Islamic Reformism in Thailand, *Asian Survey*, 20(12): 1223–1235.

Tanabe, S. and C.F. Keyes (2002) Intorduction, in S. Tanabe and C.F. Keyes (eds), *Cultural Crisis and Social Memory: Modernity and Identity in Thailand and Laos*, London, Routledge Curzon, pp. 1–39.

第10章

帰還者が喚起するコミュナリティ
――カンボジア特別法廷における被害者カテゴリーの創出

阿部利洋

1 対象の設定――カンボジアの特別法廷と社会運動

（1）カンボジア特別法廷の概要

カンボジアでは現在、クメール・ルージュ（正式には民主カンプチア Democratic Kampuchea = DK）政府幹部らの刑事責任を問う特別法廷（Extra Ordinary Chambers in the Court of Cambodia = ECCC）が活動している。二〇一一年十月現在、ECCCの審理対象は、元トゥール・スレン収容所所長カン・ケッ・イウ（通称ドゥイック）の有責性を問うケース1と、DK政府の元幹部であるイエン・サリ、キュー・サンパーン、イエン・チリト、ヌオン・チアの四名を扱うケース2に分かれている（五名の当時のプロフィールについては表10-1参照）。ケース1は、二〇〇九年九月に七二日間の公

表 10-1　審理されている５名の元クメール・ルージュ幹部

カン・ケッ・イウ（通称ドゥイック）Kaing Guek Eav (Duch) 1942 年生	ヌオン・チア Nuon Chea 1926 年生	イエン・サリ Ieng Sary 1930 年生	イエン・チリト Ieng Thirith 1932 年生	キュー・サンパーン Khieu Samphan 1931 年生
トゥール・スレン収容所所長	共産党副書記・人民代表議会議長（党粛清の責任者）	副首相（外交担当）	社会問題相	国家幹部会議長
人道に対する罪	戦争犯罪・人道に対する罪	戦争犯罪・人道に対する罪	人道に対する罪	戦争犯罪・人道に対する罪
ケース１	ケース２	ケース２	ケース２	ケース２

判（evidentiary hearings）を終え、二〇一〇年七月二十六日に第一審判決が下された（写真10－1）。ケース２については、二〇一一年三月に第一審が開廷したが、第二審の結審にはまだ数年を要すると見積もられている。二〇〇九年九月には、上述の五名以外に、さらにケース３の起訴対象者となる五名の召喚が検事から捜査判事に付託されたが、二〇一〇年十月にはフン・セン首相が追加の審理は認めない旨、プノンペン訪問中の国連事務総長に対して発言し、二〇一一年十月現在で裁判所の決定はなされていない。

一九七五～七九年にカンボジアを支配したＤＫ政府は、その極端な共産主義政策によって、一七〇～二二〇万人と推計される犠牲者を出した。その後の内戦、国内の不安定状態を経て、二〇〇六年に、三〇年前の出来事を裁くＥＣＣＣが設置されることになった。日本では新聞メディアで書かれるように、一般的には「カンボジアにようやく正義の道が開ける」といった認識もなされる（朝日新聞二〇〇九年二月十八日付朝刊）。「法廷が国民和解を推進する」という期待も耳にする（朝日新聞二〇〇六年二月四日付朝刊）。しかし、後述するように、ＥＣＣＣをめぐるさまざまな難点、あるいは制約が、部外者が想像するような、わかりやすい正義実現の構図を遠ざける要因になっている。また、当時はクメール・ルージュ側を支援してきた国際社会が法廷を支援することで正当性が生じるのか —— そもそも

写真 10-1　ドゥイックの公判光景（2009年6月29日）
（出典：http://www.eccc.gov.kh/english/default.aspx）
プノンペン中心部から16キロ離れた元陸軍敷地内に特別法廷が設置されている。この日は，S-21と呼ばれた収容所時代を生き延びた証人が陳述した。傍聴席には国内各地から希望者が訪れた。裁判部広報課は，傍聴を希望するグループに，プノンペンまでのバスおよび法廷資料を準備した。

正当性がないのではないか――という疑問や、クメール・ルージュが政権を掌握する外部要因となったアメリカ政府や中国政府の関与を扱うことなくＤＫ政府元幹部の責任のみを問うことの意味を疑問視する意見もある(1)。

そうした根本的な制約や限界がある一方で、カンボジア社会においてこの法廷がどのように位置づけられているのか、という点を理解しようとするときに、注意するべき事実もいくつかある。

まず、一九九七年に法廷の設立が検討されはじめてから、必ずしも肯定的・建設的な議論と準備期間を経て今ある形になったわけではないということである（Uñac 2006; Whitley 2006）。

このことに関しては、ＥＣＣＣが単なる国際法廷でも通常の国内法廷でもなく、国際法および外国人法律家が、カンボジア国内法の枠組みの中で、カンボジア人法律家の数的優位のもとに適用されるという混合法廷（hybrid tribunal）であることが影響を及ぼしている。混合法廷であるということは、国内法と国際法、あるいは国内と国外の法律家の相互関係を、ケースごとに細かく調整・規定していくことを意味し、それが公判への準備に相当の時間を費やすことにつながる。裁判部が公式に設置されたのちも、なかなか公判が始まらず、メディアでは再三「遅延」と書かれ、当然のことながら、法廷内部で何が行われているのか、カンボジアの一般市民には理解されなかった。

また、混合法廷の形式とも関連することであるが、カンボジア政府は、もともと国内法廷に国際的な支援（金銭的援助）を得るという姿勢で法廷設立を構想していたため、実務や審理に関する国連の介入には強く反対してきた。現在のような形式に決定したのちも、たとえば訴追対象者の人数をめぐって、フン・セン首相みずから国連側の主張に警告を繰り返したり（*Phnom Penh Post*：二〇〇九年十月九日）、ケース２の起訴へ向けた捜査判事の召喚に政府高官が反応しない（DC-Cam Annual Report 2009: 2）、といった姿勢が、「カンボジア政府はＥＣＣＣの活動に対して否定的ないし非協力的である」という印象を、一般の人びとにもたらしている。このことは、クメール・ルージュ元幹部、さらには関係者に対する徹底した捜査が妨害されており、法廷に対する国内的な正当性を政府が後押ししていないという視点につながる。法廷は現在に至るまで継続してきているが、一九九七年の設立構想の公表、二〇〇三年の国連―カンボジア政府間の法的合意、二〇〇六年の法廷裁判部設置、二〇〇八年の最初の公判開始、という、一〇年あまりのプロセスを経て、二〇一一年十月現在、いまだ一名の元幹部(2)(ドゥイック)の第一審しか行われていない、という状況にある。

ここまでの内容をまとめると、「複雑な制度的制約があり」「カンボジア政府は必ずしも肯定的に支援しているわけではない」にもかかわらず「国内外の政治的思惑もあり、頓挫せずに長期化している」点から特徴を認識することができる、ということである。

(2) カンボジア社会の反応 ―― 法廷に関与する市民組織

上記の特徴があるために、ＥＣＣＣがカンボジア社会に及ぼす影響を検討する際に、「そのような取り組みがカンボジア市民にどう受け止められているか」という視点を検討する意義が生じる。法廷内部の法的論議を追うだけでは、カンボジア社会における法廷の意義を把握することはできない。率直にいって、多くの被害者が期待するような、シンプルな懲罰の光景を法廷に期待することはできず、すでに長年の間、その期待が裏切られているからだ。

一方で、法廷に関する市民の啓発や被害者の法廷参加を促す社会運動体が活動を活発化させてきている(3)。こうした社会運動体に着目する理由としては、「法廷の社会的受容」という点以外にも、次のようなものを挙げることができる。それは、そこで取り上げる集合行為や集合的アイデンティティの様態というのが、カンボジア社会において非常に新しい、ということである。これは、「特別法廷自体が新しいので、それに対応する活動が新しい」ということもあるが、それだけでなく、「公的機関が主導する活動を批判的にモニタリングもしくは介入」し、「過去の記録や歴史的事実の解釈に対する正しさを議論」し、「被害者としてのアイデンティティを集合的に確認」する、という性格を、それ以前の、その他のカンボジア社会に存在した集団や集合に見いだすことができないからである。たとえば「被害者としてのアイデンティティ」については、特別法廷設立以前には、クメール・ルージュ体制下の「個々人に特有の経験を「我々の権利の侵害」として位置づけうる共同体意識が形成されていない」のではないか、という指摘がなされていた（天川 二〇〇二：三五）。この指摘を別の角度から言い換えれば、仏教寺院や司祭（アチャー）、その他の文化的・慣習的なコミュニティは、過去の被害・記憶に関する積極的な集合行為を組織するものではなかった、ということである。

2　理論的な枠組み

この論文で具体的な検討対象となるのはカンボジア特別法廷に関連する社会運動である。そこで、こうした対象がコミュニティ論の文脈とどのような接点をもつのか、という点について説明しておく必要がある。以下、オーソドックスな社会運動概念とコミュニティ概念が、各々どのように位置づけられており、現在では、それらに対してどのような理論的な展開が見られるのか、確認したい。

――（1）コミュニティ論

コミュニティ概念に関して、新たな共同性（communality）や集合行為（collective act）という概念を持ち込むことは、

「アソシエーションとコミュニティ」や「ゲゼルシャフトとゲマインシャフト」的な二分法の外部で思考するということである。コミュニティという用語に通常与えられている肯定的でユートピア的なニュアンス（バウマン）を排しつつも、コミュニティという用語が保証するある種の特殊な性質に注目するということでもある。

たとえば、そうした姿勢を共有する議論の一つとして、ジグムント・バウマンのコミュニティ論（バウマン二〇〇八）を参照したい。彼は、現在の社会状況の中でコミュニティ概念の可能性を考える際に不可欠な条件として、「成員が自発的に選択可能な集団ではないこと」を指摘している。現代の社会状況――土着の紐帯は薄れ、経済的な不確実性の中で、ますます競争原理にさらされていく――の中で、個人に安心を提供するとうたう「コミュニティ的なもの」は、成員となる個人が自発的に選択できるようなものとして提示される傾向があるが、それはコミュニティの名の下に人びとが期待するような現実――とりわけ、生活空間の安心と信頼できる人間関係――を（持続的に）与えることはない、とバウマンは言う（バウマン二〇〇八：二六―二七・一〇〇―一〇一）。

コミュニティという用語で通常イメージされる集合状態ないし共同性は、その用語とともに提示される現実の組織やグループの中には実質的に見いだせない、というのである。

そして、ある集合の特殊性に閉じこもる（内部的な同一性を維持する）――さらには排他的な「われわれ」アイデンティティを再生産する――のではなく、むしろ、外部の、あるいは他の集合との間での合意の基準となる何か（たとえば共通の人間性）について交渉し、対話しつづけていく集合のありように、コミュニティという用語と、その用語で捉えうる人間関係の可能性を示唆している（バウマン二〇〇八：二〇四―二〇五）。

その議論において、コミュニティという用語は、ある集合状況を定義するものとしてではなく、その集合の外部との関係の中で、ある形のダイナミズムを喚起する概念として位置づけられている。仮にその点だけに注目するなら、（集合的な紛争解決や継続する集合的交渉といった）別の表現を採用することもできそうだが、一方で、バウマンは、コミュニティ成立の条件として、今ある社会から取り去ることのできない（人種・民族）差別や、新たな形の格差を指摘している。「成員が必ずしも自発的に、自由意志により、望んで選択するわけではない」集合形成の要因を指摘し、その現実があるがゆえに、コミュニティという用語を使用する意義を示唆するのである。

この点を別の観点から敷衍するなら、次のようになる。すなわち、コミュニティとは人間の集合が前提となる概念だが、その集合の外延を静的ないし動的に捉えるか、あるいは関与の度合いが「比較的均質なメンバーシップ」あるいは「強弱のグラデーションをもつ同心円状に広がるメンバーシップ」を想定するか、立場が分かれるだろう。その際、本章では、「動的」かつ「強弱のグラデーション」を、コミュニティ概念に含めて議論を進める、ということである。

(2) 社会運動論

従来、そして今でもおそらく一般的には、社会運動といえば、シドニー・タローが定義するようなオーソドックスな用語理解が想起されるのではないかと思われる。

> 社会運動は、エリート、敵手、当局との持続的な相互作用の中での、共通目標と社会的連帯に基づいた、集合的挑戦である。（タロー 二〇〇六：二四）

つまり、受益者もしくは権限保持者らに対して、抗議行動[4]（contentious act）を展開する、という定義である。社会運動体に関してこの定義を採用する場合——バウマンの表現では利害コミュニティが該当する——、その集団にとって到達すべきゴールは明確であり、目的が達成されれば存在意義はなくなる集合の性格が示されている。

他方、より柔軟な、そして「社会資源の獲得を第一目標にするわけではない」集合行為を包含する概念規定を行う研究者もいる。たとえば、アルベルト・メルッチは、エコロジーや非戦運動を参照しながら、それらが「今の社会のあり方とその将来の関係を変えようという志向」(Melucci 1996: 165) を持つ点に注目する。(5) いまある社会資源の配分ではなく、また、特定の政治的主張を社会に直接反映させることをゴールとするのとも違う。同様の表現は、異なる観点から次のようにも述べられる。引用文からは、対話・交渉の枠組みや手続きを問題にする、という特徴を読み取ることができる。

> 現代の社会運動について指摘されているのは、それらが、むしろ「民主主義とは何なのか、それをどう変えていけるのか、あるいはどうなるべきなのか」といったことを再定義しようとしている、ということである。(Melucci 1996: 203)

こうした方向性をさらに推し進めるのが、長谷川公一による定義である。そこでは、社会運動は「現状への不満や予想される事態に関する不満にもとづいてなされる変革志向的な集合行為である」(長谷川・町村 二〇〇四:一九)とされ、対決・異議申し立て・連帯・共通の集合的アイデンティティといった要素は、定義から外されている。

長谷川らの議論は、社会運動を抗議の政治とみなす先行研究の立場とは一線を画し、より柔軟な、つまり目標達成型ではない、そして「誰かに対する抗議」に限定されない運動の理解を提示している。ある概念に関する一般的な意味づけの変更、あるいは問題解決のための手続きを変えること、そうした次元に運動の動機が見いだされるのである。(6) 社会運動論のこうした発展傾向は、現代社会の特徴としてしばしば指摘される不確実性 —— 抗議の対象や対抗手が運動のさなかに変化、あるいはなくなってしまうケースを含む —— の中で、一定期間、何らかの方向性を共有する集合行為にとって、不可避の性質を抽出した結果といえるかもしれない。ともあれ、「新しい社会運動論」に見られるこうした傾向は、コミュニティ概念を動的に捉える議論と類似する性格があるのではないか、と考える。

次節を前にしての見立てとしては、カンボジアにおける特別法廷をめぐる社会運動は、上述の「新しい社会運動」カテゴリーに収めることができ、したがって、新たなコミュニティという視点と重なる現実なのではないか、ということである。

3　二つのカンボジアＮＧＯ——組織の特徴と活動

以下に取り上げるＮＧＯ（Documentation Center for Cambodia　カンボジア記録センター＝DC-Cam および CSD）は、いずれもおおよそ二〇〇六年以降（法廷が正式に設置されて以降）、国内各地で、特別法廷に関する啓発フォーラムおよび証言聴取を広範に実施してきた点で際立っている。いずれの組織の代表者も、四十代という比較的若い世代に属し、年少期をクメール・ルージュ体制下のカンボジアで過ごし、その後タイ側難民キャンプへ逃れ、そこからアメリカへ移住し、そこで高等教育を受けた経歴を共有している。DC-Cam のヨック・チャンは大学を卒業後、ソーシャル・ワーカーとして働き、その後一九九五年にカンボジアへ帰還した。ＣＳＤ（当時。現在は CIVICUS＝Center for Cambodian Civic Education メンバーとして活動）のセン・ティアリーは、弁護士としてニューヨーク法律家協会に所属し活躍していたが、二〇〇六年にカンボジアへ帰還した。ともに、法廷による正義の追求を望む一方で、国民和解というキーワードにもたびたび言及してきた。流暢な英語を口にし、和解や癒しに期待する彼らの姿勢は、内戦時に学業を修める機会のなかった年配のカンボジア人被害者の多くや、政治的合意により過去を不問に付す「国民和解」を唱える一方で強力な社会統制を行う政治家たち、あるいは内戦後徐々に復興してきた寺院でカルマを説く僧侶らのいずれとも異なるものである。その一方で、クメール・ルージュ兵士により親族を殺害された過去を持ち、（当然のことながら）クメール語で各地の住民と意見交換を行う彼らは、同じように人権を口にする外国人NGOスタッフとも大きく異なる存在である。たとえば、ヨック・チャンは、運動に関与する自身の動機を次のように書いている。

長いこと、クメール・ルージュに対する怒りと復讐願望に突き動かされてきた。姉の胃を切り裂いた兵士は殺してやろうと思っていた。罪を犯した者たちが法によって罰せられることを夢見た……さらに何年か経ち、うまく説明できないが何か違うことが必要なのではないか、と思うようになった。事実を詳しく知り、自分でも調査を進めるなかで、単に法廷で裁くだけでは答えにならないのではないか、と。……二〇〇万人の元クメール・ルージュ兵士を見つけ出して処刑すれば当時の犠牲を償うことになるのか？　報復によって過去から逃れられるのか？　……そうした疑問を抱くうち、答えは癒しと和解にあるのだと気づいた。（Youk 2004: 3）

セン・ティアリーは、地方で開催された公開フォーラムにおいて、次のように呼びかけた。[7]

ここでは皆さんにクメール・ルージュ時代のことについて本音で話してほしいと思います。……過去を振り返ることは、将来の国民和解へ向けてのレッスンになると信じています。この場を、人びとが個人として、あるいは社会として癒されるための道を見出すことに使いたいのです。……私はポルポト時代にスバイ・リエンの森林地帯で生まれました。……子ども時代、一五カ月間収容所に入れられ、父母を亡くし、戦争のため、その後アメリカで過ごすことになりました。……国外で過ごすカンボジア人、国内のいろいろな地域で過ごすカンボジア人、実際のところ私たちは互いにずいぶん違っています。けれども、私

たちの人生を癒すために何が必要なのか、一緒に語り合いましょう。（クラチェ州での公開フォーラム、二〇〇六年九月二十八日）

彼らの言動がカンボジア社会の中で特異であることは、ヨックが、姉の死やクメール兵の責任に対する受けとめ方について、アメリカへ渡った彼とカンボジアへ残った母親とでは大きく異なるものとして対比させることからもうかがえる。

こうした帰還者がリーダーシップを発揮した二つのNGOは、一〇年ほどの歴史の中で、カンボジア社会の（否定的な）状況に応じて、そのプロジェクトや組織の性格を変化させてきた。メイヤーとタローの言い方にならえば「社会運動体が長期間持続し、安定した政治的な立場と資金・資源を得て制度化する」（Meyer and Tarrow 1998: 4）以前の段階として捉えることができる。したがって、ここではその変化のプロセスに注目するため、組織の形態としてNGOと呼ぶのではなく、社会運動（体）として、それぞれのNGO（活動）を跡づけていくことにする。

（1）DC-Cam ―― 人びとの証言を収集する

DC-Camの活動目的は大きく分けて二つの点から説明されており、「将来世代のために、クメール・ルージュ時代の歴史を記録し保存すること」と「クメール・ルージュ時代の法的責任を問うための証拠を整備すること」である。なぜそのような活動をするのか、という点については、次のように説明される。「誰を赦すべきか知らないかぎり、カンボジア人は互いに赦すことができない。DC-Camは記憶と正義に活動の焦点を当てることで、カンボジア人が真実を知るための手助けをする。国民和解が成し遂げられるかどうかはそこにかかっているのだ」（http://www.dccam.

org/Abouts/History/Histories.htm)。

DC-Cam は、一九九四年四月にアメリカ議会がカンボジア・ジェノサイド処罰法を承認したことで組織された、イエール大学カンボジア・プロジェクトの現地事務所として活動を開始した。当時は、DC-Cam の規模も小さく、所長のヨックによれば、月二五ドルという予算での活動だったという。その内容としては、虐殺地の特定および遺骨の発掘、そしてそれによる犠牲者の人数の推定、および、文書資料・写真資料の保存などに注力されていた（写真10-2）。数量データや地理的データなど、その後、過去を政治的・法的に扱うための、物質的な実証データを整備する活動が主たるものであった。したがって、イエール大学のプロジェクトは、カンボジア人市民の集合的アイデンティティや集合活動を想定したものではなく、実際、多数の一般人が参加するプログラムはなかった。

その後一九九七年一月に、制度上、アメリカ政府によるプロジェクトの現地事務所という地位を脱してカンボジア国内の独立したNGOとなるが、分岐点は、二〇〇三年の特別法廷設置の正式決定である。これにより、それまで収集していた大量の文書資料を目指して、外国から研究者・研究機関が殺到するようになり、学術顧問という立場でDC-Cam に関わり、多くの調査プロジェクトを企画し、実施するケースも増えた。英米のいくつかの大学はインターン学生を送り込み[8]、DC-Cam に収集された歴史資料が、国際法廷においてどのように活用されることになるのか、実地訓練を行う場を確保することになった。

DC-Cam の側は、そうした欧米の研究者を利用してカンボジア人学生に（それまで皆無であったカンボジア現代史、とりわけクメール・ルージュ体制以降の）歴史教育を施し、さらには、欧米の大学機関でトレーニングを受け、キャリアアップを図るルートを確立しようとした（DC-CAM Annual Report 2007: 42）。その中から、カンボリ・ディ（Khamboly Dy）のように、DC-Cam の資料を活用して修士論文を書き、それがカンボジア初のクメール・ルージュ時代の歴史テキストとして政府に認知されるような学生も出てきた[9]。

DC-Camの活動は多岐にわたり、「説明責任の促進 Promoting Accountability」「生き証人プロジェクト Public Education and Outreach —— Living Documents Project」「学生によるアウトリーチ Student Outreach」「ムスリム住民オーラル・ヒストリー・プロジェクト Cham Muslim Oral History Project」「拷問被害者プロジェクト Victims of Torture Project」「遺族捜索 Family Tracing」といったプログラムが同時進行で行われている。それらに共通するのは、人びとの証言を可能なかぎり収集し、記録する、という志向である。イエール大学のプロジェクトとして行われた活動では、物質的な記録の収集が第一目的とされたが、カンボジアの国内NGOとなってからは、人びとの証言によりエネルギーを振り向けている。組織の活動開始時点の方向性である、「クメール・ルージュ時代の記録を可能なかぎり収集する」という志向は、written documentからliving documentへと対象を変えたうえで継続している、ということができるだろう。なお、二〇〇六年に行われた組織的な証言聴取の活動は、次のように報告されている。

二〇〇六年夏には、一〇〇名以上のカンボジア人学生が国内各地でDK時代の体験に関してインタビューを行い、通年では、三三七〇の質問票を回収した。……とくに八月十六日から二十二日には、四～五名のグループに分かれた学生たちが、DC-Camスタッフの引率のもと、二二七の村へ赴き、DK体制下の生活について聞き取りを行った。インタビュー総数は一〇三一件である。(DC-CAM Annual Report 2007: 14)

ECCC訪問を主目的としたプノンペン・ツアーは、四年間で七〇〇〇人近くの参加者を得た(DC-Cam Annual Report 2009: 14–15)。二〇〇八～〇九年に開催されたヴィレッジ・フォーラム参加者は一四五二名を数えている。

ドゥイックの公判が開始された二〇〇八年以降、センターの年間予算は一〇〇万ドル以上にも及んでいる。法廷が依拠する文書資料の多くはDC-Camが蓄積してきたものである。また、スティーブン・ヒーダー(ロンドン大学)が

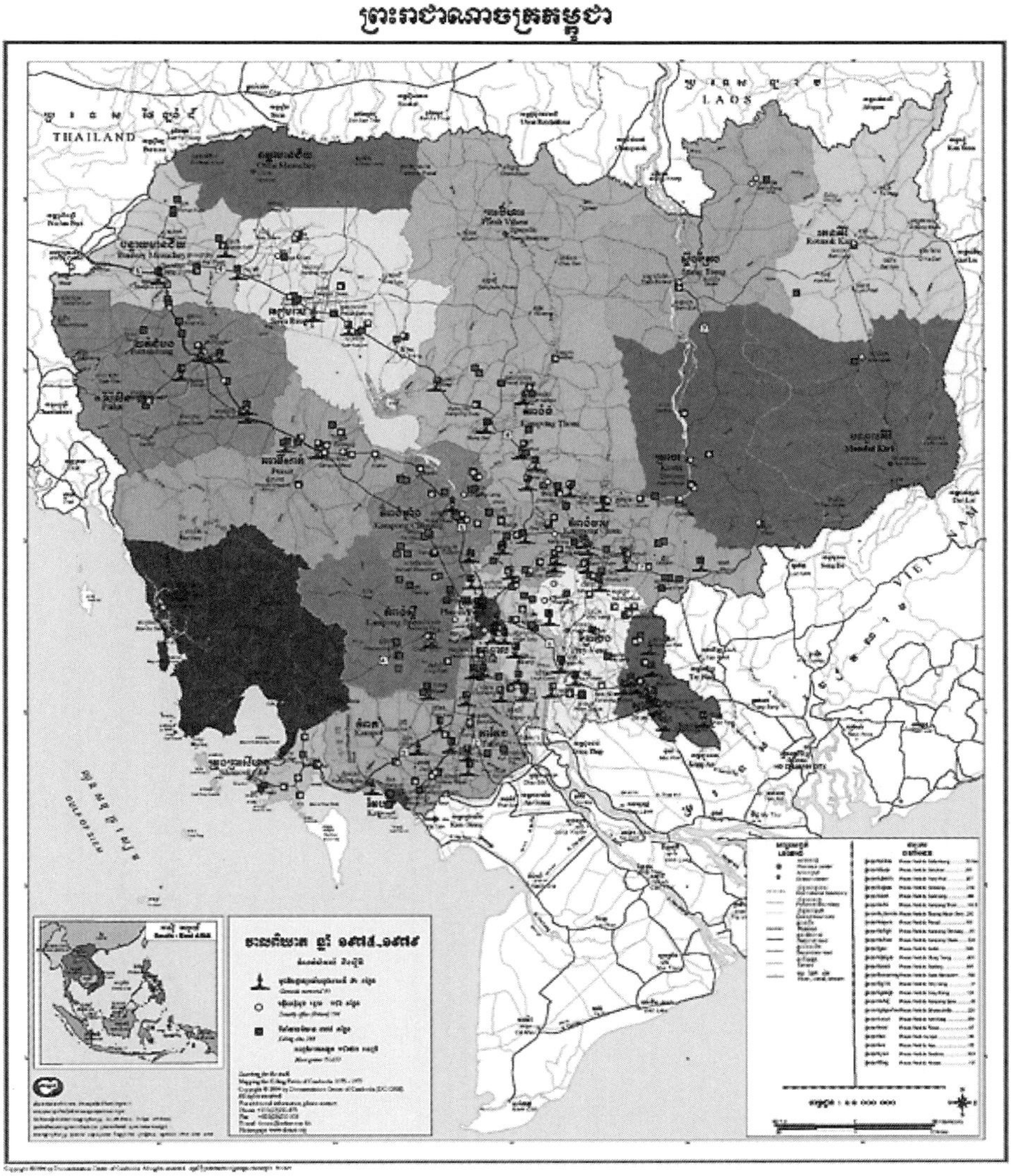

写真 10-2 DC-Cam の作成した虐殺地マップ
（出典：http://www.dccam.org/Projects/Maps/Mapping_1975-79.htm）

虐殺地や収容所の調査・特定については，これまでに 388 カ所の虐殺地（1 万 9,733 カ所の集団墓地を含む）と，196 カ所の強制収容所の存在が明らかになっている。4 体以上の遺体を有する場所が集団墓地と規定され，なかには 1000 以上の遺体を数えたところもある。

共同捜査判事（二〇一一年七月まで）となり、DC-Cam の初期の調査に関与していたベルギー人のマルク・ジェラール（二〇〇九年八月十四日）やデイビッド・チャンドラー（モナシュ大学、二〇〇九年八月六日）は公判で専門家証言を行うなど、組織の学術顧問であった人物が法廷のキーパーソンとなっているのが現状である。

――（2）CSD――人びとを集め、語り出させる

CSDの活動は、一九九五年、カンボジア社会に民主主義を根づかせることを目的に開始された。最初に、裁判と議会のモニタリングを中心に活動を始めたように、カンボジア政府を監視し、不正を予防する、という志向を前面に出した組織であった（Vilghen 2001a; 2001b）。スウェーデン国際開発協力機関（Swedish International Development Cooperation Agency）の二〇〇〇年度報告書によれば、CSDは、政府に対する批判的な立場と現体制を補完する立場のバランスを適度にとっている組織として評されており、その時点では、必ずしも体制批判的な立場が注目される組織ではなかったようである（Marston 2000: 15）。とはいえ、裁判モニタリングの説明として、政府の司法改革プログラム（Governance Action Plan, Rectangular Strategy for Growth, Employment, Equity and Efficiency）の方向性を支持するものだとアピールする一方で、実際には「国際的な人権基準に照らして不適切な状況を認識」し、「カンボジアの裁判を、より民主化の進んだ国々の事例と比較する」といった活動を――政府に批判的な姿勢で――展開した（CSD Annual Report 2004）。こうした活動には、まだ、クメール・ルージュ体制時代の被害者としての一般市民を動員し、彼らへの働きかけを活動の主目的とするような性質をうかがうことはできない。当初は、民主主義の制度を支える基本的な公的組織、およびその職員との関係が第一に置かれていたことがわかる。

けれども、CSDにおけるこうした傾向は、二〇〇六年に、セン・ティアリーが代表になることで、よりアドヴォ

写真 10-3　CSD フォーラム「正義と国民和解」の様子（出典：CSD スタッフ提供）

過去の体験について話すことに不安を覚える参加者も依然としている，と聞かされる一方で，司会の「元クメール兵の参加者の意見を聞かせてください」という呼びかけに，率直な意見を述べるケースも見られた。NGO スタッフは，自治体関係者にフォーラム開催の了承を得る際，「政治的な集会ではない」ことを強調し，フォーラム当日は，参加者個人の体験や意見を聞き取るよう，配慮していた。

カシーを重視する――時には政策批判を行う――組織へと変化した。その年、ドイツの開発援助機関German Development Service（DED）の資金提供を得て、その後二一回を数える公開フォーラム「正義と国民和解」を開始する。これは特別法廷に関する市民の啓発を目的としてECCCの検事や広報担当者が質疑に応える午前の部と、フォーラム開催エリアの参加者同士が、各自の経験を語り、和解と癒しの道を模索する午後の部に分かれて構成された。CSDは二〇〇〇年にも、試験的なフォーラムを、プノンペン、シエムリアップ、パイリンの三カ所で開催しているが、より内容を発展させ、継続的・定期的に国内各地をめぐりだしたのは、センが所長となってからである。とりわけ午後のセッションにおける会場の参加者とのやりとりでは、「和解するにはどうすればいいと思うか」のように、センターの価値観を前面に出す質疑も繰り返された。

フォーラムを主催する側は「安心して発言できる場を整える」ことに配慮し、「有意義な対話を行うため」に、参加者の数を一五〇～二〇〇名ほどに調整し、また外国人（ドイツ人、DED派遣）心理カウンセラーの参加を強調した。フォーラム開催までにはいくつかの段階がある。まず、数週間前に開催地へ赴き、自治体関係者や住民の代表（一〇～二〇名）との打ち合わせを行い、プノンペンへの「事前学習ツアー」に参加する約五〇名を選ぶ。フォーラム一週間前に行われるプノンペン・ツアーでは、裁判部、トゥール・スレン虐殺博物館、チュン・エック虐殺墓地等を訪れ、関係者らの説明を受ける。これにより、フォーラム参加者のうち約三分の一が、より積極的に発言することが期待された。そして、フォーラム当日の模様は、当日、もしくはその後何カ月かにわたって、ローカルなテレビ・ラジオで放映されるよう手配した。

メディアの活用ということでは、とりわけラジオでのトークセッション、啓発プログラムを重視し、それを通じて若い世代に対して特別法廷や、カンボジア社会における正義の問題などについて訴えかけた。たとえば、二〇〇八年のラジオ番組スケジュールは表10-2のとおりである。国内各地で視聴可能とするため、複数のラジオ局を通じ、ほ

表 10-2　CSD によるラジオ番組（2008 年）

Monday - Friday	1-2 p.m.	Sovanna Phum FM 104
Monday - Sunday	11a.m.-12 p.m. および 7-8 p.m.	Commerce Station FM 93.5
Monday - Sunday	8 - 8:30 p.m.	Beehive Radio FM 105
Monday - Sunday	1 -2 p.m.	Battambang FM 90.25
Monday - Sunday	4- 5 p.m.	Women's Media Center FM 102

（出典：CSD 資料）

ぼ週七日間、放送を行っている。各回の内容としては、「民主的な選挙」「証人保護」「裁判に関する実際的な知識」といったテーマが目についた。

こうしたメディア重視の姿勢は、代表のセンによって身をもって示されており、実際、彼女の活動は、プノンペン外で繰り広げられることが多く、国際会議やセミナーに出席するために頻繁に国外へ出張し、あるいはBBCやCNNその他の外国メディアに露出する日々の連続であった。CSDスタッフに言わせれば、センの（国内外）メディアへの露出、また、それを通じた政治的な（現政府を批判する）主張、さらに、一般のカンボジア人を組織するバイタリティは、とくに政治に関心をもつ若い世代にとって強いメッセージを送るものである一方、現政府関係者からは危険な存在とみなされていたのではないか、ということである。

しかし、二〇〇九年七月、プノンペン地方裁判所の通告を受けて、センの身分（CSD所長）が剥奪されるという事件が起きる。これはCSDの前評議員であったヴィ・フオイが「センがCSDの内部規約に従わず、それゆえ、カンボジアの認定NGOの代表を務める資格がない」という主張を裁判所に持ち込んだ結果であり、いわば民事的な争いの一方の立場がそのまま公的に認められた、という体裁をとっている。とはいえ、裁判所は通告理由を開示せず、訴えられた側からの事情聴取も行わなかった。スタッフの多くは、この出来事は、現政府に対して批判的なスタンスを変えずにメディアでの発言を繰り返していたセンへの報復措置であり、そのやり方は「組織内部の人間関係の問題」という側面を強調することで、政府側の思惑を表に出さない点で非常に巧妙なものだ、という認識を共有していた。

この裁判所通告によってCSDの代表は高齢のヴィ・フオイ氏になったが、彼はスタッフの信任を得ることができないばかりでなく、自分の指示に従わないかぎりスタッフの給与支払いを凍結するとし、その様子を目撃した国外ドナーが撤退する、という事態に進展した。若いスタッフらは抵抗する一方で、通告から二カ月の間に、六七人のスタッフのほとんどが辞めていき、二〇〇九年九月には実質的に崩壊させられてしまった。

ところが、センは弟の弁護士——彼もカンボジアからの難民としてアメリカで成長——をアメリカから呼び寄せ、CSDの中心メンバーとともに新たな組織、正義和解センター（CJR）を立ち上げた。同年十二月には、早くも、プノンペンで公開フォーラムを開催し、自分たちの方向性を公表している。また、CIVICUSの立ち上げメンバーとして、法廷における市民参加を直接に支援する活動も開始した。不透明な——つまり政治的な圧力と受け取られかねない——地裁判決によるCSD解体から数カ月の間に、より政治的な姿勢を明確にする形で活動を発展させているように見える。

他方で、ECCCの被害者担当部（Victims Support Section）は、CSDが組織してきた公開フォーラムとほぼ同じ形式の啓蒙フォーラムを、二〇〇九年九月から開催するようになった。法廷の審議が長引き、一般市民の多くが期待するような、元幹部らに対する処罰が実現しない状況において、被害者参加の方法としてフォーラムの開催を重視する形となっている。CSDの取り組みは、DC-Camとはまた異なる形で、ECCCの在り方に影響を与えたと言ってよい。(10)

4　社会運動とコミュナリティ

上にみたような社会運動が、どのような点でコミュニティ概念の新たな理解に寄与するものなのだろうか。以下、「人びとは、集合状態でどのようなコミュニケーションを行っているか」「人びとが、その集合状態において、どのような意味を社会に対して発しているか」「それがどのような（社会）条件下で現れているか」という点から考えてみたい。

前節での記述からうかがえることは、それらの活動が「被害者としてのアイデンティティを促し、共有し、社会的に認知させる」ものであり、「特定の利害関係に基づいて社会資源の再配分を要求したり、社会階層が上位の、あるいは権力を獲得している人びとに異議を申し立てる」ものではない、ということである。前者に関しては、過去の被害を、従来のものとは異なるフレーム（社会的な意味づけの仕方）から再解釈するよう要求するものとして考えることができる。そもそも、クメール・ルージュ時代の体験を正義や被害というフレームから位置づけ、理解する活動はなかった。さらに上述の活動は、審理の長期化している法廷における「法的な正義」に対して、「癒しや和解」といったフレームを持ち込みつつ、人びとの記憶表出と法廷に関与するモチベーションをともに喚起しつづけているのである。これらは、社会運動論の分野では「新しい社会運動」のあり方として認識されている性格だが（第2節（2）のメルッチ参照）、その一方で、その集合行為に関与させること自体を目的とさせる側面も有している。DC-Cam のヨックのコメントからうかがえるように、この運動に関与する度合が高まるほど、その傾向も強まるだろう。その意味では、活動に関与する人びととの認識を記述する言葉として、コミュニティという表現は適切である、と考える。とはいえ、その運動はゴール達成の指標や基準が明確かつ客観的に設定できるものではなく、したがって、関与の程度・強度も、中心メンバー以外は相対的に緩やかなものにならざるをえない。本章タイトルにある「被害者参加のコミュナリティ」という表現は、こうした側面を反映するものである。

しかし、ここでより注目したいのは、「予期しない、どちらかといえば否定的な要因に対応するように活動内容を変化・発展させてきた」点である（表10-3参照）。そこには、行政の介入による活動停止という局面も含まれる。[11] 全体としては、accountable な社会を目指すという方向性のもとで、クメール・ルージュ体制期に関する正義の実現に

表 10-3　2 つのカンボジア NGO の活動の変遷

活動を取り巻く状況	DC-Cam	CSD
クメール・ルージュの非合法化とアメリカ政府による政策転換（1994 年）	主として資料収集と虐殺地の調査から活動を開始（1995 年）	主として裁判と選挙監視から活動を開始（1995 年）
カンボジア政府が国際法廷設置を要請する国連案を拒否（1998 年）	反／親クメール・ルージュ双方の立場から証言聴取を開始（1999 年）	公開フォーラムの開始（2000 年）*
カンボジア政府が法廷設置に同意するが，開廷準備が難航	被害者が法廷プロセスに参加するための支援プログラムを開始（2005 年）	ラジオ・テレビを用いた活動を開始（2004 年）
裁判部内部規則の調整難航，予算不足。審理の延期，被害者参加への制約	法廷に対する歴史資料の提供拠点として定着，関係者も法廷入り（2006/7 年～）	（不透明な）裁判所命令によって実質的に解体させられるが，CSD の中心メンバーが新たな組織 CJR を設立。一方，ECCC の被害者担当部が，CSD（CJR）が行ってきたものと同じ形式のフォーラムを開催しはじめる（2009 年）

* 2000 年にパイロットプロジェクトとして 3 回のフォーラムを開催したあと，本格的に再開するのは 2006 年。

（出典：DC-Cam および CSD 内部資料）

とって望ましくない、否定的な要素が生じるたびに、よりカンボジア市民を動員する活動を活発化させてきた、ということができるのである。

いずれの組織も、もともと市民と法廷の橋渡しを務めたり、あるいは市民を代表する形で法廷へ訴えを持ち込む役割を目的として活動してきたわけではなかった。後者に関しては、活動のなかで新たに制定された仕組み（市民参加制度の整備という、ECCCの制度的な変化）に対応したものでもあった。

こうした、カンボジア市民を広く活動に巻き込み、集合行為を形成していく性格は、社会運動としての性格を備えている一方で、人びとの被害者としてのアイデンティティを喚起し（喚起であって、ある一定の内容や枠組みを与えるというわけではない）、記憶を共有し、和解へ向けての展望を考えさせるという「（それまでカンボジア社会にはなかった）過去に関するフレーム」を持ち込むことで、特定のコミュニケーションを可能にするコミュニティ形成の機能を果たしてきたといえるのではないか。[12] また、被害の記憶という「自発的に、自由意志により、望んで選択したわけではない」要素を活性化させることによって生じるダイナミズムは、バウマンの用語でいうコミュニティ、より一般的にはコミュナリティという用語で指し示すことのできる現実であると考える。

上にみてきたような形で人びとの体験を意味づけ、同時に、それを公的に表現するという回路を保証する集合（行為）は、カンボジア社会・市民にとって新しいものであった。そうした活動は、とりわけ仏教寺院に代表されるような、カンボジア社会に存在していたその他のローカル組織によって提起され、発展させられてはこなかった。[13] かといって、欧米の人権団体が同様の活動を展開しようとしてもうまくいくことはなかっただろう。第1節（1）でみたように、カンボジアの一般市民の間では、クメール・ルージュ体制の維持、クメール・ルージュ体制の出現、さらにはその後の国際的な扱い（一九八九年まで国連総会におけるカンボジア代表の地位を保証していたことなど）のすべてにおいて、外国政府・国際社会の偏向した関与があったではないか、という批判的な理解もよく聞かれることだからである。

DC-CamとCSDのケースに顕著であったように、クメール・ルージュ体制下で被害を受け、その後難民として国外で成長した世代の帰還者が、そのバックグラウンドをもとに組織・推進した活動である、という点に、本稿におけるコミュナリティの特殊性が生じているのは間違いない。そして、そのコミュナリティは、人びとの「望んで選択したわけではない過去の体験」に根ざし、一方で、正義を掲げつつも「さまざまな困難と否定性を差し向けられる現状」に直面するたびに新たな対応を見せ、展開しているのである。

注

（1）CSD（Center for Social Development, 社会開発センター）による公開フォーラムにおける聴衆の発言として、以下。「（武器供与や兵士の訓練などを通じて）クメール・ルージュを支援した外国政府や外国人は対象にならないのか。なぜクメール・ルージュだけが裁かれるのか」(二〇〇七年八月三十一日、ケップ市)、「なぜ法廷では一九七五年から七九年の出来事しか取り上げられず、一九七〇年以降行われたアメリカ軍による寺院や橋や学校への爆撃は取り上げられないのか」(二〇〇七年六月八日、スバイリエン郡)。

(2) ドゥイックの弁護人は、二〇〇九年十一月の陳述において、「そもそもドゥイックはDK政府の幹部 (senior leader) とはいえない、したがって有責性認定の対象ではない」と主張した。

(3) そうしたNGO組織の活動には法廷関係者が加わることもあり、あるいは逆に、そうした組織の出身者が法廷職員として採用されたりして、必ずしも「公的な活動の下請けか、特定の利害に基づいた民間の活動か」という二分法で色分けできる活動であるわけではない。

(4) Contentious は、日本語版では「たたかい(の)」という訳語があてられている。

(5) メルッチによる「新しい社会運動」論におけるその他の論点については、本書第11章の平井論文も参照。同論文においては、社会問題の構築主義分析やメディア論といった分野において「フレーム」(解釈枠組み) の変更と呼ばれる現実が、近似的に「人間関係や対自然関係において人びとの実践を変える」という表現で位置づけられている。本章では実践という表現は用いないが、社会的相互作用の反復過程で内面化された規範に基づく――必ずしも自覚的なものではない――認識や理解の傾向・偏向をフレームという用語によって言及する。

(6) 対決・異議申し立て・連帯・共通の集合的アイデンティティといった要素を定義から外す長谷川らの定義に対しては、どのくらいの人びとが、どの程度公的なアピールを行い、結果としての変化を期待し、また体験することが、社会運動という用語使用の基準になるのか、といった疑問が対置されるのではないかと思われる。

(7) 推定される犠牲者数。

(8) DC-Cam の *Annual Report 2009* (pp. 5–6) には、同年、コロンビア大学、ハーバード大学、サンタクララ大学、シアトル大学、テンプル大学、ラトガース大学、ノースウエスタン大学、イエール大学、ジョージタウン大学からの研究者・研究生を受け入れたと記されている。

(9) DC-Cam がカンボジア人学生の「実地教育」を施す以前にも、たとえばカンボジア王立アカデミーや王立プノンペン大学といった大学において、多くの大学院生が修士論文・博士論文を執筆してきたにもかかわらず、同様の動きはなかった。そうした大学には欧米あるいは日本の大学で博士号を取得した教員もいるが、クメール・ルージュ時代の歴史のテキストが執筆・編纂されたことはなかった。

（10）さらに、二〇一〇年七月には、ECCCの被害者支援課（Victims Support Unit）が、心理学的サポートを提供するNGOであるTPO（Trans-cultural Psychological Organization）が実施する、ラジオ・カウンセリング番組を、公式に資金援助することを表明した（資金の源は、ドイツ政府が被害者支援課へ提供したもの）。（http://www.eccc.gov.kh/english/cabinet/fileupload/ECCC_sponsors_Radio_Counseling_for_KR_survivors_(ENG).pdf）

（11）この方向性は、はじめは、「クメール・ルージュ時代の虐殺地を発掘し、文書資料を収集する」（DC-Cam）、「議会や裁判所の不十分な活動内容をモニタリングし、公表する」（CSD）という形で行われていた。

（12）ここでのコミュニティ概念の使用については、平井論文における次の表現も参照。「水俣病事件とは何であったか、それが自分たちの今の生活にとってどういう意味があるかについての、つねに変化する相互構築的な学習過程がコミュニティになっている」。

（13）カンボジアの仏教集団は、かつては王室の、今では政権政党の権威を承認する役割しか果たしていないという指摘もある（Vong Em 2001: 82）。

参照文献 ——

〈和文〉

天川直子（二〇〇二）「カンボジア —— ポルポト時代の死の記憶をいかに処理するか」『アジ研ワールド・トレンド』通巻82号、アジア経済研究所、三二—三五頁。

タロー、S（二〇〇六）『社会運動の力 —— 集合行為の比較社会学』（大畑裕嗣ほか訳）、彩流社。

バウマン、Z（二〇〇八）『コミュニティ —— 安全と自由の戦場』（奥井智之訳）、筑摩書房。

長谷川公一・町村敬志（二〇〇四）「社会運動と社会運動論の現在」曽良中清司・長谷川公一・町村敬志・樋口直人編『社会運動という公共空間 —— 理論と方法のフロンティア』成文堂、一—二四頁。

〈欧文〉

Khamboly Dy (2007) *A History of Democratic Kampuchea (1975–1979)*, Documentation Center of Cambodia.

Marston, J. (2000) Impact of Human Rights Advocacy, *ECR Report (Capacity Building Through Participatory Evaluation of Human Rights NGOs in Cambodia)* no. 37, Experts for Community Research.

Meyer, D. and S. Tarrow (1998) A Movement Society: Contentious Politics for a New Century, in D. Meyer and S. Tarrow (eds), *The Social Movement Society: Contentious Politics for a New Century*, Lanham, MD, Roman & Littlefield Publishers, pp. 1–28.

Melucci, A. (1996) *Challenging Codes: Collective Action in the Information age*, Cambridge, Cambridge University Press.

Uñac, Héleyn (2006) The Tribunal's Broader Roles: Fostering Reconciliation, Peace and Security, in J.D. Ciorciari, *The Khmer Rouge Tribunal*, Documentation Center of Cambodia, pp. 157–164.

Vilghen, J.L. (2001a) Understanding HR & Democracy NGOs, *ECR Report (Capacity Building Through Participatory Evaluation of Human Rights NGOs in Cambodia)* no. 35, Experts for Community Research.

——— (2001b) Impact of Human Rights Activities in Cambodia, *ECR Report (Capacity Building Through Participatory Evaluation of Human Rights NGOs in Cambodia)* no. 36, Experts for Community Research.

Vong Em Sam An (2001) *A Sociological Study on the Process of Democracy in Cambodia*, Ph. D Thesis, Tsukuba University.

Whitley, K. (2006) History of the Khmer Rouge Tribunal: Origins, Negotiations, and Establishment, in J.D. Ciorciari (ed.), *The Khmer Rouge Tribunal*, Documentation Center of Cambodia, pp. 29–53.

Youk Chhang (2004) Two Important New Projects at DC-Cam, *Searching for the Truth*, (1st of 2004), pp. 2–5.

CSD Annual Report 2004

DC-CAM Annual Report 2006–2009

ECCC Court Report, June 2009. (http://www.eccc.gov.kh/english/publications.courtReport.aspx)

第11章

語りのコミュニティ

――水俣「相思社」におけるハビトゥスの変容

平井京之介

はじめに

これまでの各章では、近年のグローバル化の進行が、移民のネットワークや自助グループなど、地縁や血縁に基づく伝統的なタイプとは異なる、新しいタイプのコミュニティを出現させていることが述べられてきた。本章でも、こうした新しいタイプのコミュニティの様態を読み解くために、熊本県水俣市で水俣病事件の被害者支援を行うNGO「水俣病センター相思社」(以下、相思社)の事例を取り上げる。相思社はかつて水俣病闘争の拠点として活動したが、現在は「もう一つのこの世」を実現するため、[1]水俣病事件を伝えることを活動の中心にしている。それは、「新しい社会運動」の一つに数えられるものだ。[2]

オルタナティブな社会の実現は、認知的ないし思想的というよりは倫理的な課題といえるだろう。ここで倫理的というのは、単に知的理解を進めることではなく、人間関係や対自然関係において人びとの実践を変えることに関わるという意味においてである。なぜなら、「何をなすべきか、我々は知ってはいるが、そう行動してはいない」（エーダー一九九二：一）からだ。二度と水俣病事件を繰り返さない社会の実現には、意識や思想の背後にある、習慣や慣れ親しんだ生活態度、P・ブルデューの言う「ハビトゥス（habitus）」（Bourdieu 1977）のレベルで変容を促すことが求められる。(3)

それでは、物語を語ることがなぜハビトゥス変容のための有効な手段になりうるのか。語りがいかなる意味において社会運動といえるのか。本章では、H・アレントの議論を参考にして、これらの問題を考える。アレント（一九九四：七五）はいう。「見られ、聞かれるものから生まれるリアリティに比べると、内奥の生活のもっとも大きな力、たとえば、魂の情熱、精神の思想、感覚の喜びのようなものでさえ、それらが、いわば公的な現れに適合するように一つの形に転形され、非私人化され非個人化されないかぎりは、不確かで、影のような類の存在にすぎない。このような転形のうちで最も一般的なものは、個人的経験を物語として語る際に起こる」。すなわち語りには、個人の情動的経験を公の場に引っ張り出し、社会に働きかける力があるというのである。

ここでアレントが述べる語りの政治的可能性は、二つのレベルで考えることができるだろう。(4)一つは公的言説のレベルである。私的な経験を公にすること、たとえば被害者が被害経験を人びとに語ることは抵抗や権力化になりうる。もう一つは間主観的世界のレベルであり、ここには語り手の経験と聞き手の経験が統合される可能性が存在する。これに関連してアレントは次のように述べている。物語は、たとえその内容がきわめて客観的であったとしても、すでに存在している「人間関係の網の目」の中に存在するようになるのであり、その結果は協働で弁証法的に作られ共有されるものとなる（アレント 一九九四：二九六―二九九）。この指摘は、語りが聞き手のハビトゥスを変容へと導く可能性を示唆している。後述するように、習慣的な理解の仕方が通用しない他者の物語を理解し自己の経験と統合しようとすることは、これまで自明とされた世界観や倫理意識を疑う契機となりうる。ただし、こうした変化は、ある特定の人間関係のあり方を前提とする。

以下、本章では、水俣病事件を語ることが抑圧されてきた歴史的状況を簡単に紹介した後で、相思社のスタッフが現在何をどのように語るのかを論じる。同時に、自分たちが所有する知の形態について彼らがいかなる仮定を抱いているかと、それらの仮定が彼らの水俣病を伝える活動にどう反映しているかを検討する。(5) 最後に、こうした活動を通じた社会変革の可能性について考えてみたい。

1　語られない物語

水俣病は、工場排水中のメチル水銀に汚染された魚介類を多量に摂取することによって発症するメチル水銀中毒である。(6) 一九五六年に公式確認され、一九六八年に政府から公害病に認定された。発生および被害拡大の経緯についてはさまざまな議論があり、多様な専門分野において長年の研究蓄積がある。しかしここでのわたしの議論の焦点は、水俣病事件と語りとの関係を考えることにある。

水俣では長い間、差別や偏見を怖れて水俣病について語ることに困難をともなってきた。現在、相思社などで「語り部」を引き受けるMさんは言う。「十数年前までは、水俣病について語るどころか、考えることもできなかったし、隠すのが当然だと思っていた」。被害者に対する激しい差別や偏見の背景には、地域社会の権力構造があった。政治的、経済的、制度的な権力が住民の事件への反応に大きな影響を与えてきたのである。

事件の加害企業チッソは、地域における絶対的な支配者であった。水俣は、一九〇七年にチッソの前身である日本カーバイド商会が工場を設立して以降発展してできたまちであり、チッソが作ったといっても過言ではない。水俣市最盛期の一九五六年には、人口の約三分の一がチッソ関連の企業に勤め、水俣市税の約半分をチッソが納めていた。市長はチッソの元工場長だった。運動会や演奏会など、市内で催される文化事業のほとんどがチッソの主催や後援によって行われ、「チッソ城下町」、「チッソあっての水俣」とうたわれた。従業員は憧れを込めて「会社行きさん」と呼ばれた。つまりチッソは名実ともに水俣の城主であり、水俣の将来はチッソと一体化したものとして多くの地域住民に認識されていたのである。

これに対し、水俣病発生のメカニズムを考えれば理解できることだが、初期の被害者の多くは水俣湾周辺で生活する貧しい漁民であった。売って現金収入とするだけでなく、彼らは魚を主食にしていた。先出のMさんは言う。「昔は魚は栄養源です。肉はなかったです。お店がないから肉屋さんもないわけですよね。で、わたしたちは麦ご飯に魚がおかず、そして野菜がおかず。……魚だと、じいちゃんがいつも新しい魚を捕ってくるから、魚を食べてました」。魚や貝の産卵場所が豊富にある不知火海は「魚《いお》湧く海」といわれるほど魚介類が豊富に捕れ、しかもチッソができて以降、水俣では捕った魚をまちの人たちに売ることができた。そこで天草地方から多くの漁民が水俣の海岸沿いに移り住んだ。最初に水俣病の被害を受けることになったのは、彼らの子孫である。水俣中心部に住む旧士族や大地主、チッソ社員、その周辺に住む人びとにとって、海岸沿いの漁村は域外に属しており、そこに住む漁民はよそ者として扱われた。まちの人は天草地方からの移民を「天草流《なぐ》れ」と差別的に呼んだ(7)。そこで、「水俣病は貧乏人が弱った魚を食べたから変な病気になった」という流言さえ、まことしやかに語られたのである。水俣というまち空間には、社会階層が明確に反映されており、そのことが水俣病被害者の差別や偏見の社会的背景となったし（色川 一九八九、参照）、事件発生から半世紀以上にわたり、被害者の要求や主張が組織的に無視され否定される間接的原因にもなった。

こうした社会構造を背景として、いくつかの歴史的要因がさらに差別や偏見を助長することになった。第一に、発生当時しばらくは原因不明の奇病とされ、伝染性が疑われたこともあって、患者は特別病棟に収容されて一般の人びとから隔離された。すると近隣住民でさえ、患者やその家族に対し、「うつるから側によるな」といった暴言を吐いたり、嫌がらせやいじめ、村八分を行ったりした。こうした差別や偏見は現在でも根深く残っている。第二に、水俣病という名前とともに水俣が全国規模で有名になって以降、水俣に対する他地域からの差別や偏見が激化し、水俣出身者が就職先や修学旅行先で差別を受けるといった事件が相次いだ。このことに対する水俣住民の憤りが、救済を求めて水俣病患者として名乗り出る者、とりわけテレビや新聞を騒がす運動の参加者への憎悪に転換された。第三に、慰謝料として被害者に一六〇〇〜一八〇〇万円の補償一時金が支払われると、そのことへの妬みから、水俣病認定患者や認定申請者に対し、「金目当て」や「ニセ患者」といった誹謗中傷がなされるようになった。

認定申請者に対する誹謗中傷の背景には、支払う補償金の増大によってチッソの経営が悪化し、チッソが実質的な破産状態に陥ったことがある。チッソの経営危機は水俣の危機であり、水俣病の認定患者および申請者は、水俣の生活を脅かす者、「城主に弓引く者」として一般の市民からも攻撃の対象になった。Mさんは言う。「水俣の人たちは、患者の人たちがあぎゃん騒がんば、水俣の町はまだ発展すっとじゃ。チッソのお金がなくなるがね。補償金ばっかりはろうて、っていうことを言われました。だから私たちは、被害者だっていうことも言いたくなかったし、わたしは今でも……」。認定を棄却された一部の申請者は裁判闘争や運動を通じて自分たちの主張や要求を公的に訴えようとしたが、こうした場で語ることが、かえって彼らに対するスティグマ的表象を強化することにつながった。

さらには、皮肉なことに、被害者を救済するはずの水俣病認定制度も、被害者の要求や主張を組織的に否定し抑圧する役割を果たしてきた。認定制度では、水俣病という病気の診断と補償とが連動している。国が組織する審査会で公式に「水俣病患者」を判定し、県が認定した者に対してのみチッソが補償を行うのである(8)。一九七〇年の施行当時、被害者の救済策として一定の機能を果たしたものの、その後、予想以上に認定患者が増大し、チッソが破産状態に陥ると、一九七七年には認定の判断条件が狭められることになった。以後、申請しても棄却されるというケースが続出する。このことは結果として、棄却された人が水俣病ではないとされる一方で、国家から認定された患者、「よだれ垂らして、ふらふらして、小便も垂れ流して、でっかい声でわあわあ言って」（相思社Tさん）いる急性劇症型患者だけが「本当の」水俣病であるというイメージを強化する役割を果たした。Mさんは言う。「それまでは水俣病の認定をされた人しか水俣病っていうことを言われてなかったですし、私たちもそのように思い込んでました。わたしは父親たちやじいちゃんの、水俣病のほんとの初期の頃の症状を見てますから、わたしは違う、違うって思っていたし、思いたかったんですね」。水俣地域の人でさえ、慢性型の症候があってもそれは一般的な慢性病であり、自分は水俣病ではないと思い込まされることになった。認定制度は本人申請主義をとる。すなわち本人が名乗りでないかぎり被害者として認定されることはない。補償対象者の選定という実質的な目的にもかかわらず、国と県が医学的判断という装いのもとに公的に水俣病の診断をしたことが、人びとの間に「水俣病」に対する誤ったイメージを植え付け、潜在的な被害者を沈黙させる側面をもってきたことは否めない。こうした状況のなかで人びとはますます水俣病被害者として現れることを怖れるようになっていったのである。

一九九〇年代に入ると、被害者と行政やチッソとの間で和解のプロセスが始動し[9]、事件について公の場で語る雰囲気が水俣で少しずつ醸成された。ところがその頃には、被害の経験を語れる人はほとんどいなくなっていた。まだ差別や偏見が続いていてそれを怖れるということもある。しかしそれ以上に、事件発生から年月が経ちすぎていたのだ。初期重症患者の多くはすでに亡くなっている。生き残った被害者も高齢化し、入院していたり、自宅療養していたりしていて、証言する体力はとても残っていない。しかも被害者には、彼らの記憶を代わりに語る子どもがいない場合が多い。被害を理由に結婚や出産をあきらめた者もいるし、子どもがいる場合でも、彼らは成人すると、大学や就職先のない水俣から離れ、他地域で出身を隠して暮らしている[10]。さらには、後から自身の水俣病被害に気づいた者の多くは、かつて差別し抑圧する側にいた経験があり、被害について語りにくいという事情もある。(11) こうしたことから、被害を語る環境が整っても、経験を語る証人として立ち上がる者はごくわずかであった。

相思社は、一九七四年の設立当初より、被害者の物語を聴くことを活動の一部にしてきた。被害者の家庭を訪問し、生活支援や援農・援漁などを行うとともに、彼らの話を聴き、水俣病のあり方や被害者の生活に対する理解を深めてきた。こうした活動には二つの目的があったと思われる。一つは被害者の生き方から自分たちが学ぶことであり、これは「勉強」や「学習」と呼ばれた。成果の一部は相思社の活動を伝える機関誌『水俣』および『ごんずい』を通じて全国に向けて発信されることもあったが、基本的には私的なものにとどまった。もう一つは被害状況を記録する「聞き取り」であり、被害者の記憶を公的なものとし、広く社会に認知させることを目的としていた。ただし、より具体的には、裁判闘争や政治的告発での利用に備え、被害や損失の科学的ないし法的証拠となるものを集めることが重視された。そのため、被害者が自由にみずからの経験や記憶を語るというよりは、科学的ないし法的効果によって何が語られるべきかが期待されていたといえる。当時の勉強や聞き取りには、被害者の経験から学んだものを広く社会に伝えていくという意図はなかった。

転機になったのが、一九八八年の水俣病歴史考証館(以下、考証館)の設立である。キノコ栽培工場だった建物を改装して相思社敷地内に博物館が造られた。全国の支援者から寄付を集め、地域住民に漁具などを譲ってもらい、被害者や住民から聞き取りを重ね、展示については研究者や専門家の協力を仰ぎながら自分たちで考えるといった具合に、手づくりの博物館建設であった(水俣病センター相思社 二〇〇四a:二一三―二一六)。以降、相思社は水俣病を伝える活動に本格的に着手することになる。考証館の趣旨が、パンフレットにこう記されている。

『このままでは俺たちは犬死だ』という患者の言葉があります。考証館は、被害者の犠牲を無駄にせず、水俣病が起こらないよ

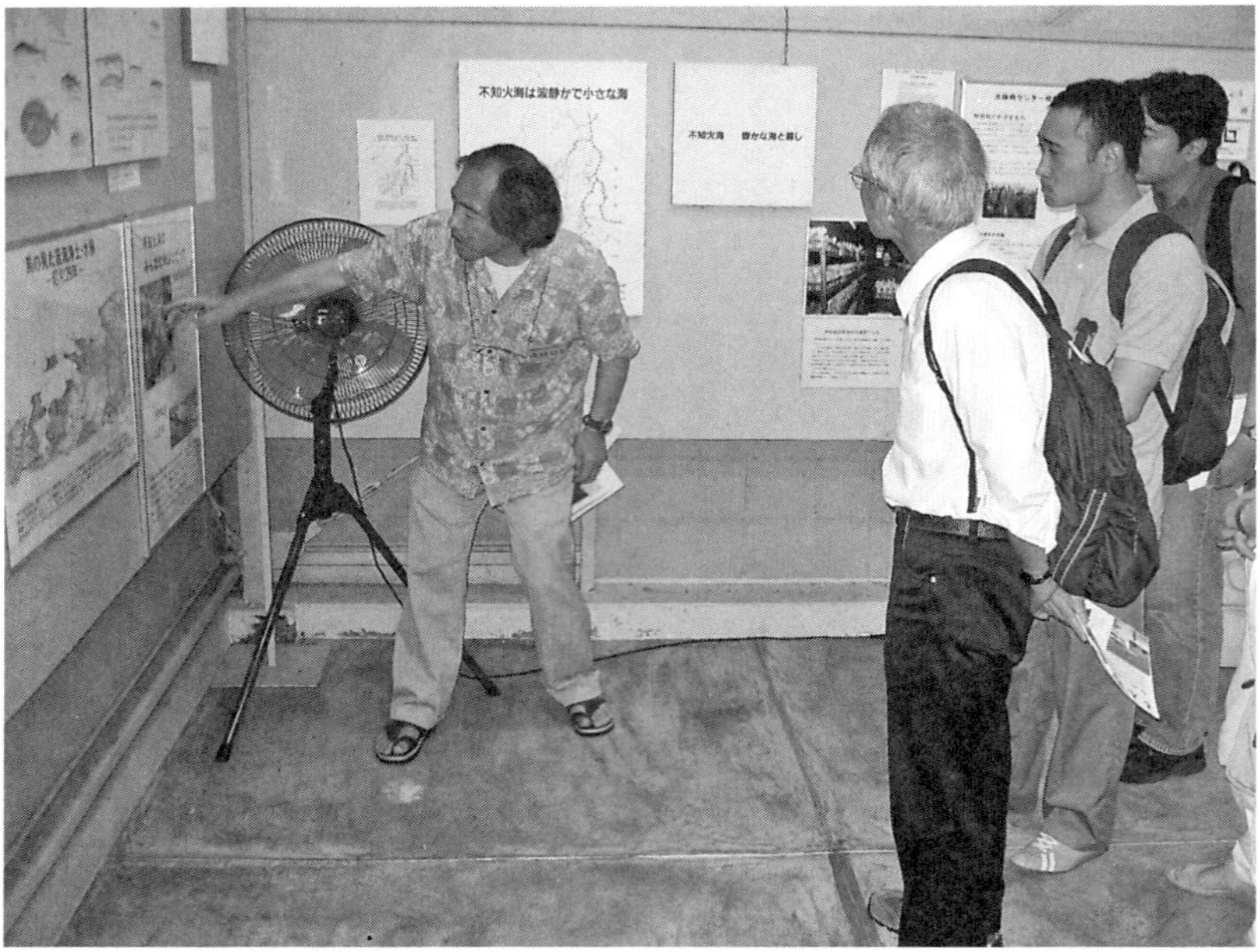

写真 11-1　解説パネルについて独自の思いを語る相思社スタッフ

うな世の中にするため、水俣病を『記録し伝える』ことを続けます。

考証館の展示は、被害者の私的な記憶を公にし、権力者による事件や被害者の表象に対抗することを意図している。同時に、被害者を支援する相思社自身のアイデンティティを表現する手段であるともいえるだろう。一九九〇年代以降、被害者の証言の真実性が、医学的ないし法的制度によって、あからさまに否定されるようなことはなくなった。それでも公的歴史や公立博物館の展示は、事件を不慮の災難として扱ったり、その歴史を原因究明の科学史や、汚染物質が除去され、救済制度が整備されていく歴史として語ったりする傾向がある。相思社が語る物語は、そうした政治や偏向から自由な、中立的な歴史を表象しようとするものではない。被害者の視点に立って、破壊された生活や差別の経験を紹介するとともに、公的歴史が黙して語らない行政の失策や不作為、チッソや科学者、地元有力者による抑圧的な言動を糾弾する内容になっている。[12] 考証館の設立は、公的な歴史の受け入れを拒否し、被害者みずからが語る物語を社会に認知させ、彼らに対する差別や偏見をはねのけようとする相思社の運動の一部であった。

しかし、考証館の政治的役割を、こうした公的言説に対する抵抗や被害者の権力化という文脈においてのみ位置づけると、現在の相思社がいかなる知をどのように伝えようとしているかを捉え損なってしまう。考証館は、展示場というより、相思社スタッフが語る舞台として機能する。[13] 案内するスタッフは、解説パネルに書かれたテキストを繰り返すのではなく、むしろ解説パネルについての独自の思いを語る傾向にある。この語りをきっかけに来訪者との間で討論が始まり、一種のフォーラムが両者の間に出現する。相思社の語りがいかなるものであるかを次にみていこう。

2 相思社の物語

考証館や市立水俣病資料館などで、みずからの被害体験を語る被害者のことを、水俣では「語り部」と呼ぶ。水俣病事件の発生によっていかなる哀しみや怒り、痛みを感じたかを自身や家族の話を交えて語るのである。一方、相思社のスタッフは、被害者を支えるために全国から集まった「支援者」であり、[14] 事件について直接の体験や個人的記憶をもたないよそ者である。そんな彼らが、いったい何を語るのか。そもそも何かを語る資格があるのだろうか。相思社の遠藤邦夫は言う。「語り部と一つにまとめるのではなく、自分自身の身体で紡いできた事実を語る語り部と、その語り部たちの物語を解析して伝えようとするストーリーテラーとしてのわたしのような、少なくとも二種類の役目があるんです」（遠藤 二〇〇七）。わたしはそれぞれに異なる役目があるとする遠藤の意見に賛成したい。「支援者」に

写真 11–2　水俣病患者が多発した集落での案内

は、被害者とは別の物語を語ることができると思う。ここで問題となるのは、遠藤が言う「解析」の過程とはどのようなものかということだ。さらに本章の議論に関していえば、伝えようとする知を彼らがいかなるものとして認識しているかと、その認識が彼らの語りにどう反映しているかを明らかにすることが重要となる。

水俣病を伝える活動全体を、相思社では「考証館活動」と呼ぶ。広義の考証館活動には、被害者からの聞き取り集や水俣病学習教材の出版、機関誌発行、ホームページやメールによる情報発信なども含まれるが、その中核をなすのは、考証館を拠点として行う「水俣まち案内」である。(15) これは相思社スタッフが、来訪者の希望に応じ、有料で、原因となったチッソの工場施設、水銀に汚染された海を埋めて造った水俣湾の埋立地、劇症型水俣病患者が多発した集落、水俣市立水俣病資料館などを案内して回るというものだ。「語り部」による講話がこれに含まれることもある。

彼らがまち案内で語る内容は、ホームページでの紹介にうまく表現されている。「相思社の案内にマニュアルはありません。個々の職員の知識・経験と感性で、ディープな水俣をご案内します。水俣病や水俣のまちづくりの現在の動きや、水俣の生の動き、水俣病に関わりつづけているなかで経験してきたこと、みえてきたことなどをお伝えするのが、相思社流まち案内です」[16]。第一に、相思社の物語は基本的に被害者の立場をとっており、彼らが受けた苦難や試練を情熱的に語るのだが、それだけでなく、水俣の豊かな自然や人びとの暮らしなど、スタッフが水俣で生活するなかで経験してきたこと、見えてきたことなどを幅広く扱う。事件の細かい歴史的経緯よりは、幅広い生活領域における被害者の経験や地域の人びとの生きる力を紹介することに力点が置かれる。これを彼らは「暮らしのなかの水俣病」と呼ぶ。第二に、物語の中で相思社スタッフと被害者との間には微妙な距離があり、時にはそこに葛藤や緊張が生まれているように聞こえることもある。物語の主人公はほとんどの場合被害者なのだが、全体としては、スタッフ一人ひとりが個人として活動し、そこでの経験を手がかりとして、自分の思考と感性によって作る、語り手自身のきわめて個人的な物語になっている。被害者の生に触れた経験や感想だけでなく、その経験や感想について反省したことなども、この物語に含まれる。彼らはこれを「わが水俣病」と表現する。

一方、水俣まち案内では客観的知識を伝えることを重視しない。Bさんは、新人の頃を振り返って次のように述べる。「一番最初の頃は、ほんとに『十の知識』を読み込んで、『絵で見る水俣病』を読み込んで、水俣の地図を頭にたたき込んで、このシチュエーションではこの説明をすると、頭に入れていって、それでやってたわけですね[17]。ほんとにもう教科書的で、何も知らないで来た人にしか対応できないような形だったんですね」。もちろん新人は、案内のために本を読み映像をみて必死に勉強する。しかし、こうして身につく事実的知識、客観的な知識はどこでも利用可能なものであり、わざわざ相思社まで来てみたり聞いたりする必要はない。

――(1)「つきあい」という空間

「暮らしのなかの水俣病」を理解するには、相思社が「つきあい」と呼ぶ被害者との関係のあり方が前提になる。相思社でミカン販売を担当するNさんは言う。「ミカン(生産をする被害者)の人たちとのつきあいというのは、ミカンをやるというだけではなくて、けっこう日常的にもいろいろお世話になってますし、そういった関係というのは、すごくいろんな考え方のベースになってますね」。「つきあい」とは、以前に相思社の活動方針であった「支援」の論理に代わるものであり、これと対比して用いられる。「支援」とは、被害者の利益を徹底的に優先させ、彼らを物心両面で支えることだ(水俣病センター相思社 二〇〇四b)。これに対し「つきあい」とは、「ともに人間としての自己実現を求めて闘う者どうしの連帯関係」であり、「真の連帯関係は互いの人間としての主体性と自発性を最大限に尊重しあうところに」生み出されるという(水俣病センター相思社 二〇〇四a:三九九―四〇〇)。

彼らが使用する意味合いでの「つきあい」とは、アレントが論じた「現れの空間」と重なるように思える。アレントは書いている。「人びとは活動と言論において、自分が誰であるかを示し、そのユニークな人格的アイデンティティを積極的に明らかにし、こうして人間世界にその姿を現す。……その人が「なに」(what)であるか――その人が示したり隠したりできるその人の特質、天分、能力、欠陥――の暴露とは対照的に、その人が「何者」(who)であるかというこの暴露は、その人が語る言葉と行う行為のほうにすべて暗示されている。……この言論と活動の暴露的特質は、人びとが他人の犠牲になったり、他人に敵意をもったりする場合ではなく、他人と共にある場合、つまり純粋に人間的共同性に置かれている場合、前面に出てくる」(一九九四:二九一―二九二)。人びとが「なに」であるかではなく「何者」であるかは、彼らのすることと語ることに暗示される。この暗示されるものを理解するためには、彼らと共にあらねばならない。相思社がいう「つきあい」の空間とは、この、彼らと共にある空間、「わたしが他人の眼に現れ、他人がわたしの眼に現れる空間」（アレント 一九九四：三二〇）だと考えることができる。

たとえば、相思社Bさんによる次の語りは被害者を「何者」であるかとして認めるようになった過程として理解できる。

> 運動の中で語られている患者さん像というのが、記録映画とか見てても、ちょっとわたしたちがふつう今接している患者の人たちとは全然イメージが違うわけですよね。……同じ地域で暮らす生活感というのが感じられてなかったわけなんですね。……講話の場じゃなくて、その人が暮らしている場にいって、話を聞いたんですね。一番最初が、Cさんという人のところへ行ったんですけど。……ほんとにもう、苦しいんですね、生活が。それで太刀魚を網を引くのを手伝いに行って、もらってきて、おうちで干して、それをおかずにしてというか。まあ娘さんいるんですけど、小児性の患者さんで、お母さんとしてはなかなか安心できないというんですね。[18] ある程度はできますけどね。まあ、それで娘さんの年金も捻出するのも大変で、そういったときには、甘夏ミカンちぎりに行ったり、できるだけお金を使わないように、自生しているフキを採ってきてそれを食べたりとか、そんなされてる話を聞くと、浜での暮らしとか、山から嫁いできて、なかなか旦那さんとの生活がうまくいかなくて、とか、生活臭さが出てきたところで、水俣病のことも理解できて、それで暮らしと水俣病のことがつながったというか、その人の生き方とリンクしたところが、よかったのかなと思うんですね。……頭じゃなくて。こころでわかったみたいなところがあったのかなと。そこはちょっとあんまりうまく説明できないんですけど。

一般に流布する「患者さん」像は、被害者を「なに」であるかとして見ている。これに対し相思社は、被害者の受苦を自分の眼と耳で確かめ、単に話を聴くだけでなく可能なかぎり彼らの生活世界に実践的に参加し、健康面だけでなく幅広い社会経済的文脈に埋め込まれているものとして理解しようとする。こうした努力を通じて、言葉で語る以上に個々の被害者を「何者」であるかというものとして認めることが可能になる。

次のSさんの語りでも、被害者が「何者」であるかを理解することの重要性が強調されている。

やっぱりそういう祭り上げてしまう患者像っていうのを、悲しいとか、苦しいとか、みたいな患者像が、わたしは違うと思って、前からずっとそういうのって違うなぁっと思ってですね。その一つの型にはめるっていうのが。で、いろんな面から一人のライフヒストリーというのを考えていったときに、いろんな要素が……。前、Hさんていう、今度ボランティアで来る人がいいこと言ってたんですけど、Aさんが水俣病なんだっていう、水俣病のAさんじゃなくてっていう。そのへんのことを、考えながら聞き取りもしたいなと思っていたので、いい面とか、聖人みたいな面じゃなくてですね。『患者さん』みたいなのじゃなくてですね。

アレントの議論を踏まえ、政治学者の齋藤純一は次のように指摘する。「『憐れみ(pity)』は、他者の受苦に応答し、その苦しみを減じようとする点で、確かに能動的な注意の一つのあり方ではある。だが、それは、他者を一方向的に配慮されるべき犠牲者として位置づけ、他者からその政治的行為(他者自身による現れ)を奪う点で反政治的である」(二〇〇八:七二)。被害者を一方的に同情やケアの対象として扱ったり、逆に神聖化したりすることは彼らの存在の否定につながる。被害者をみずから語る存在として遇すること、彼らの言動や活動を特定の条件や具体的状況の中で理解すること、そうした理解の試みを継続的に積み重ねていくことが、相思社の言う、つきあいの要点だ。被害者の物語の意味を支える諸関係の網の目を丹念にくみ取り、それを語ろうとしているのである。

この際、よそ者であることが、実は意外に重要なことのようだ。[19] 相思社Aさんは言う。

最初、こんなによそから来たわけのわかんない子どもを、こんな家に上げて話をしてくれるこの人はなんなんだろうっていうのが、まずは不思議だったんですけど。やっぱり、家族にも言えないし、近所にも言えないことを、こういう毒にも薬にもならない若いもんに話すことで、その人はなんか、どっかで楽になっていたのかもしれないっていうのがあって、つきあってくれてたんじゃないかなと思うんですよね。……そういう水俣病を見て、で、わたしにとってその人が、水俣病の教科書みたいな人だったですよ。人間として水俣病を抱えて生きるってどういうことなのかみたいなね。まわりとの関係も含めて。

外部から単身でやって来た彼らは、地域に根深い先入見やしがらみから自由であるとともに、自分自身に守るべき利害をもたない。それゆえ被害者に寄り添うことがずっと楽であるに違いない。また、よそ者であるからこそ、地域の人びとに言えないようなことを打ち明けてもらえるということもあるだろう。

——(2) 共感から「わが水俣病」へ

つきあいを通じて個々の被害者が「何者」であるかを理解したとき、彼らの苦悩や生きる力への共感はより強いものとして生じるだろう。この共感や、触発されて生じた他の感情が、相思社の案内では強調して語られる。Nさんは案内で気をつけていることを次のように述べる。

それぞれが感じる水俣の魅力なり水俣病の魅力というのを語れているということですね。そこにどうやって自分を出せるかというのがありますよね。客観的に水俣病の説明をするんであれば、相思社じゃなくてもいいと思うんで、相思社の案内の意味がなくなってくると思いますから。間違っていてもいいと思うので、自分が思う水俣病とか、自分が感じる……そういう意味では、案内のとき意識しているのは、自分が一番最初に感動した水俣というのを表現することには、すごく気をつけていますよね。

つきあいを通じて、いかにして被害者と心理的に同一化し、彼らの経験を自分のものとして感じることができるようになったかが強調して語られる。

さらに彼らは、共感をきっかけにして、事件と自分とのつながりを発見し、みずからの生活態度を反省的に考えるようになった過程を意識して語る。水俣の人びととの出会いを通じて、豊かさや利便性を求める暮らしのあり方に疑問をもつようになったこと、自分も同じ立場に置かれれば差別や偏見に加担してしまうことがあるかもしれないと気づいたこと、支援していると思っていた被害者の生きる力に、自分が勇気をもらっているとを自覚したこと、などを力説する。共感とは、自分の問題として捉えること、他者の経験を共有し、自己の経験と統合することであろう。他者の認識と自己形成とがつながることでより意味のある関係性が構築されたこと、他者を「何者」かとして受け入れることによってみずからの成長が導かれたこと、こうした相思社スタッフ一人ひとりのライフストーリーが「わが水俣病」になる。(20)

こうした彼らの物語をハビトゥスの変容過程と捉えることができるだろう。社会構造と行為者のハビトゥスとがほぼ完全に一致しているような場合、世の中のあり方や仕組みは人びとに自明なものとして感じられるが（Bourdieu 1977: 164）、想像を越えた他者の存在、あるいは、習慣的な理解の仕方が通用しない状況に直面すると、ハビトゥスが有効な実践を生み出すことができずに、心理的苦痛や道徳的混乱が引き起こされる。みずからがその一員である社会がもたらした、水俣の人びとへの甚大な被害や不正を知る苦痛や、自分の快適な暮らしと事件とのつながりを発見したことによる苦悩、絶望的な状況の中で力強く生きる被害者への共感などは、そうした強い情動的経験と考えることができる。この時、当たり前と思っていた生活や世界観の信頼性が揺らぎ、自己のハビトゥスが問題視される。ハビトゥスとは身体化された構造であり、ハビトゥスの問題点を理解するとは、そのハビトゥスを生産した、それと整合的な社会構造について疑問をもつことでもある。

ブルデューは、社会分析、すなわち意識の目覚めと、個人が自分の諸性向を扱うことが可能になるある種の自己作業を通じて、ハビトゥスの変容が可能であると論じた（Bourdieu and Wacquant 1992: 133, n86）[21]。相思社スタッフが案内で証言するのは、こうした情動的な揺さぶりの経験を通じて自己のハビトゥスをより透徹した目で見られるようになり、オルタナティブな生活様式を選び取るようになった個々の経緯である。

このことは、語りを通じて考える素材を提供するという相思社の認識とも符合する。Nさんは言う。「基本的には案内って素材提供だと思うんですよね。素材を提供して、後はどう判断するかというのは向こうの判断だから、もちろん結論まではもっていかないし、個人的には結論はしゃべっても、判断というのはその人たちがするものですから」。彼らが聞き手に期待するのは、物語を能動的に解釈してもらうことである。以下は機関誌に掲載された二つの記事からの引用である。

> 大事なことは、水俣病の情報を被害者の側に立って伝えることではない。被害者たちがコミュニティの中で、自然とのつきあい方の中で、運動の中で経験したことを、生活文化という切り口で再構成し、訪れた人びと自身の水俣病を発見してもらいたいと、仲介する立場に気がついた。（遠藤 二〇〇二：四）

> 水俣案内で、もしも感想が「へぇー患者の人はすごいですね」とか「へぇーかわいそうですね」で終わってしまうとしたら、その案内は失敗だと思う。知識をいくら詰め込んでも、「なぜそうなったんだろう」「何が私と違うんだろう」「自分はどうしたらいいんだろう」など、そこからその人なりの意味を引き出すことができなければ、何も伝わったことにはならない。（高嶋

二〇〇五：一三）

物語は、自分の素朴な世界観や倫理意識を疑って、他者との関係や自然との関係のあり方に意識を向ける触媒になる。それは聞き手自身が理解を試みる体験的な知の源泉であり、聞き手が自分の生活に直接関わる問題として受けとめ、感じ取った意味を自分の物語に変換させることができないのなら、相思社の目的は達成されないことになる。(22)

3 学習過程

被害者とつきあい、共感し、みずからのハビトゥスを反省して生活を再構築する。こうした実践の様式は、人に教えられてすぐ身につくようなことではないだろう。しかし新人は、特別な教育を受けることなく、次第にこれを身につけるようになっていく。この学習過程は、日常的な活動とそれについてのスタッフ間の相互行為のなかで生じるものであり、いわば「徒弟制」の概念で把握されるようなものといってよい。ここで確認しておきたいことは、この過程は、新人が相思社という確立したコミュニティに適応していく過程としてのみ捉えるべきではないということだ。彼らの集合的な学習は、社会的実践のなかに埋め込まれている（レイヴ／ウェンガー一九九三）。

その鍵となるメカニズムが、相思社で毎朝八時から開かれる朝ミーティングである。ミーティングでは、各自が順番に前日の活動内容とその日の活動予定を報告し、情報の共有、進捗状況の相互確認を図る。しかし活動についての一般的な報告といったものでは、それは収まらない。活動のなかで獲得した情動的経験が意識的に紹介される。物語を聞いた同僚は、意見や感想、関連する自分の物語を提供することでこれに応じるが、これは語り手の状況に対する

写真 11–3　相思社集会棟で行われた学習会

理解や感情が適切かどうかを、直接、間接に議論することになる。こうした議論は状況に対する情動的反応を方向づけていくことになるが、統一見解をつくることが試みられるわけではない[23]。議論はあくまでも、一人ひとりが自己の生活様式や社会のあり方への反省を深める契機となっている。新人にとっては、ここでの語りが案内の予行演習になるし、古参スタッフから聞かされる物語は、活動や理解を進めるうえでのモデルとなる。被害者とのつきあいで何を感じたか、彼らの生き方のどこに共感したか、自分のものの見方や自分自身の見方にどんな影響を受けたかといった物語が、相思社における「状況に埋め込まれた知識のパッケージ」（レイヴ／ウェンガー 一九九三：九三）になる。

ミーティングで物語を語ったり聴いたりする過程は、案内で語る物語を蓄積する過程でもある。入社二年目のNさんは言う。

> 僕は最初、朝ミーティングこそ相思社のすばらしさの結晶だと思ってましたよ。で、やはりそういったことを、きちんと報告なりというのをして、そこでまあ、ある程度議論が生まれるわけですよね。で、それが日々の生活に活かされるわけですし、僕が当

初言ってたのは、案内は朝ミーティングで培われたと思ってるんです。……で、その中で、Tさんの考えや、Kさんの考えをあそこで聞いて、そういったことを吸収して、しゃべる。自分の好きなことをけっこう案内ではたぶんしゃべれるだろうなという印象はあったんですが、始めてみると、なんか、そういったことをしゃべれる。それは、朝ミーティングで培われていったんだろうなと思ってたんですよね。

相思社というコミュニティでは、協働でそれぞれのライフストーリーを作り上げていく過程を通して、個々人が実践を再編成する。ミーティングや案内で語る物語はその経験であり、メンバーはコミュニティで語る物語を日頃から探し求めるとともに、物語がメンバーの実践を形づくるともいえる。その結果、語られる物語は、メンバーそれぞれの学習の成果とともに少しずつ変化していく。

4 社会変革の可能性

相思社の運動と、これに関わる個々人のハビトゥス変容とは、つねに実践を通じて媒介される。水俣病事件について相思社にある程度の共通理解は存在するのだが、各人はその内容を、主体的に、みずからの過去の経験に照らして理解し習得する。それぞれの理解や関心が相当程度に多様であるにもかかわらず、緩やかな連帯が存在するのはなぜかといえば、水俣の物語を通じて個々人が主体的に自明視されている習慣について批判的検討を行うという実践の様式の中に変革の方向性が書き込まれているからであり、また過去の実践の産物として人びとの性向の中にすでにそれがある程度書き込まれているからでもある。相思社というコミュニティに参加することは、具体的な他者の生への配慮を通じて自己変革する実践の様式を身につけることであり、人間や自然とのつきあい方を、それぞれが自分なりに選択していく自由を獲得することでもある。それは、たとえわずかであっても、産業資本主義社会に対抗して自律した主体性を構築しようとする実践であり、多くの個人をこのコミュニティに引き込み、その実践の領域を広げることによって、彼らの社会変革の試みは少しずつ実現することだろう。

最後に、その社会変革の可能性を素描してみたい。相思社の物語は、来訪者にリアリティをもつものとして受けとられているのか。当然視される世界観や倫理意識を動揺させ、ハビトゥスの変容を導くことはできるのか。結論からいえば、多くの場合、相思社の語りは十分な効果を発揮しているとわたしは考える。その理由は二つある。一つは語り手としての信頼性であり、もう一つは聞き手の性向である。語りは語る内容が同じであっても、人びとに異なる認知や承認のされ方をする。ブルデューが指摘するように、物語の内容にばかり注意を向けていると忘れがちなのだが、語りがリアリティをもって受け取られるためには、その語りを認知し承認するような諸条件が大きく作用する（ブルデュー 一九九三：一二七）。

語りの力、すなわち語られた物語に対する聞き手の反応は、彼ないし彼女の語り手としての信頼性に左右される。そうした信頼性は、語り手と聞き手との間に現れの空間、両者の人格が分かちがたく溶け込んだ間主観的世界が成立することを前提として、何よりも語り手の活動と言論によって暴露される人格的アイデンティティから生み出されるだろう（アレント 一九九四：七四）。相思社は長い間、現地で被害者支援に尽力し、被害者救済と差別や偏見の解消を訴えてきただけでなく、水俣病事件の教訓を活かしたオルタナティブな生活様式を彼ら自身が実践してきた。彼らの物語は、そうした生活世界の中から生まれたものであり、このことは彼らの語りに情動的な力として現れる。つまり、語りを通じて語り手の人格的アイデンティティがその姿をはっきりと現すのである。このことは相思社に物語を語る資格や妥当性があると聞き手に認めさせることになり、聞き手が物語に共感したり信頼を寄せたりすることを促すだろう。アレントが言うように、語りは内奥の生活の最も大きな力を一つの形として伝えることができる。言語によって表現される以上のことが、語りを通じて彼らが伝えることの中に大きな割合として含まれている。このことこそ、相思社が語りという媒体にこだわる理由であろう。ハビトゥスの変容を促す過程で問題となるのは、聞き手を感情的に揺さぶり、その力によってコミットメントを引き出せるかどうかなのである。

また一方で相思社は、自分たちの実践の傾向に見合ったハビトゥスをもつ人びとを引き寄せ、彼らに語りかけている。聞き手が語りによって触発され、そこから自分に特有の意味を生成しようとするかどうかは、理解力や意欲の問題というよりも、彼らの個人的な性向に大きく左右されるだろう。言い換えると、相思社の語り手としての信頼は、彼らの活動を評価する者たちを前提とするのである。訪問する人たちの多くは、過去の運動経験や被差別経験などを通じて相思社の活動を評価し、それに共感するハビトゥスを備えた人たちであり、そのことで相思社の呼びかけに真摯に応答するように性向づけられている。(24) 言い換えると、相思社の物語が力を十分に発揮できるのも、その物語によって動揺し、再帰的思考を誘発される人びとの協力があるからこそなのだ。相思社はそれを求める人たちのものであり、受け入れ準備のある人びとに語りかけ、そのハビトゥスを再生産して社会に送り返している。

こう考えてくると、相思社は自己完結した一つの運動体としてではなく、より広い運動のネットワークの中の一つの実践の場として捉えるべきだということになる。相思社が語る物語がいかに衝撃的なものであっても、一度きりの体験で全面的なハビトゥスの変容が生じるとは考えにくい。とはいえ、たとえ限られた状況の中での一時的な経験といえども、世界観や倫理意識の動揺は過去の経験の延長線上で生じるものだろうし、今日の参加で生み出されたハビトゥスは、明日の参加を促進するだろう。物語を聴いた経験が、機関誌の購読やホームページの頻繁な閲覧、物販品の購入や寄付につながったり、同じ方向性をもつ他団体の活動への参加を導いたりすることは決して少なくない。そして、こうした関与を通じて情動的なコミットメントやハビトゥスが維持されていれば、緊急な事態が生じたときに、呼びかけに応じて集合的行為に参加したり支援したりすることだろう。(25) この意味では、同じ方向性をもつ団体や個人が量的に拡大し相互に連関していく過程とともに、相思社の目指す「もう一つのこの世」が実現する可能性も高まるといえるのではないか。

【謝辞】

本章の基礎となった現地調査において、水俣病センター相思社のスタッフおよび関係者の方がたにたいへんお世話になった。ここに記して感謝の意を表したい。とりわけよき相談相手になってくださった遠藤邦夫常務理事に深くお礼申し上げる。また、最初に相思社とわたしを結びつけてくださった熊本大学（現、大阪大学）の池田光穂先生、草稿段階での口頭発表にコメントをくださった東京外国語大学ＡＡ研共同研究会「社会空間と時間」のメンバーの皆様にも感謝申し上げる。

注

（1）一九七二年に作成された設立構想で、相思社は「水俣病患者が『もう一つのこの世』をつくる根拠地」となることがうたわれている。「もう一つのこの世」とは何かを具体的に述べることは難しい。設立構想の中に、「本来の海と大地に糧をえる生活を自分自身の手に取り戻す〈もう一つのこの世〉」という記述がある。一言でいえば、二度と水俣病事件を繰り返さない社会ということになるだろう。

（2）本章は相思社というＮＧＯの活動に焦点を当てる。調査当時、相思社には七名の常勤、一名の非常勤スタッフがいた。しかし、コミュニティとしての相思社はＮＧＯという組織を超えた広がりをもつ。頻繁に出入りし、活動に応じて継続的ないし一時的に相思社に参加する者たちがいる。その核となるのは被害者であり、「卒業生」（元相思社スタッフ）であり、水俣にある他の支援者団体であり、全国の研究者や学生であり、連携する人権・環境団体である。さまざまな形態での彼らの参加を通じ、コミュニティとしての相思社はつねに再創造されている。なお、新しい社会運動については、本書序章を参照。

（3）ハビトゥス概念については、本書序論を参照。

(4) 本章第一〇章において、阿部は語りと社会運動との関係という本章と共通の問題に取り組んでいる。

(5) 本章の主要な民族誌的データは、二〇〇五年八月から二〇〇六年三月にかけての参与観察で集められたものである。その間、わたしは相思社内に住み込み、ボランティアとして他のスタッフと同じように活動した。その後も年に数度相思社を訪問し、調査を継続している。ただし、本章で示される議論は相思社の公式見解を反映したものではないし、相思社から公式の承認を得たものでもない。

(6) 水俣湾で採れた魚介類の摂取を通じて体内に入ったメチル水銀が、主に脳などの神経系を侵すことによって水俣病は発症する。主な症状に、手足のしびれ、震え、脱力、耳鳴り、視野狭窄などがある。メチル水銀の摂取量に応じて症状が異なり、一般的に、水俣病発生初期に多くみられた急性劇症型患者と、その後に中心となった慢性型患者とに分けられる。急性劇症型は、狂ったような状態や意識不明になって、発病から一カ月以内に亡くなることが多い。これに対し慢性型では、頭痛や疲労感、味覚障害、嗅覚障害、物忘れなど、症候をみただけでは水俣病と判断することが困難なこともある。

(7) 「なぐれ」には零落という意味も含まれる。

(8) 専門医で構成され、申請者を判定して県知事に答申する。県知事はその答申に沿って申請者を水俣病と認定する。二〇一〇年十二月三十一日現在で熊本・鹿児島両県が認定した患者は二二七一人。これに対し、申請総件数は二万七一六九人。

(9) 日本の産業構造の変化や環境意識の高まり、政治情勢の変化、水俣病闘争の行き詰まり、被害者の高齢化など、さまざまな要因がこれには絡んでいる。水俣においては、県と市が水俣病問題の解決を意図して企画した「環境創造みなまた推進事業」、一九九四年に当選した吉井正澄市長による地域再生運動「もやい直し」、さらには一九九六年に村山政権下で、被害者が認定申請を取り下げる代わりに、国およびチッソが被害者の救済と地域住民への謝罪を受け入れるという政治解決の三施策が直接的な役割を果たした。ただし、被害者全員がこのとき和解に応じたわけではないし、以降に新たに名乗り出た被害者も少なくない。

(10) 最盛時の一九五六年に五万五〇〇〇人だった水俣市の人口は、二〇一〇年現在、三万人を下回っている。

(11) 初期には水俣病の被害は一部の漁民だけだと思われていたが、後には水俣に暮らし魚を食べていたほぼ全員に被害が認められるようになった。こうした経緯があったため、後から被害を訴えはじめた人のなかには、かつて初期の被害者を差別したり抑圧したりした経験のある人が少なくない。

(12) しかも厳密にいえば、被害者全体ではなく、相思社が支援してきた被害者とその団体にスポットライトが当てられており、相思社の活動史になっている。

(13) 考証館はモノに焦点を当てる一般的な博物館とはその性格を異にする。扱うテーマに由来してもいるが、最初のコーナー「不知火海の自然と暮らし」を除くと、展示品にほとんどモノがない。その後に続く、水俣病の被害、患者の闘い、チッソ・行政による加害行為、和解のプロセスといったコーナーは、解説パネルと写真パネル、新聞の切り抜き等を中心に構成されている。しかも、わかりやすさよりは正確さを優先した解説パネルには、科学的資料や統計データ、専門的な裁判資料などがぎっしりと詰め込まれており、よほどの事前学習をしてこないかぎり、地元の人でさえ説明がなければ展示の詳細を理解することは困難である。

(14) 水俣ではさまざまな形で被害者を支える人びとが支援者と呼ばれ、支援者のほうでもためらいがちに、あるいは条件付きで、みずからをそう呼んでいる。支援者の大半は、二十代か三十代のときに、水俣病事件について勉強するため、あるいは支援活動に参加するためにふらりと水俣にやってきて、そのまま住み着いた人びとである。「支援者」に関連して、水俣病運動において特徴的な使用法をする言葉に、「患者」がある。被害者のことを支援者が「患者」と呼ぶのは、これまでの裁判闘争の歴史の中で、つねに「水俣病患者」というアイデンティティが争点になってきたからである。

(15) 本章では相思社の考証館活動に焦点を当てているが、他にも、被害者への各種サービス提供や、自治体と協力してのまちおこし、政治家や官僚への政策提言などを行っている。

(16) http://www.soshisha.org/machiannai/machiannai.htm

(17) 『絵で見る水俣病』『(水俣病) 十の知識』は、水俣病事件についての解説書・パンフレットである。

(18) 胎児性水俣病は、汚染された魚を食べた母親の胎内でへその緒を通じてメチル水銀に侵され、障害をもって生まれる。

(19) 地元の人たちに相思社のイメージを聞くと、真っ先に返ってくる答えの一つが「標準語を話す人たち」というものだ。実際にはスタッフのほぼ半分は関西弁を話しているが、そのことはここでは関係がない。答えの直接的な意味は、「よそ者」だが、より深い意味は、標準語を話せる人、行政やマスコミと対等に話ができる人というものだろう。相思社スタッフは高学歴で、分析力や表現力、交渉力などのスキルに優れる。あるいは、彼らの多くが水俣へ来る前から学生運動や環境運動、NGO活動などに参加した経験があり、集合的行為を企画したり、集団を組織したり、メディアを利用したりするのが得意である。こうした、いわば公的言説に参加する資源や性向を有することも、「標準語を話す人たち」という言い方に象徴的に表現されているようだ。

(20) 語りは人びとをコミュニティの中へ引き込むための手段であるが、語り手である相思社スタッフにとっても重要な意味をもつ。適切な案内ができ、聞き手に理解されることは、みずからを相思社スタッフとして確認することであり、あるべきコミュニティとその中にいる自分自身とを確信することでもある。

(21) ただしブルデューによれば、こうした自己分析が可能となることも、もともとのハビトゥスの諸構造によって決定されるという。

(22) ただし、語りは一方的な自己表出ではなく、聞き手との対話である。経験を語るのは相思社スタッフだが、その意味は来訪者とのやりとりを通じて形成される。物語は両者が協働で弁証法的につくり共有するものとなるのだ。

(23) スタッフは水俣病事件という具体的な問題への関わりを求めて集まっているが、人権問題、環境運動、地域づくり、フェア・トレード、歴史証言など、それぞれの関心や意見は少しずつ異なる。態度や行動に表れる同僚の意志は、多少考えが違っていても尊重されるが、知識や経験、討論力に差異があることから、結果として全員の意見が同じように活動に反映されるというわけではない。各人はそれぞれ自分にとって意味のある活動に従事することを目指しており、ある意味では、相思社の活動の歴史は、過去のスタッフがそれぞれ自分のやりたいことをやろうとしてきたことの歴史である。

(24) 水俣を訪れ相思社で案内を受ける人びとのなかには、それほど真剣に聞いていない、あるいは、ある種の消費の対象にしている場合もないわけではない。とりわけみずからの強い意志で来訪したわけではない人たち、たとえば修学旅行生などの中には、相思社の案内を、観光案内やある種のアトラクションと同様に考える者も見受けられる。あるいはまた、水俣の悲劇を聞き、その時は感動して涙を流すが、水俣病事件と自分との関係を見つけることができない者も少なくない。ただし、証言が商品化の危険にさらされていることは確かだとしても、他に観光施設などなく、これほど交通の不便な場所に、費用をかけて全国から訪れるというだけでも、多くの訪問者は、相思社の物語を理解しようとする性向を有しているといえるのではないか。

(25) たとえば、こうした過程は実際に、二〇〇四年からの五年間に水俣で起きた産業廃棄物処分場建設反対運動の際に生じていた。

参照文献

〈和文〉


アレント、H(一九九四)『人間の条件』(志水速雄訳)、ちくま学芸文庫。

エーダー、K(一九九二)『自然の社会化――エコロジー的理性批判』(寿福真美訳)、法政大学出版局。

色川大吉(一九八九)「近現代の二重の城下町水俣――その都市空間と生活の変貌」(国立歴史民俗博物館研究報告第二四集)、一―九六頁。

遠藤邦夫(二〇〇二)「進化した水俣案内」ごんずい72号、三―九頁。

――――(二〇〇七)「記憶を語る言葉」(http://www.soshisha.org/soshisha/shokuin_page/endo/2007_06_19/2007.6.19newpage2.htm)。

栗原　彬(二〇〇五)『「存在の現れ」の政治――水俣病という思想』以文社。

齋藤純一(二〇〇八)『政治と複数性――民主的な公共性にむけて』岩波書店。

高嶋由紀子（二〇〇五）「案内人に求められていること」ごんずい86号、一二―一四頁。

ブルデュー、P（一九八八）『実践感覚1』（今村仁司・港道隆訳）、みすず書房。

――（一九九三）『話すということ――言語的交換のエコノミー』（稲賀繁美訳）、藤原書店。

水俣病センター相思社編（二〇〇四a）『もう一つのこの世を目指して――水俣病センター30年の記録』水俣病センター相思社。

――（二〇〇四b）『今　水俣がよびかける――水俣病センター相思社30周年記念座談会の記録』水俣病センター相思社。

レイヴ、J／E・ウェンガー（一九九三）『状況に埋め込まれた学習――正統的周辺参加』（佐伯胖訳）、産業図書。


〈欧文〉

Bourdieu, P. (1977) *Outline of a Theory of Practice*, R. Nice (trans.), Cambridge, Cambridge University Press.
Bourdieu, P. and L. Wacquant (1992) *Invitation to Reflexive Sociology*, Chicago, University of Chicago Press.

あとがき

本書は国立民族学博物館共同研究「東アジア・東南アジア地域におけるコミュニティの政治人類学」(平成十八年十月〜平成二十一年三月)の成果である。

近年、グローバル化が浸透する非西欧社会において、新しいタイプのコミュニティが出現している。このコミュニティは個人が偶然に出会う他者とともに形成するものであり、実践を通じて国家や社会に働きかけている。その多様なあり方と意義を読み解こうというのが研究会の趣旨であった。メンバーがそれぞれのフィールド調査の成果を用いて、コミュニティがいかに生まれ、そこで人びとの生がどう作りかえられているかを議論してきた。その過程で浮かび上がったいくつかの重要と思われる論点が本書で提示されている。

この研究会にはさまざまな形で多くの方がたにご協力いただいた。齋藤純一さんには、残念ながら、諸般の事情により今回は執筆に参加していただけなかったが、研究会のメンバーとして発表や討議に貢献していただいた。また、李善愛さん、西本太さん、佐藤知久さん、河上(小谷)幸子さん、森田良成さんには、ゲストとしてそれぞれのフィールドにおけるコミュニティについてたいへん興味深いお話を聞かせていただいた。記して深く感謝したい。

出版に際しては、日本学術振興会平成二十三年度科学研究費補助金学術図書の交付を受けた。

最後になってしまったが、京都大学学術出版会の鈴木哲也さんは、本書の構想段階からきわめて有益な助言をくださるとともに、制作にあたって並々ならぬ努力を払われた。鈴木さんの細かなご配慮なくしては、本書がこのような形で日の目をみることはなかったと思う。著者を代表して深くお礼申し上げたい。

平井京之介

索　引

1964年生まれ．連合王国ロンドン大学ロンドン経済政治学院博士課程修了，Ph. D.（人類学）．
主な著書に，『村から工場へ』（NTT 出版）など．

中村律子（なかむら　りつこ）
法政大学現代福祉学部教授
1956年生まれ．名古屋大学大学院文学研究科人文学専攻博士課程満期修了，博士（文学）．
主な著書に，『戦後高齢社会基本文献集』（日本図書センター，共編），『社会保障法・福祉と労働法の新展開』（信山社，共著）など．

信田敏宏（のぶた　としひろ）
国立民族学博物館准教授
1968年生まれ．東京都立大学大学院社会科学研究科博士課程単位取得退学，博士（社会人類学）．
主な著書に，『周縁を生きる人びと―オラン・アスリの開発とイスラーム化』（京都大学学術出版会），『東南アジア・南アジア　開発の人類学』（明石書店，共編著），*Living on the Periphery: Development and Islamization among the Orang Asli* (Kyoto University Press & Trans Pacific Press) など．

西井凉子（にしい　りょうこ）
東京外国語大学アジア・アフリカ言語文化研究所教授
京都大学大学院文学研究科博士課程単位取得退学，総合研究大学院大学文化科学研究科博士課程中途退学，博士（人類学）．
主な著書に，『死をめぐる実践宗教―南タイのムスリム・仏教徒関係へのパースペクティヴ』（世界思想社），『社会空間の人類学―マテリアリティ・主体・モダニティ』（世界思想社，共編著），『時間の人類学―情動・自然・社会空間』（世界思想社，編著）など．

平野（野元）美佐（ひらの（のもと）　みさ）
天理大学国際学部教員
1969年生まれ．総合研究大学院大学文化科学研究科博士課程修了，博士（文学）．
主な著書に『アフリカ都市の民族―カメルーンの「商人」バミレケのカネと故郷』（明石書店），『資源人類学第5巻　貨幣と資源』（弘文堂，共著）など．

古屋　哲（ふるや　さとる）
大谷大学文学部非常勤講師
1961年生まれ．立命館大学国際関係研究科修士課程修了（国際関係学）．
主な著書に，『人間の安全保障―国家中心主義をこえて』（ミネルヴァ書房，共著）など．

［著者紹介］

阿部利洋（あべ　としひろ）
大谷大学文学部准教授
1973年生まれ．京都大学大学院文学研究科博士課程修了，博士（文学）．
主な著書に，『紛争後社会と向き合う―南アフリカ真実和解委員会』（京都大学学術出版会），『真実委員会という選択―紛争後社会の再生のために』（岩波書店）など．

市川　哲（いちかわ　てつ）
立教大学観光学部助教
1971年生まれ．立教大学大学院文学研究科博士課程満期退学，博士（文学）．
主な論文に，「オセアニアの華人社会―植民地の労働力移民からトランスナショナルな生活実践へ―」熊谷圭知・片山一道編著『朝倉世界地理講座15　オセアニア』（朝倉書店，389–402頁），「移住経験から見るサブ・エスニシティの説明方法―パプアニューギニア華人を事例として―」（『社会人類学年報』第35号，121–137頁），'The Role of Religion in Chinese Subethnicity: Christian Communities of Papua New Guinean Chinese in Australia' (People and Culture in Oceania 24: 31–50) など．

木村　自（きむら　みずか）
大阪大学大学院人間科学研究科助教
1973年生まれ．大阪大学人間科学研究科博士課程修了，博士（人間科学）．
主な著書・論文に，『ディアスポラから世界を読む』（明石書店，共著），「台湾回民のエスニシティと宗教―中華民国の主体から台湾の移民へ」（『国立民族学博物館調査報告書（SER）』83，69–88頁）など．

高城　玲（たかぎ　りょう）
神奈川大学経営学部准教授
1969年生まれ．総合研究大学院大学文化科学研究科単位取得退学，博士（文学）．
主な著書・論文に，『日常的実践のエスノグラフィ―語り・コミュニティ・アイデンティティ』（世界思想社，共著），「差異の可視化と相互行為―タイの農作業における集まりの場」（『歴史と民俗』〈神奈川大学日本常民文化研究所論集〉27号）など．

田辺繁治（たなべ　しげはる）
国立民族学博物館名誉教授
1943年生まれ．連合王国ロンドン大学東洋・アフリカ学院博士課程修了，Ph. D.
主な著書に，『生き方の人類学』（講談社現代新書），『ケアのコミュニティ』（岩波書店），『「生」の人類学』（岩波書店）など．

平井京之介（ひらい　きょうのすけ）
国立民族学博物館准教授・総合研究大学院大学准教授

実践としてのコミュニティ── 移動・国家・運動

2012年2月20日　初版第一刷発行

編　者　平井京之介
発行人　檜山爲次郎
発行所　京都大学学術出版会
京都市左京区吉田近衛町69番地
京都大学吉田南構内(〒606-8315)
電話(075)761-6182
FAX(075)761-6190
Home page http://www.kyoto-up.or.jp
振替 01000-8-64677
ISBN 978-4-87698-592-0
Printed in Japan

印刷・製本　㈱クイックス
定価はカバーに表示してあります